GRANDES MESTRES DA HUMANIDADE

Lições de Amor para a Nova Era

ATENÇÃO!

Livro com Bônus! Acesse o link agora:

mestresespirituais.com.br/livro

e tenha acesso imediato ao treinamento online.

Patrícia Cândido

GRANDES MESTRES DA HUMANIDADE

Lições de Amor para a Nova Era

Nova Petrópolis-RS / 2021

Revisão: José Luiz Cegoni e Renato Deitos
Diagramação: Bruna Dali e Maitê Cena
Capa: Marco Cena

Dados Internacionais de Catalogação na Publicação (CIP)

C217g   Cândido, Patrícia.
   Grandes mestres da humanidade : lições de amor para a
Nova Era / Patrícia Cândido. – Nova Petrópolis : Luz da Serra, 2012.

   336 p.
   ISBN 978-85-64463-14-1
   1. Espiritualidade. 2. Nova Era. 3. Missionários – filosofia de
vida.   4. Universalismo. 5. Teorias espirituais. I. Título.
                              CDU   141.135
                              CDD   135.4

(Bibliotecária responsável: Sabrina Leal Araujo – CRB 10/1507)

Todos os direitos reservados. Nenhuma parte desta obra pode ser reproduzida ou transmitida por qualquer forma e/ou quaisquer meios (eletrônico ou mecânico, incluindo fotocópia e gravação) ou arquivada em qualquer sistema ou banco de dados sem permissão escrita da Editora.

Luz da Serra Editora Ltda.
Avenida 15 de Novembro, 785
Bairro Centro - Nova Petrópolis / RS
CEP 95150-000
www.luzdaserra.com.br
www.luzdaserraeditora.com.br
E-mail: editora@luzdaserra.com.br
Fone: (54) 3281.4399 / (54) 99113-7657

Observações importantes

O material apresentado neste livro não esgota o assunto referente a Grandes Mestres da Humanidade, bem como Suas Lições de Amor para a Nova Era. A proposta não é semear discussões de ordem técnica, tampouco defender quaisquer teses científicas. Trata-se apenas de uma tentativa bem intencionada, no sentido de estimular as pessoas a mirarem-se nos exemplos de vida daqueles que transformaram o mundo através de suas ações virtuosas.

Esta obra busca, sem complicações, trazer as principais informações de forma resumida sobre a vida dessas importantes pessoas. Seria inviável em um único livro reunir tudo o que ocorreu na vida dessas pessoas preciosas. Um dos objetivos deste livro é inspirar o leitor a trilhar a busca de seu mestre interior e da sua felicidade contemplando aqueles que, antes de nós, abriram os caminhos para que a consciência humana pudesse se expandir.

Agradecimentos

Aos Seres da Luz:

Sua compaixão é tão grande que jamais poderíamos compreender...

Sua paciência é tão imensa para com nossos erros e limitações...

Somente seres como vocês, cuja única pretensão é vibrar na luz por nossa ascensão, seriam capazes de exercer o Amor em toda a sua plenitude...

Obrigada pelos momentos de Amor!

Obrigada pela ajuda incondicional!

Pela paciência!

Pelo carinho!

Pelas orientações sempre tão pertinentes!

Pelas manifestações materiais, ainda necessárias para que nossa inferioridade compreenda a Sua Superioridade.

Pela luz nos momentos de dor...

Pelas respostas nas situações de dúvida e angústia...

Pelo amparo espiritual...

Pelo crédito a nós dado, mesmo quando nosso eu sombrio se destaca...

Enfim, obrigada pela condução na senda da Luz, do Amor e da Ascensão!

Aos Seres da Terra:

Sua ajuda foi tão intensa para com a realização desta obra, que ficarei sempre grata!

Agradeço muito:

A Paulo Henrique por estar ao meu lado sempre e me proporcionar a experiência de um amor livre e feliz.

A meu irmão Bruno por insistir para que este trabalho fosse realizado. Quando nem eu mesma acreditava que seria possível, ele já vislumbrava o futuro, idealista e altivo como sempre!

À minha família terrena, especialmente Édna e Bruna, centelhas de luz em minha vida.

À Equipe do Portal Luz da Serra por toda a torcida!

Às amigas e irmãs de alma Aline Schulz, Cíntia Schilling e Therezinha Ruppenthal por todo o amor que sempre me deram. Aprendi muito com elas! São pessoas especiais que possuem íntimo contato com os seres de luz.

Às amigas Amanda Dreher, Anamaria Rodrigues, Bárbara Machado, Cátia Bazzan, Cinara Borgmann, Cleidi Wiatrowski, Denise Carillo, Gisela Campiglia, Laerce Lippert, Lígia Posser, Luciane Mahle, Márcia Mahle, Margarete Anschau, Maria Sílvia Orlovas, Sirlene Alves e Walquíria Lobato, pela força e apoio.

Aos amigos Carlos Odair dos Santos, Cassiano Preuss, Domício Martins Brasiliense, Nicolas Fürst, Rafael Henn, Vitor Hugo França e Vyctor Ben-Hur, por todo o apoio que recebi.

Aos queridos professores Mauro Kwitko, Nelson Theston e Wagner Borges pela sabedoria e a lucidez que transmitem.

Agradeço também a todas as pessoas que passaram pela minha vida, pois foram indispensáveis para que esta obra pudesse se realizar.

Sumário

Prefácio	13
Apresentação	15
O Movimento da Nova Era	17
Universalismo	23
Parte I – Mestres da Antiguidade	31
Hermes Trismegistos	32
Jesus, O Cristo	37
Buda	51
Ramatís	61
Maomé	72
São Francisco de Assis	77
Lao-Tse e o Taoísmo	87
Confúcio	94
Cacique Pena Branca	98
Leonardo da Vinci	101
Melquisedeque	112
Os Maias	121
Parte II – Índia	129
Mestres da Índia	130
Brahma	131
Vishnu	133

Shiva 135
Ganesh 137
Rama – O Nobre Arqueiro 141
Krishna 144
Babaji – O Yogue Imortal 149
Paramahansa Yogananda 153
Ramakrishna e o Êxtase Divino 159
Vivekananda 162

Parte III – As Manifestações da Mãe Divina 165
As manifestações da Mãe Divina 166
Kuan Yin – A Mãe do Oriente 173
Madre Teresa de Calcutá – A Manifestação da Paz 180
Maria – A Portadora da Luz Divina 191
Maria Madalena 198
Lakshmi – A Preservação do Universo 203
Ísis – A Filha da Luz 207

Parte IV – Arcanjos e Mestres de Outros Mundos 211
Arcturus 212
A Hierarquia Angélica 218
Ashtar Sheran – O Grande Comandante 224
Maitreya – O Cristo do Futuro 228
Sanat Kumara – O Logos Planetário 233

Parte V – A Grande Fraternidade Branca
e os Mestres Ascensionados 239
A Grande Fraternidade Branca 240
El Morya Khan 244
Mestre Lanto 248
Mestra Rowena 252
Seraphis Bey 253
Hilarion 255

Mestra Nada 257
Saint Germain 258
PARTE VI – MESTRES DA NOSSA ERA 269
Alice Bailey 270
Allan Kardec 274
Chico Xavier 291
O 14º Dalai Lama e o Princípio da Compaixão 295
Chagdud Tulku Ripoche 300
Gandhi e a Política Espiritual 305
Helena Petrovna Blavatsky 309
Kuthumi Lal Singh 317
Mikao Usui – O Redescobridor do Reiki 320
Sathya Sai Baba 324
MENSAGEM DA AUTORA 329
BIBLIOGRAFIA 332

PREFÁCIO

Conheci pessoalmente Patrícia Cândido em Florianópolis, num encontro de metafísica, mas meu sentimento é que sempre caminhamos juntas e que estávamos ali nos reencontrando no mundo material. Surgiu entre nós uma afinidade natural, fluida e boa. Algo que desejo preservar.

Na ocasião, assisti à sua palestra sobre os "Grandes Mestres da Humanidade" e fiquei impressionada com sua forma simples e doce de falar desses grandes missionários do divino que passaram pelo planeta.

Patrícia tem o dom de tornar algo complexo muito simples e acessível sem perder a profundidade. Acho que ela faz isso porque em tudo coloca o coração e, como sabemos, é do amor que flui do coração que brota a energia que ilumina a nossa mente.

Tenho certeza de que este livro ajudará você no seu caminho espiritual e na expansão da sua consciência, porque saber da vida e obra de grandes almas nos ajuda e nos inspira na caminhada. Como aprendemos olhando as pessoas, comparando-nos com os outros, nada melhor do que conhecer os caminhos de quem lindamente deixou suas pegadas sobre a Terra para se espelhar e aprender.

Desejo a todos uma boa leitura, e que a energia de amor desta obra possa inspirar você no seu caminho de evolução e ascensão espiritual.

Um grande beijo a todos,

Maria Sílvia Orlovas[1]

---

[1] Maria Sílvia é escritora, terapeuta e pesquisadora de mitologia e símbolos. Coordenadora do Espaço Alpha-Lux. Atua na área alternativa, dando palestras e cursos voltados ao autoconhecimento. Criada numa família espiritualista, há muitos anos se dedica ao estudo das ciências ocultas e dos aspectos psicológicos

que envolvem as pessoas. É formada em Belas-Artes pela faculdade Santa Marcelina e trabalhou como arte educadora em escolas e grupos. Viajou por vários lugares do mundo, em especial para a Índia, pesquisando as diversas formas de contato com a espiritualidade, fazendo um estudo comparativo entre as diferentes religiões, seus mitos e símbolos. O que possibilitou a integração de diferentes técnicas voltadas à autoajuda, meditação, mantras e yoga, que ela emprega em seus atendimentos e cursos. Em seu trabalho de pesquisa, Maria Sílvia também tem se dedicado ao estudo da mitologia, dos arquétipos do Tarô, das imagens do inconsciente e das religiões antigas. Esta pesquisa levou a autora a mergulhar profundamente no rico panteão hindu, na wicca e nas religiões primitivas do continente europeu onde encontrou as deusas e suas lendas repletas de significado. Atualmente, ministra *workshops*, cursos e individualmente atende com aconselhamento metafísico e Terapia de Vidas Passadas, que é sua grande paixão. Maria Sílvia é autora dos livros: *Os Filhos de Órion, Manual da Luz, Meditando com os Sete Raios, Os Sete Mestres, O Tempero da Bruxa, Vidas Passadas – Viagem aos Mistérios da Mente e Transformação com a Chama Violeta*. Também é autora de dois livros infantis: *Quando a vaca foi para o brejo* e *O Que Esperar?* Para saber mais, acesse os sites www.mariasilviaorlovas.com.br e www.espacoalphalux.com.br

Apresentação

Desde as eras mais remotas, o Planeta Terra é abençoado com a presença de seres iluminados, revolucionários com a coragem de desafiar conceitos enraizados, propondo eras de paz, união e amor universal.

Homens e mulheres que se dedicaram integralmente a uma vida de servidão e compaixão.

Seres universais porque transcendem todas as diferenças, sejam elas religiosas, econômicas ou culturais.

Grandiosos por sua sabedoria, muitas vezes já identificada na infância.

Alguns destes Grandes Mestres já estiveram no Planeta Terra fisicamente vivendo como seres humanos; outros não, apresentando-se como seres de luz já evoluídos e presentes em outras dimensões e que, simplesmente por amor à humanidade, decidiram permanecer ao nosso lado, auxiliando-nos na busca da evolução da consciência.

Tanto os Mestres Ascensionados quanto os Mestres hoje presentes fisicamente aqui na Terra fazem parte desta obra que tem como objetivo principal integrar e universalizar o pensamento humano, sugerindo que as crenças religiosas são necessárias, mas não fundamentais.

Necessárias para aqueles que ainda estão a caminho da autodescoberta; não tão necessárias assim para aqueles que já encontraram seu caminho e, com a alma livre, rumam na senda evolutiva da espiritualidade.

Todos os Grandes Mestres que aqui estão ou estiveram sugerem uma proposta amorosa e livre de preconceitos. Amor, compaixão, humildade, respeito e gratidão são valores universais que foram transmitidos desde a criação da raça humana. Mas em que momento a humanidade se perdeu e ensurdeceu-se para esses ensinamentos? Em que momento passamos a crer que somos seres materiais e esquecemos nossa origem espiritual?

Aqui estão reunidas as histórias de alguns dos Grandes Mestres da Humanidade e Suas lições de amor, mostrando que é possível viver em unicidade e de forma harmoniosa, libertando-se das velhas amarras dos dogmas punitivos.

Uma proposta que fala de liberdade de crença e da união de dois mundos divididos: a ciência e a espiritualidade, que duelam sem motivo e rumo ao nada. Fala de respeito às crianças da nova geração. De respeito aos idosos por sua história, sua vivência e ensinamentos. Fala da proposta compassiva dos Mestres, da evolução espiritual da humanidade e também sobre as formas de comunicação que o universo utiliza para lembrar-nos de nossa origem, inclusive através da natureza e das questões ambientais. Fala sobre dicas para que possamos comunicar-nos com os Mestres e sermos mais felizes neste mundo tão conturbado pelas emoções violentas.

Um mundo melhor é construído através de pequenas e grandes atitudes, realizadas a cada dia. E essas decisões são vigiadas por uma única testemunha: nós mesmos.

Na Nova Era, o grande desafio encontra-se dentro de nossos corações. Então, mire-se no exemplo dos Mestres e faça sua parte, revelando o que de melhor há em você: a divindade expressada através do amor que brota no interior do seu peito!

Patrícia Cândido

O Movimento da Nova Era

Na época atual é comum ouvirmos a expressão "Nova Era". Palavras como paradigma holístico, geração índigo, criança cristal, física quântica, medicina integrativa, chacras ou terapias alternativas já fazem parte do nosso vocabulário.

Mas, o que a Nova Era tem de novo?

Na verdade, nada.

A Nova Era se trata do conhecimento antigo traduzido para uma linguagem contemporânea.

As civilizações orientais mais antigas já citavam a medicina holística em 9000 a.C., portanto não há nada de novo e sim um agrupamento de conhecimento do passado com as informações da era tecnológica.

Certamente, todas as informações que acessamos nas últimas décadas, graças ao avanço da tecnologia, possibilita vermos o mundo sob uma nova perspectiva, compreendendo a nossa situação e avaliando vários aspectos em tempo real, de forma *"on-line"*. Nessa Nova Era, somos seres mais livres, e vivemos em uma época onde a liberdade é real e não vigiada – ao menos em países como o Brasil – podemos falar de qualquer assunto sem repressão. Podemos expressar nossa opinião de forma livre, sem temer a morte através de uma fogueira ou guilhotina.

Porém, como a sensação de liberdade nos acompanha há pouco tempo, o medo ainda se encontra marcado em nossas células a ferro e fogo, nos acompanhando em quase todas as circunstâncias.

O medo permeia a vida humana desde seus primórdios sobre a Terra, desde as primeiras Eras, e não pode ser considerado um sentimento tão negativo assim, pois sentindo-o, aprendemos a domesticá-lo e aos poucos vamos construindo nossa coragem para transformar. Todos nós, dos ancestrais primatas ao *homo sapiens*, vivenciamos eras distintas, experimentamos vidas e sensações diferentes e, com isso, aprendemos, evoluímos, crescemos.

Desde a era primitiva, do "aprender a andar ereto" até a nossa atual era inteligente e digital, o homem sempre se defrontou com os mistérios da criação do universo, com o "quem sou", "de onde vim", "para onde vou". E nos momentos de transição entre as eras sempre surgem seres especiais que são formadores de opinião para introduzirem novos conceitos ou reafirmarem conceitos antigos que estão esquecidos, no intuito de ajudar no esclarecimento das principais dúvidas da humanidade.

Chamamos esses seres especiais de Grandes Mestres da Humanidade, porque são capazes de abandonar o ego simplesmente por amor. Porque têm senso de unidade, de que todos formamos uma única teia, uma rede de energia que nos interliga a cada ser que vive neste Planeta. Porque já nascem sabendo que em suas vidas existe uma missão específica e, humildemente, deixam suas mensagens, muitas vezes em forma de parábolas, como o Mestre Jesus, em grandes livros como o Mestre Yogananda, ou em uma mensagem gravada em nossos corações, como a querida Madre Teresa. Seres que vêm a trabalho, a serviço do bem e da obra espiritual. Entender a Nova Era é abandonar conceitos de dualismo, de separação e compreendermos que, assim como um conjunto de células trabalha em nosso corpo com harmonia e funções determinadas, nós também somos células com trabalhos específicos dentro de um grande organismo vivo: o Planeta Terra. Portanto, fazemos parte de um corpo maior e esse, por sua vez, também faz parte de algo maior chamado galáxia e, mais adiante, o Universo, que também compõe algo mais gigante ainda.

Essa Nova Era que começa a nascer compreende o ser humano como um ser sutil, composto por pontos energéticos que apresentam variações e ondas vibratórias conforme seus pensamentos, sentimentos e emoções. E realmente estamos acompanhando uma era onde os seres humanos vivenciam, a cada dia, os confrontos com sua alma, seja em frente ao espelho ou numa avenida engarrafada com buzinas ensurdecedoras. Nesses momentos, a um passo da loucura e do desespero, começam a aparecer os questionamentos que se deparam com nossa natureza essencial. Com isso, algumas perguntas tornam-se bem frequentes:

O que estou fazendo aqui, no meio deste trânsito?

É natural um nó de gravata em meu pescoço, apertando-me e me sufocando o dia inteiro?

É natural um salto tão alto machucando meus pés?

É natural respirar de forma ofegante, sem parar, uma vida inteira?

Se tenho um sistema imunológico autossuficiente, é natural tomar tantas medicações?

E são tantas outras perguntas, que poderia existir um livro inteiro somente assim...

Com nossas tendências aos vícios mais variados, nos fascinamos pela era tecnológica e digital, gerando um consumo desenfreado por tudo aquilo que é *"hi-tech"*. Diante de tudo isso, visando a harmonia do Todo, poderíamos buscar um equilíbrio, fazendo uma reaproximação com tudo aquilo que é natural, ou que é criado pelo Universo. O ser humano tem sentido "necessidade de mato". Cada vez mais. Uma necessidade de reaproximação natural com sua verdadeira família, com sua verdadeira morada e sua natureza.

Caro leitor, para apurar se sua percepção está próxima do natural ou não, vamos fazer uma pequena brincadeira! Vamos falar algumas palavras bem no seu ouvido. Você vai lendo e calmamente imaginando e sentindo o que elas despertam em seu coração, que tipo de emoção lhe vem à mente:

Opção 1) Buzina, trânsito, fila de banco, escritório, fast-food, centro da cidade, rodoviária, gravata, salto alto, estresse, cafezinho, ônibus, caminhão, camelô, farmácia, raiva, mágoa, irritação, nervosismo, estresse, dor.

OK. Se você sobreviveu a tudo isso, podemos continuar.

Opção 2) Cachoeira, flor, cristal, amarelo, sol, suco natural, cachorro, alma, oração, bebê sorrindo, borboleta voando, cabelo ao vento, mar, montanha, som da água, beija-flor, abraço, risada, amor, confiança, respeito, humildade, fé.

O que lhe pareceu mais natural? Se a segunda opção for mais frequente em sua vida, parabéns! Você começa a tomar consciência de quem realmente é. Um ser humano, energético que dispõe internamente de todos os recursos de cura e que não precisa buscar equilíbrio externamente. Se a primeira opção se apresenta mais frequentemente em sua vida, o botão de alerta precisa ser acionado! É hora de fazer sua reforma íntima, antes que a doença se manifeste. Muitas vezes a palavra "reforma" nos assusta. O que lembramos quando falamos na reforma de uma casa, por exemplo? Trabalho, pó, sujeira, cansaço. Talvez para transformar-se, você passe por tudo isso, porém, depois da reforma, com tudo limpo e em seus devidos lugares, a sensação de paz e satisfação é indescritível, não é mesmo?

Para uma boa reforma, precisamos adentrar em uma Nova Era, que nada mais é do que prestar atenção em si mesmo, pois a todo instante nosso corpo sinaliza se estamos vivendo conforme nossa natureza ou não. O ser humano só está presente e sobrevive até hoje aqui no Planeta Terra pela sua incrível capacidade de adaptação às situações mais adversas. Porém, é preciso equilibrar-se. Precisamos de ar puro, de sol, de natureza. É natural! É inerente... Não há como dissociar o ser humano da natureza, pois dela fazemos parte. O acúmulo de dias, meses, anos em um ambiente tenso, desequilibrado, competitivo e barulhento destrói qualquer saúde. E quando você precisar de algo externo, como várias caixas de medicação alopática, cuidado: é um alerta do não se conhecer!!! Não queremos aqui, de forma alguma, firmar a extinção da alopatia... Isso é até engraçado e não falamos disso... Nunca! Precisamos das medicações alopáticas tanto quanto das medicações vibracionais, o propósito é justamente a integração das duas verdades, com equilíbrio e consciência!

Precisamos muito uns dos outros, pois cada um se destaca onde tem maior habilidade, de acordo com as características e experiências de seu espírito. Todas as profissões são louváveis e exigem seres humanos competentes e dedicados, como se fosse um verdadeiro sacerdócio. Porém, é necessário dosar o trabalho e manter o equilíbrio. Uma célebre frase do Dalai Lama diz que os homens gastam toda a saúde para ganhar dinheiro e depois todo o dinheiro para recuperar a saúde. Parece incoerente e ilusório. E realmente é!

De onde veio toda essa fome pelo estresse e pelo trabalho? Você já parou para pensar nisso? Por que trabalhar tanto?

Muitas pessoas afirmam que gostam de trabalhar para se distrair. Mas perguntamos aqui: distrair-se de quê? Provavelmente da evolução espiritual, pois quando ficamos sozinhos e quietos, isso nos incomoda. Nesses momentos somos obrigados a olhar para dentro de nós mesmos. E desse caminho surge uma realidade permeada pelos mais diversos conflitos. Começamos a perceber nossas inferioridades, medos, angústias e, principalmente, nossa covardia de assumir quem realmente somos: seres divinos.

Por todos esses motivos, precisamos nos distrair... com um bom carnaval, com futebol, reality-shows, uma cervejinha, uma ilusãozinha, um cigarrinho. Depois uma doencinha. Quem sabe uma depressãozinha? E, mais tarde, o fim da vidinha vazia e cheinha de ilusões.

Concentrar-nos em nós mesmos e reavaliarmo-nos constantemente deveriam ser práticas diárias. Essa é a felicidade real, um exame constante da nossa missão de alma: a maior característica da Nova Era.

É necessário nos libertarmos dos conceitos que estão enraizados em nossas mentes, como o de que somos máquinas ou robôs que precisam produzir para cada vez mais acumular riquezas materiais. Os bens materiais existem para que tenhamos conforto, afinal vivemos aqui, em um planeta material, mas jamais devemos nos tornar escravos do sistema.

Não somos máquinas. Somos partículas de Deus e, como Ele, devemos contemplar a beleza do natural...

Não precisamos trabalhar até a exaustão, cumprindo uma rotina estressante, distraindo-nos na mesmice automática e esquecendo de quem realmente somos: uma alma crística.

Deixamos aqui a dica de organizar a rotina de maneira que a cada dia exista um tempo de oração, de interiorização, de sentir-se... perceber-se... alongar-se... e alinhar-se com a fonte cósmica de energia!!!

E se isso é tão positivo, por que não o fazemos todos os dias?

Ahhhhhh, porque precisamos de um carro melhor. Uma casa melhor. Uma roupa melhor... De mais dinheiro... E isso nunca acaba. É um vício tão terrível quanto o das drogas ou do álcool!!! E por que queremos sempre mais e mais? Todos os prazeres e satisfações provenientes das coisas materiais são efêmeros, durando muito pouco tempo: são descartáveis e, assim que conseguimos o que queremos, acabou a graça... Viciamo-nos na matéria e nos desejos materiais, do querer cada vez mais!

Será que em um único mês de férias conseguimos compensar o desgaste de um ano inteiro de estresse? Ou será mais viável construir pequenas doses diárias de prazeres que transpõem o tempo e que são verdadeiros antídotos para aniquilar a preocupação da nossa vida?

Normalmente, o que nos traz preocupação, angústia e ansiedade são situações em que nada podemos fazer. Então, as preocupações só nos trazem a doença.

Tudo o que começa de forma natural deve ser resolvido da mesma forma. Admiramos os Mestres Budistas porque se referem aos pensamentos nocivos como "venenos da mente" e aos sentimentos nobres como "antídotos". E são esses antídotos que os Grandes Mestres da Humanidade vêm nos trazer... São esses os presentes que recebemos deles e que a grande maioria de nós, seres humanos, não sabe aproveitar...

Alguns Mestres foram ridicularizados, humilhados, mas, mesmo assim, por amor à humanidade, continuam vibrando e emitindo luz pela dissolução de nossa ignorância espiritual.

A Nova Era nada mais é do que percebermos que fazemos parte de um processo muito maior. Haveria algum sentido em toda essa existência senão a nossa evolução espiritual?

Seja Bem-vindo à Nova Era!!!

Universalismo

Há alguns anos, a questão da espiritualidade era tratada de forma religiosa. Tudo o que se referia à meditação, oração ou introspecção era rotulado ou classificado dentro de algum segmento religioso ou de crenças espirituais. Até as questões da bioenergética, como os chacras e a energia do campo áurico humano, estavam vinculadas à cultura religiosa dos povos, tanto que a aura humana, hoje já comprovada pela ciência através de equipamentos ultramodernos, antigamente estava atrelada à sabedoria milenar de algumas culturas.

Muitos nomes foram dados ao longo dos séculos para a energia do corpo humano. Os russos a chamavam de Bioenergia; os hindus, de Prana; os chineses, de Chi; os egípcios, de Ka; os japoneses, de Ki; os gregos, de Pneuma; os judeus, de Nefesh; os kahunas da Polinésia, de Mana; os alquimistas, de Fluído da Vida, e os cristãos, de Luz ou Espírito Santo.

Na Idade Média, as pinturas renascentistas traziam imagens de santos com uma auréola dourada. Naquela época, tanto os pintores como os sábios religiosos traduziam a luz espiritual somente em obras com santos e figuras sacras. Hoje sabemos, através de comprovações científicas, que todos nós possuímos essa energia internamente como uma resultante de nosso metabolismo celular.

Talvez em toda a história da humanidade nunca houve tanta liberdade para optar entre questões espirituais. Há muita informação disponibilizada na internet e nas livrarias, tanto que a ciência e a espiritualidade vêm convergindo para um mesmo ponto: a descoberta de muitos segredos, dos mistérios filosóficos e a união da ciência e da espiritualidade com o objetivo de tornar o ser humano integral em corpo, emoção, mente e espírito.

O surgimento da terapia holística e da medicina integrativa vem para realizar um ser humano completo e feliz em todos os sentidos, equilibrando-se consigo mesmo, com o ambiente e com a comunidade onde está presente.

As investigações científicas acerca da espiritualidade têm nos mostrado que os povos mais antigos, mesmo sem os esclarecimentos tecnológicos de hoje, já haviam mapeado todo o sistema de anatomia sutil do corpo humano. Na Índia, a medicina ayurvédica já trabalhava com anatomia sutil há 9.000 anos; a medicina tibetana já conhece esse sistema há milhares de anos. O oriente é muito rico e sábio cientificamente, desvendando há muito tempo e com a simplicidade de Deus questões que até hoje para nós, ocidentais, são um grande mistério.

Algumas pessoas nos perguntam por que o Oriente está tão à frente do Ocidente nessas questões. Diríamos que a diferença que existe entre o Oriente e o Ocidente é a mesma diferença que existe entre o Coração (Oriente) e o Cérebro (Ocidente).

O coração e o cérebro vivem com duas polaridades opostas. Como crianças antagonistas e hostis que preferem brigar a encontrar uma forma de sintonia e entendimento.

O coração é sábio, amoroso, expansivo, intuitivo, conectado com a Fonte Divina e é o nosso elo de ligação com a energia criadora do universo: o amor. Em contrapartida, acumula mágoas, tristezas e frustrações, principalmente por perder os limites entre o amor divino e as situações possessivas que nos conduzem ao sofrimento. Comparamos o coração ao Oriente porque, historicamente, os povos orientais demonstram um grande desequilíbrio entre o amor divino, a adoração religiosa e o radicalismo, que leva à fé cega, como, por exemplo, os atentados no Oriente Médio, onde milhares de pessoas já foram dizimadas em nome de Alá. Para o coração prevalece o espiritual...

Se existe um grande comandante em nosso corpo, é o cérebro. Por ser lógico e racional, o cérebro se torna a maior conquista do ser humano. Nossa evolução até a materialização do raciocínio e das emoções é o que nos faz diferentes de todos os outros seres deste Planeta.

Em contrapartida, é através do cérebro que são processados nossos pensamentos: o combustível de toda a realidade material. O passo anterior a tudo o que se materializa é o processamento na mente de alguém. A própria materialização do universo e do Planeta Terra é fruto de uma mente Superior. A mente lógica e racional torna-se indispensável ao ser humano, mas, quando em desequilíbrio, provoca um distanciamento do coração e do espírito. Comparamos a mente ao Ocidente porque o limite de utilização dos recursos naturais e destruição da natureza foi ultrapassado há muito tempo, estabelecendo-se uma sociedade orientada para o consumo desenfreado, para a crença na matéria, esquecendo-se completamente do espírito.

Para a mente prevalece o material, tudo aquilo que é físico. E é justamente aí que o desentendimento se estabelece: a falta de equilíbrio na relação mente e coração, como uma convivência turbulenta entre vizinhos hostis. Nossa mente consciente vive na terceira dimensão e nos dá uma noção contábil de dados e fatos de realidade. O coração vive numa dimensão espiritual, onde o real não pode ser tocado.

E o que é realidade???? É somente o que pode ser visto???

O vento é real e não pode ser visto. Porém, em desequilíbrio, pode destruir cidades inteiras...

Nossa mente e nosso coração desequilibrados criam a destruição e o caos! A mente é yin. O coração é yang.

Essa separação e esse desequilíbrio se deram quando a humanidade, por força de situações cármicas e equivocadas, decidiu que a energia masculina governasse o mundo. Não concordamos, porém, que a energia feminina deva prevalecer, mas é necessário que aconteça o equilíbrio entre as duas polaridades. Não podemos defender somente o coração ou a mente, mas equilibrá-los. O desrespeito para com o papel da energia yin, há milhares de anos, fez com que acontecesse uma aproximação com a racionalidade científica e um distanciamento com o mundo espiritual.

A supressão da energia yin se deu pela fragilidade do ser feminino que, ao longo dos séculos, sucumbiu à energia masculina, desequilibrando a essência humana. Então, o mundo se tornou científico, lógico, reto, duro, brutal, hostil, bélico, mecanicista e estressante...

A magia da energia yin foi extinta e a época da "Santa Inquisição", que dizimou milhares de inocentes, dispensa maiores comentários.

A discriminação feminina presente em algumas culturas perdura até os dias de hoje. Isso também poderia ter acontecido com a energia masculina, o que seria igualmente prejudicial.

Caro leitor, não estamos defendendo o feminismo, longe disso. O que defendemos aqui é o equilíbrio entre as forças, como se as duas polaridades estivessem de mãos dadas, lado a lado. Mas precisamos relatar o que de fato aconteceu nos últimos séculos para que possamos compreender o momento atual. A energia feminina foi suprimida a tal ponto, que necessitamos de uma intervenção divina.

Na época em que a bomba atômica é descoberta, chegamos ao nosso limite de ignorância espiritual. Os Grandes Mestres, repletos de compaixão, interferem no plano cármico do Planeta para restabelecer o equilíbrio das forças, trazendo de volta a energia feminina, que hoje já se encontra mais presente, inclusive nos seres masculinos, trazendo-lhes mais sensibilidade e sentimentos compassivos, que são a base desta Nova Era espiritual, que vem se abrindo nos últimos anos.

Neste novo Plano Divino para a Terra está prevista a encarnação em massa de espíritos ocidentais no Oriente e vice-versa, para que uns possam aprender com os outros. Hoje é muito normal que alguém do Oriente se sinta afinizado pelos assuntos do Ocidente!

Com a abertura dos portais de luz, principalmente de 1992 em diante, as medicinas orientais, tão sábias, preventivas e equilibradoras, que são chamadas de alternativas, têm ocupado cada vez mais espaço na mente e no coração das pessoas. O Ocidente ainda está engatinhando nesses conceitos, pois aqui os tratamentos são feitos com base na cura da doença e não no equilíbrio e felicidade do doente, prevalecendo uma atenção extrema ao físico, que é apenas o último estágio da doença, como se fosse a várzea de um rio que vai acumulando poluição e dejetos.

Na Antiguidade, a medicina, a política e a ciência sempre estiveram interligadas. Porém, quando o ser humano se distanciou de Deus, de sua essência natural, que é espiritual, e permitiu que o ego negativo prevalecesse, houve uma época de trevas e de separação.

As Cruzadas foram uma das maiores eras de distanciamento da espiritualidade. Uma visão totalmente distorcida impeliu muitos homens cegos de poder e sedentos de ira a matarem seus irmãos em nome de Deus, tudo isso por discordância religiosa, por acreditarem que uma religião era a certa e outra era a errada.

Então houve a maior tragédia de todas: o corpo foi separado do espírito, o conhecimento da sabedoria, a ciência da espiritualidade, a justiça da cooperação, a firmeza separou-se da solidariedade e o amor distanciou-se do parjna[2], tornando o ser humano individual e distante de Deus.

E com isso, nasceram ainda mais religiões e grupos divergentes, criados pelo ego humano para separar, para criar desunião entre os povos, para trazer a guerra, a morte e o desrespeito.

Não há necessidade de intermediários entre nós e o Todo, Deus, o Grande Espírito. Não precisamos de crença religiosa quando existe um coração pulsante no peito! O chacra cardíaco, em sânscrito, é chamado de Anahata, que significa "Câmara Secreta do Coração". Nosso coração é a maior ponte de conexão com Deus, que é a única chave de acesso da qual necessitamos.

Isso é universalismo.

É quando cada ser humano se vê como único espiritualmente e se reconhece com o direito e a liberdade de criar sua própria forma de conectar-se à Fonte Maior, através dos seus sentidos: com a visão contemplando a natureza de Deus, seja na beleza de uma flor ou de uma tempestade. Com a audição, escutando o barulho do vento. Com o paladar, sentindo a leveza da água. Com o olfato, sentindo o cheiro da primavera, e com o tato, sentindo o calor do sol... e através da intuição, desenvolvendo o sexto sentido e a plenitude do amor e da compaixão.

Ser universalista é libertar-se dos grilhões que nos aprisionam e que são criados por nossa própria consciência; congestionada de tantos dogmas e regras impostas por sistemas de crenças que hoje já não explicam sequer as coisas mais simples, porque se encontram estagnados.

Ultrapassados.

Empoeirados.

É necessário mudar.

Os novos tempos exigem mudanças radicais de comportamento, exigem evolução consciencial.

---

[2] Parjna: sabedoria para amar. Quem exerce o parja jamais confunde o amor com apegos e paixões obsessivas. O parjna é o amor compassivo, que compreende e respeita a liberdade individual.

Ser universalista é sentir-se bem, sem culpas religiosas ou pecados originais. Como alguém pode ser feliz sabendo que já nasceu "pecador", num estado culposo e irreversível? Que só o fato de existir já o faz se sentir culpado. Talvez você, amigo leitor, não se sinta assim porque está desperto.

Mas a realidade da maioria dos templos religiosos se caracteriza pelas massas de fiéis que carregam uma culpa hereditária e inconsciente e isso os leva a crer em palavras como castigo e punição, até que se desencadeia o mal do século: depressão e falta de esperança!

Já o ser universal se sente em união com cada estrela, com cada parte do cosmo, com cada inseto e ser humano, neste ou em outros planos. É universal pela certeza de ser imortal. É um estado de espírito. E, por isso, esse ser humano universalista ama Jesus, Krishna, Buda, Alá e todas as criaturas do universo. Consegue enxergar a sabedoria do Todo (Deus) manifestando-se em cada um deles. Vê o Holos. Sabe que não foram os Grandes Mestres que criaram as regras religiosas, como se a vida fosse um jogo de comportamentos arquetípicos. Cada ser é único e deve desenvolver seus próprios métodos para ser feliz...

Os dogmas são falhos e não dão explicações convincentes porque são criados por nós, seres humanos, e guiados muitas vezes pela ignorância. Todos os Grandes Mestres que aqui na Terra estiveram traziam uma proposta de amor, sem separação ou religiões.

Mas algumas pessoas que tinham as principais informações acerca dos Grandes Mestres distorceram as escrituras, deixando prevalecer seus interesses pessoais. Tanto que, até hoje, com tantas comprovações que poderiam modificar a vida humana para melhor, sempre se dá um jeito de "abafar" ou "esconder" os fatos, por medo da queda de estruturas milenares que são sustentadas por mentiras. Mas as máscaras estão caindo, e as estruturas se abalando. E não vai demorar muito, pela própria vontade dos Mestres e dos seres humanos, a verdade prevalecerá. Então, os que despertarem para o universalismo darão seu salto quântico, transformando a Terra em um ambiente de luz e amorosidade, eliminando sentimentos negativos, cultivando a sabedoria, o diálogo, estendendo a mão aos irmãos e cooperando para o desenvolvimento espiritual através da compaixão.

O ser humano universal sempre entende seu irmão que ainda não despertou, como a perspectiva do avô que observa seu neto. Hoje ele é avô, maduro e experiente, mas nunca esquece que um dia foi criança e por isso não exige que o neto entenda ou sinta o que é tornar-se avô. O ser humano universal compreende que a criança precisa experienciar e viver a transformação. Cada ser tem um tempo para se transformar. Ajudar um irmão sendo compassivo, compreensivo, dar dicas e muito amor é muito diferente de interferir em seu livre-arbítrio, ou forçá-lo a mudar. Isso é fanatismo nada saudável e gera carma[3] negativo, por interferir no processo evolutivo alheio, além de interromper uma fase importante de autodescoberta.

Ser universal é, antes de tudo, respeitar os processos evolutivos e o momento de cada um, eliminando a ignorância para que a sabedoria aflore!

A seguir, uma homenagem a todos os Grandes Mestres que tanto lutaram para que hoje possamos desfrutar desta era universalista!

---

[3] Carma: traduzindo do idioma sânscrito (Índia), significa ação. Lei da causa e efeito. O karma, muitas vezes, é confundido com "o mal" ou "acertos de contas" de vidas passadas, esse é um conceito ocidental e errôneo. Carma nada mais é do que o resultado decorrente de uma ação. Qualquer ação gera um resultado cármico que pode ser positivo ou negativo.

Parte I
Mestres da Antiguidade

HERMES TRISMEGISTOS

O nome Hermes Trismegistos é atribuído a um grande mestre egípcio chamado Hermes, ao Deus Thot e a uma Ordem de Iniciados. O conhecimento espiritual acima da média no Antigo Egito em grande parte se deve a Hermes, que foi um dos principais responsáveis pela introdução do ocultismo, astrologia e alquimia aqui no Planeta Terra. Os conhecimentos herméticos são tão universalistas e profundos que Hermes foi endeusado por seus seguidores, recebendo o nome de "trismegisto", que significa "Três vezes grande", e de Thot, antigo deus do Egito, conhecido como o "escriba dos deuses", por ser considerado um emissário do mundo espiritual. Também devido às suas aspirações científicas e universais, ficou conhecido na Grécia como Hermes-Deus da Sabedoria e em Roma como Mercúrio.

Sua proposta é tão contemporânea que seus ensinamentos perduram até hoje e foram compilados em dois livros, que são excelentes: *O Caibalion* e *O Divino Poimandres*, um sistema completo de teologia metafísica e filosofia.

O LEGADO DE HERMES

A palavra hermético faz alusão a Hermes e a tudo aquilo que é fechado, ou seja, oculto. Como na época (e até hoje) nem todas as pessoas estavam prontas para experimentar um conhecimento tão profundo, toda a proposta hermética só era exposta àqueles que desejavam uma vida dedicada à espiritualidade e ao sacerdócio, que, no hermetismo, dá-se o nome de "Os Iniciados". Dentro dessa filosofia, os que ainda não despertaram para a evolução espiritual eram chamados de "Profanos", ou aqueles que estariam por fora, ou seja, do lado de fora da pirâmide, que eram os templos do Antigo Egito. Somente ao adentrar a pirâmide conseguia-se visualizar todos os lados dela. Quem ficava do lado de fora, era superficial e não conseguiria atingir um grau de profundidade suficiente para tomar conhecimento das quatro paredes da pirâmide ou dos quatro aspectos: o corpo, a emoção, a mente e o espírito.

O hermetismo estabelece pontos comuns entre todas as manifestações do universo, expondo as leis que as regem. Abaixo, as sete leis principais que, basicamente, formam toda a filosofia de Hermes:

1) O princípio do mentalismo

"O todo é mente. O universo é mental."

Tudo o que existe no universo material é fruto da mente de alguém. No universo existem dois elementos básicos: matéria e energia. E a matéria trata-se de energia em estados diferentes de condensação; logo, tudo é energia e emite uma determinada vibração.

2) O princípio da correspondência

"Como em cima, assim embaixo; como embaixo, assim em cima."

Essa lei hermética está associada diretamente à ressonância. Toda a energia gerada por um ser afeta todos os outros de forma positiva ou negativa. Estamos todos interligados, porque nossa origem está na mesma fonte.

Estamos aqui (Planeta Terra) por necessidade de resolver assuntos que só podem ser solucionados aqui, com o grau de densidade da matéria. Porém, temos uma origem pura e energética, que vem de uma Fonte de Luz Cósmica (Céu) e, em essência, somos idênticos ao que está em cima e vice-versa. Somos pontos energéticos em constante ressonância com todos os seres, porque somos (todos os seres vivos) feitos à imagem e semelhança de Deus em energia, em uma menor proporção.

3) Princípio da vibração

"Nada repousa, tudo se move, tudo vibra."

Esse princípio refere-se aos diferentes graus de condensação da matéria. Desde a energia mais sutil, desde o espírito mais leve, até a matéria mais densificada existem diferentes estados energéticos, com frequências vibratórias diversificadas e velocidades, movimentos e órbitas distintas.

Mesmo o que aos nossos olhos parece estático, na verdade, está em movimento. Um objeto como uma mesa, por exemplo, é constituído de átomos, existindo uma vibração característica nesses átomos. Tudo se comporta da mesma maneira, movimentando-se, seja uma pedra, uma abelha, uma pessoa, uma molécula ou um planeta. Nada é estático.

4) Princípio da polaridade

"Tudo é dual; tudo tem dois polos; tudo tem seu oposto, semelhante e dessemelhante são a mesma coisa; os opostos são idênticos em sua natureza; mas diferentes em grau; os extremos se encontram. Todas as verdades são apenas meias verdades; todos os paradoxos podem reconciliar-se."

Esse princípio fala de oposição. As energias opostas ao extremo, na verdade, são idênticas, porém desequilibradas, como, por exemplo, água fervente e o gelo. São matérias idênticas com polaridades opostas. Por falta de calor, a água torna-se gelo, ou, por excesso de calor, o gelo torna-se água fervente. Nos dois casos, o fator em comum é o calor, mas a matéria é a mesma água.

Por falta de amor, a humanidade chegou à ignorância. Somente com muito amor a humanidade sairá da ignorância e chegará à sabedoria.

5) Princípio do ritmo

"Tudo flui, para dentro e para fora; tudo tem suas marés; tudo aparece e desaparece; o movimento pendular manifesta-se em tudo; o limite da oscilação para a direita é a medida da oscilação para a esquerda; o ritmo compensa."

O princípio do ritmo fala da oscilação entre dois polos. Podemos observar o ritmo das chuvas, das marés e dos ciclos da natureza e também em nós, seres humanos. Como somos de natureza bipolar, nossa mente tende a oscilar com os pensamentos em ritmo pendular, causando confusão mental e emocional. Os iniciados herméticos costumam utilizar técnicas específicas para equalizar a mente, chegando a um ponto neutro de oscilação. Através de técnicas como meditação, yoga, mantras, orações e outras diversas práticas espirituais, podemos equilibrar nossos ciclos mentais, neutralizando o ritmo dos pensamentos e encontrando equilíbrio e paz espiritual.

6) Princípio da causa e efeito

"Toda causa tem seu efeito; todo efeito tem sua causa; tudo acontece de acordo com a lei; o acaso não é senão o nome da lei não compreendida; existem muitos planos de causação, mas nada escapa à lei."

Esse princípio afirma que não existem casualidades ou acidentes. Nenhum fio de cabelo cai por acaso. Os detalhes mínimos da lei divina são cumpridos, como se existisse um grande relógio cósmico que regula minuciosamente os resultados de nossas escolhas. Dentro de um universo de milhões de oportunidades, sempre selecionamos um caminho a seguir, uma decisão a tomar. Se ouvirmos nossa voz interior, nossa partícula mais parecida com Deus (Eu Superior), a decisão é mais acertada, possibilitando menores "efeitos colaterais", que acontecem sempre que decidimos com nosso Eu Inferior. Por exemplo, quando decidimos com raiva, os resultados são catastróficos e, quando decidimos com amor, os resultados são divinos. Muitas vezes lamentamos pelo presente e não lembramos de nossas decisões passadas. O Universo leva um tempo para devolver os resultados de nossas escolhas e, muitas vezes, o que está acontecendo hoje é resultado de uma decisão de muito tempo atrás. Por isso é tão importante estar em equilíbrio. Os resultados sempre vêm. A Lei Divina sempre é cumprida e podemos optar em evitar o sofrimento, tomando decisões e fazendo escolhas através de nosso Eu Divino, com a consciência expandida e conectada à Fonte Maior.

A palavra karma, que muitas vezes é mal interpretada, quando traduzida literalmente, significa ação. Então podemos dizer que carma é o resultado de qualquer escolha que fazemos através do nosso livre-arbítrio. Existir é um carma. Respirar também. Caminhar também o é. Qualquer ação que tomamos é um carma, que sempre afeta alguém ou o ambiente em que vivemos de forma positiva ou negativa. Já a palavra Dharma, que muitas vezes é confundida com o contrário de carma, é uma ação que tomamos para amenizar o sofrimento de todos os seres, levando-os à compreensão de sua natureza divina.

Os herméticos afirmam que quem não sabe utilizar a lei de causa e efeito fica sujeito a ela, tornando-se uma vítima do acaso. O objetivo evolucionário é tornar-se Mestre e utilizar esse princípio com equilíbrio e sabedoria.

7) Princípio do gênero

"O gênero está em tudo; tudo tem seus princípios masculino e feminino; o gênero manifesta-se em todos os planos."

Princípios das polaridades yin e yang. No plano físico, essas forças manifestam-se em todas as coisas. É um princípio universal. Tudo na natureza é dividido em feminino e masculino e essas duas forças precisam de equilíbrio para que juntas atuem, inclusive nos pensamentos, sentimentos e emoções que também apresentam gênero yin ou yang. Quando Buda cita o Caminho do Meio, quer dizer que mantendo o equilíbrio entre Céu e Terra, Alma e Ego, Eu Divino e Eu Terreno atingiríamos o equilíbrio e a iluminação. Pesquisadores contemporâneos do hermetismo sugerem alguns exemplos de sentimentos que devemos equilibrar para atingir a plenitude espiritual:

Sentimentos Yin Superiores: amor, compaixão, perdão, alegria, cooperação, amor-próprio, aceitação, humildade, suavidade, paz, flexibilidade, sensibilidade, receptividade, abertura, intuição, sensação.

Sentimentos Yin Inferiores: mágoa, depressão, sentimento de rejeição, mau humor, defesa, medo, insegurança, preocupação, preguiça, baixa autoestima, culpa, vitimização, carência, autopiedade, solidão, timidez.

Sentimentos Yang Superiores: poder pessoal, disciplina, assertividade, discernimento, domínio sobre si mesmo, responsabilidade, desapego, paciência, fé, poder de decisão, organização, perseverança, doação, lógica, confiança, cocriatividade, ausência de julgamento.

Sentimentos Yang Inferiores: rigidez, neurose, raiva, violência, ataque, crítica, superioridade, impaciência, ódio, vingança, revanchismo, intolerância, orgulho, egoísmo, ressentimento, ciúme, apego ao trabalho.

Jesus, o Cristo

Conta-nos a Bíblia que, nas terras palestinas, mais precisamente onde hoje fica Jerusalém, no ano zero de nossa era, o Arcanjo Gabriel trouxe-nos a Anunciação de que o Filho de Deus estava por vir.

O Evangelho segundo Mateus (Novo Testamento, Capítulo 1, Versículo 18:), diz o seguinte:

"O nascimento de Jesus Cristo foi assim: Maria, sua mãe, estando desposada por José, antes de coabitarem, ficou grávida do Espírito Santo. E José, seu marido, sendo justo e não querendo infamá-la, resolveu abandoná-la secretamente. Mas quando ponderava nestas coisas, eis que um anjo do senhor lhe apareceu em sonho, dizendo: "José, filho de Davi, não temas conceber Maria como tua esposa, porque o que dela nascer é do Espírito Santo. Ela dará à luz a um filho e o chamarás de Jesus, porque ele salvará o povo dos seus pecados". Tudo isto aconteceu para que se cumprisse o que o Senhor falou pelo profeta: 'Eis que a virgem engravidará e dará à luz a um filho, e ele será chamado pelo nome de Emanuel, que significa Deus conosco'. E José, despertando do sono, fez como o Anjo do Senhor lhe ordenara, e a recebeu como sua mulher. E não a conheceu até ela dar à luz a um filho, o primogênito, e pôs-lhe o nome de Jesus."

Antes de cumprir-se a profecia do nascimento do Grande Mestre, segundo o evangelho de São Mateus, "uns magos vieram do oriente", não sendo necessariamente três, podendo ter sido inclusive um número maior de magos e sacerdotes zoroastrianos que viriam da Pérsia. Atribui-se o número três em função dos presentes que lhe foram levados: ouro, incenso e mirra. Então, os magos, que poderiam ser astrônomos ou astrólogos, orientados por uma estrela de luz guia, partiram do Oriente para conhecer Jesus e levar-lhe os presentes por sua abençoada natalidade. Daí a origem dos presentes de Natal, uma data que, nos tempos atuais, perdeu o sentido devido aos nossos vícios consumistas.

Os reis Baltazar, Melquior e Gaspar, ao chegarem à cidade onde nasceria Jesus, convocaram o rei Herodes e os sacerdotes e conselheiros da região para que soubessem onde estaria o menino, que seria o Grande Rei. O rei Herodes, inquieto e muito desconfiado, perguntou aos magos detalhes sobre a história do menino. Pediu que, após a viagem, os reis retornassem trazendo a ele todas as informações sobre seu paradeiro, para que pudesse também adorar a Jesus, embora sua intenção mais íntima fosse a de matar o inocente menino. Até que os magos chegassem ao local onde estava o garoto, já havia se passado algum tempo, por causa da distância percorrida. Assim a tradição atribuiu à visitação dos Magos o dia seis de janeiro. Chegando aonde estavam Jesus e seus pais, a estrela guia parou em cima da casa e os magos levaram-lhe os presentes e se puseram a adorar a Santa Família.

Nas tradições antigas, os presentes dados por reis simbolizavam o nascimento de alguém muito importante, assim como Jesus, que marcou o calendário do Planeta. O ouro, símbolo do poder e da sabedoria, era dado quando nascia um rei; o incenso, que simboliza a oração chegando até Deus em forma de fumaça, era dado aos sacerdotes, e a mirra, que simboliza a imortalidade e era utilizada para embalsamar corpos, era oferecida quando nascia um grande profeta. Só alguém tão importante quanto Jesus reunia todas essas qualidades na época, o que deixou o rei Herodes preocupado e sentindo-se ameaçado. Em sonhos, os magos foram avisados para que retornassem por outro caminho para seus reinos, e o rei Herodes, sentindo-se enganado, ordenou o sacrifício de todas as crianças menores de dois anos de idade.

Depois que os magos partiram, José, em sonho, viu o anjo do Senhor que pediu para que ele, Maria e Jesus partissem para o Egito, porque Herodes procuraria o menino para matá-lo. A Sagrada Família ficou lá até a morte do rei Herodes, quando, novamente, o anjo do senhor se pronunciou a José:

"Levanta-te, toma o menino e sua mãe e vai para a Terra de Israel, pois os que procuravam tirar a vida do menino morreram."

Temendo pelo governo do filho de Herodes, José partiu para uma cidade chamada Nazaré, daí o nome de "Jesus de Nazaré".

O período da infância de Jesus, principalmente de seus doze até os trinta anos, não é citado, então todo o tipo de especulação existe, inclusive de que Ele tenha viajado por muitos países para aprender conceitos do hinduísmo, budismo, zoroastrismo e hermetismo. Até que, por volta de seus trinta anos, Jesus reaparece nos Evangelhos, na descrição de seu batismo no rio Jordão, celebrado por João Batista. O Batismo é uma cerimônia iniciática necessária para agregar qualidades crísticas (corpo de Cristo), para que a energia das bênçãos do Espírito Santo sejam integradas em nosso corpo físico, trazendo a *"salvação dos pecados"*.

Hoje, na maioria das cerimônias de Batismo, não existe uma energia de profundidade e religiosidade. O que observamos, na maioria das vezes, são preocupações com as roupas utilizadas, com a maquiagem e as fotografias, em vez do sentido crístico e abençoado do batismo, que revive as bênçãos que Jesus recebeu do Espírito Santo através de João Batista no rio Jordão há milênios. Infelizmente a cerimônia do batismo transformou-se em algo profano, automático, quase que mecânico: apenas um evento social. Pense nisso...

Após seu batismo, Jesus é conduzido ao deserto para passar pela prova das tentações. Foi um longo período de purificação de quarenta dias, uma prova iniciática. Nesse período, Jesus sofreu todo tipo de tentação para desistir, porém resistiu bravamente a todas as tentações das forças do mal que, finalmente, desistiram de tentá-lo, e então os anjos vieram à sua companhia.

Jesus partiu para a Galileia na missão de dividir seus conhecimentos com aqueles que quisessem o seguir. Pouco a pouco foi encontrando os que seriam seus doze discípulos. De acordo com o esoterismo, cada um deles representa uma constelação zodiacal, e Jesus, o centro do universo. Seus apóstolos eram humildes pescadores e no povo que o seguia havia pessoas pobres, simples e muitas delas eram desprezadas pela sociedade.

Para que se fizesse entender, Jesus precisou utilizar de uma linguagem de fácil interpretação. Então surgiram as parábolas, histórias com fundo moral, mas que qualquer criança pudesse compreender naquela época. As parábolas são muito atuais e traduzem Seus ensinamentos, que podemos encontrar facilmente no Novo Testamento, nos Evangelhos. Também começaram a acontecer os milagres, as curas e as ressurreições, como a história da ressurreição de Lázaro (morto há dias), o que só poderia ser feito por mecanismos muito evoluídos, que desconhecemos até hoje.

Jesus veio à Terra em um momento crítico para a humanidade, onde precisávamos remodelar nosso caráter e aprender lições de amor, o que perdura até os dias de hoje. Talvez nossos sentimentos estejam mudando muito lentamente, mas a mensagem do Grande Mestre está disponível para aqueles que a quiserem em seus corações.

Diante de sua sabedoria ímpar, de seu senso de retidão e justiça, Jesus causou inquietação e preocupação nos poderosos, como aconteceu desde seu nascimento, o que culminou em sua crucificação.

VÁRIAS IDEIAS E UMA CRUCIFICAÇÃO

Para os hindus, por exemplo, Jesus Cristo não morreu na cruz, mas sobreviveu e retornou à Índia, onde faleceu anos depois. Diz-se que ele possuía o conhecimento dos grandes iogues, que são capazes de reduzirem a sua respiração para dar a impressão de estarem mortos.

Num texto tibetano sobre a crucificação de Jesus, chamado de Isha Natha, é explicado que Jesus entrou em estado de superconsciência, ou samadhi, mesmo antes da tortura. Um de seus mestres, Chetan Natha, viu em meditação o que ocorria com Cristo/Isha Natha e se transportou para Israel, tornando seu corpo mais leve do que o ar. Ele pegou o corpo de Jesus do sepulcro, despertou-o do transe profundo em que se encontrava e conduziu-o para a Índia, onde estabeleceu um *ashram*[4] nas terras baixas do Himalaia.

A seita muçulmana ahmaddiya não aceita a morte de Jesus na cruz, acreditando que ele faleceu de velhice na Caxemira, onde teria se casado e tido um filho.

Os essênios também têm uma versão diferente para o que ocorreu após a crucificação – versão obtida do livro *The Crucifixion by an Eye-Witness* (A Crucificação Segundo uma Testemunha Ocular), lançado em Chicago, em 1907. Segundo se diz, o livro foi publicado originalmente em 1873, mas acabou sendo retirado de circulação e todos os exemplares foram destruídos. Uma cópia teria ficado em poder da Fraternidade Maçônica da

---

[4] Ashram: palavra vinda do sânscrito, *ashram* faz alusão a um eremitério hindu onde os sábios viviam em paz e tranquilidade no meio da Natureza. Hoje, o termo *ashram* é normalmente usado para designar uma comunidade formada intencionalmente com o intuito de promover a evolução espiritual dos seus membros, frequentemente orientado por um místico ou líder religioso.

Alemanha, que continha uma carta escrita por um membro da Ordem dos Essênios a outro membro na Alexandria, sete anos após a crucificação. O texto diz que dois irmãos da Ordem, José e Nicodemos, influentes tanto junto a Pilatos quanto aos judeus, foram os que removeram o corpo de Cristo da cruz, depois que um terremoto afastou as pessoas do local. Eles não acreditavam que o Mestre estivesse morto, já que teria passado menos de sete horas crucificado.

Quando viram seu estado, perceberam que ainda era possível salvá-lo usando unguentos de grande poder curador. O corpo foi então colocado no sepulcro pertencente a José de Arimateia. Defumaram a gruta com aloe vera e outras ervas e fecharam a entrada com uma pedra grande. Trinta horas depois, um ruído foi ouvido. Os essênios perceberam que seus lábios se moviam e ele respirava. Assim que Jesus se recuperou, foi escondido em um centro essênio.

Os muçulmanos costumam dizer que, após ter sido salvo da cruz, Jesus partiu numa odisseia, guiado e protegido por Alá, tendo vivido até os 120 anos. Os indícios de que Jesus teria vivido e morrido na Caxemira muito depois da crucificação não são reconhecidos pela história oficial, mas isso é o que menos importa. A mensagem do sublime peregrino permaneceu viva durante dois milênios, foi acolhida pelas mais diferentes culturas e se instalou nos quatro cantos do mundo.

A VERSÃO DA MINHA ALMA

Muitas são as teorias defendidas sobre os mistérios que envolvem a vida do Homem que causou mais inquietação nos corações humanos. Dotado de uma luz magnética e conceitos revolucionários para sua época, Jesus deixou marcas profundas em nossas almas sem ter escrito uma única palavra. Suas mensagens de amor livre, de irmandade e comunhão, de não separatividade e absoluta negação do ego, fez com que ele fosse crucificado. Gostamos de pensar que de nada adianta ficarmos discutindo se Jesus viveu na Índia ou não, se se casou ou não com Maria Madalena ou se foi visitar ou não os monges tibetanos para aprender conceitos budistas. Infelizmente, essa briga nada mais é do que especulação de uma teia comercial que mais de dois mil anos após seu nascimento ainda deseja faturar às custas do Grande Mestre! Chega a ser engraçado... pois brigas e discussões não condizem com aquilo que Ele veio nos mostrar. Só para começar, não foi Jesus quem inventou o Cristianismo, fomos nós, com toda nossa considerável taxa de ignorância. Todos os grandes avatares encarnaram numa proposta de amor e nós, seres humanos, com a nossa ilusão dos rótulos, inventamos palavras para explicar o que não tem explicação. Realmente, a proposta deste livro não é semear discussões, até porque isso encontramos facilmente em qualquer lugar. Falar de Jesus, antes de tudo, é falar de compaixão, humildade e profuuuuunda paz. Então, concentraremo-nos em seus ensinamentos e dividiremos com você, caro leitor, a verdade que parte do coração... que é claro, você tem todo o direito de concordar ou não! Ao menos questione, mas, como diz o Mestre Sai Baba, questione com o seu coração, porque dele a verdade aflora!

Em primeiro lugar, não devemos confundir Jesus e Cristo...

Jesus representa o homem, filho de Maria e José, um corpo físico que necessita de respiração, alimento e batimentos cardíacos, como qualquer um de nós.

Cristo é um grau iniciático, um estado consciencial muito elevado, é a alma, o Eu Superior, o Arcanjo Planetário, como algumas pessoas O chamam. Qualquer um de nós pode vir a se tornar um Cristo (ou Buda – tem o mesmo significado – iluminação), dependendo do grau evolutivo em que nos encontramos, através de nossas experiências reencarnatórias.

Isso pode lhe causar perplexidade, mas, com toda a força anímica que Jesus Cristo possuía aos trinta anos, se Ele tivesse encarnado já como "o Cristo", seu corpo humano não teria nem como suportar toda a energia da Alma Crística, que comportava a energia de muitas mônadas[5] ao mesmo tempo.

Jesus foi o nome dado à criança que nasceu em Nazaré e, conforme se desenvolvia, foi recebendo blocos de energia e informações divinas. Sua personalidade crística foi se moldando e agregando qualidades até possuir um grau de amadurecimento energético para se tornar "o Cristo". A palavra Cristo, de sua raiz grega, "Khristós", literalmente significa "aquele que é o ungido do senhor, o Filho de Deus".

---

[5] Mônada: alma única, manifestação primordial das centelhas de luzes divinas à imagem e semelhança do Criador.

A própria Bíblia, nas mensagens deixadas pelos apóstolos, está sujeita a muitas interpretações, dependendo do grau de profundidade e esclarecimento de quem a lê. Quanta ignorância se vê por aí, em nome de Jesus. Sacrifícios, dogmas, paradigmas e atitudes nada condizentes com Sua mensagem. Afinal, fanatismo! Tudo o que Ele abominava quando expulsou os vendilhões do templo. Você acha estranho que alguém de tamanho equilíbrio tenha feito uma expulsão? E então? Faltou compaixão naquele momento ou Jesus teria usado o que várias filosofias descrevem como "raiva positiva" ou a ira de Deus para que a justiça se faça? Como grande líder, às vezes é necessário se impor enquanto filho de Deus! E você? Tem conseguido impor suas ideias Crísticas ou serve de alvo das imposições alheias? Pense nisso...

O quanto seu Ser Crístico tem aflorado... Quem é mais presente em sua vida? Seu "Eu Crístico" ou seu "Eu Inferior". O amor ou a crítica? A raiva ou a tolerância?

Como foi mencionado anteriormente, Jesus não deixou nada escrito. Alguns Grandes Mestres nada deixaram com palavras porque alguns sentimentos não podem ser codificados com letras. As escrituras sagradas dependem única e exclusivamente da interpretação e da profundidade de quem lê.

Existe um livro apócrifo que teria sido ditado por Jesus Cristo: *"A Course in Miracle"* (*Um Curso em Milagres*), escrito em 1975 por Helen Shucman, uma psicóloga clínica.

Helen se relacionava muito mal com seu chefe, William Thetford, no trabalho, no Departamento de Psicologia do Columbia Presbiterian Medical Center de Nova York, EUA. Trabalhando muito próximos um do outro, os dois culpavam-se mutuamente pela infelicidade que viviam e realmente não acreditavam na realidade espiritual. Helen descreve a si mesma assim:

"Psicóloga, educadora, teoricamente conservadora e ateísta em minhas crenças, eu estava trabalhando em um ambiente altamente acadêmico e de muito prestígio. De repente algo aconteceu que desencadeou uma série de eventos que eu nunca poderia ter previsto. O chefe de meu departamento inesperadamente anunciou que ele estava cansado dos sentimentos raivosos e agressivos que as nossas atitudes refletiam, e concluiu dizendo que "tem de haver um outro jeito". Como se eu estivesse esperando este sinal, concordei em ajudar a achá-lo. Aparentemente, esse Curso é o outro jeito."

Ela começou então a receber mensagens em sonhos que anotava de forma taquigráfica para depois transcrever, ato que não era automático e podia ser interrompido a qualquer momento que continuava depois do ponto onde havia parado. Após alguns anos, o manuscrito principal estava pronto. Começava assim *Um Curso em Milagres*.

Ninguém tem certeza absoluta, além da própria escritora, se realmente foi Jesus quem lhe ditou a magnífica obra. Mas os números mostram.

Já vendeu cerca de um milhão de cópias, nasceram aproximadamente setecentos livros nele inspirados e existem cerca de dois mil grupos de estudos em função dessas 1200 páginas de escrituras que, quando lidas com o coração, não deixam dúvidas de que foram apresentadas pelo Grande Mestre. Indispensável para quem trilha o caminho da luz. Encontra-se traduzido para diversos idiomas.

Todas essas situações provenientes do livro *Um Curso em Milagres* servem também como um excelente teste de fé. Até que ponto acreditamos em algo que não pode ser visto ou lido, mas apenas sentido com o coração? Na era racionalista em que nos encontramos, onde tudo precisa de comprovação científica, nada é mais lógico do que os sentimentos. Todos sentem, porém poucos se dão conta de algumas coisas básicas, como, por exemplo, a verdade absoluta de que a nossa intuição jamais nos engana.

A intuição tem peso, medida ou pode ser tocada?

Não. Mas ela existe!

Se você, ao entrar num ambiente, sente uma sensação ruim, um aperto no peito ou dor no estômago, nada mais é do que sua intuição interagindo e mostrando que algo está errado. Nossas emoções são um mecanismo extremamente evoluído que dizem se algo é bom ou ruim. Quanto a Jesus Cristo, nos dias de hoje existe quase que unanimidade. Alguns até têm dúvida quanto à sua existência ou qual é o rumo da história de sua vida, mas muitos concordam com Sua importância e impacto na vida humana. Seja como homem ou como avatar, sempre lembramos das lições desse homem que marcou o calendário de nossa Era.

Para que possamos falar um pouco de Cristo, precisaremos relembrar a parábola do filho pródigo, que pode ser interpretada de muitas maneiras.

As informações a seguir podem nos trazer uma noção relativamente verdadeira acerca do que Jesus quis dizer com "filho pródigo".

Dentro das pesquisas realizadas, a seguinte história sobre a parábola do filho pródigo é surpreendente e muitas vezes inacreditável. Ela foi canalizada por diversos povos, em épocas diferentes, por pessoas e crenças diferentes. O mais espantoso é que essas histórias são parecidas e seguem uma ordem lógica de raciocínio, embora para algumas pessoas possa parecer surpreendente.

Para falar do Cristo, do Filho de Deus, ou da Alma Crística, temos de retornar a uma era muito longínqua, nos primórdios do universo.

No princípio de tudo, havia apenas uma Fonte única de Luz, a qual chamamos Deus, nosso Pai/Mãe Celestial. Para expressar toda a sua beleza e divindade, essa Luz se manifestou através de orbitais, materializando-se em universos, sóis, luas, galáxias e expressões de Si mesmo. Tudo isso para que a alegria da Sua criação pudesse ser contemplada e dividida por outros seres. Dessa manifestação, surgiram inúmeras centelhas de luz à Sua imagem, inclusive uma expressão de luz autoconsciente chamada *Amilius*, a primeira manifestação do Cristo. Uma característica em comum a todos esses seres iluminados era o livre-arbítrio. Como partículas divinas, esses seres de luz saíram pelo Universo para criar e manifestar a luz divina, da mesma forma que o Criador. Ao conhecer as criações materiais, não houve satisfação em apenas contemplá-las, mas a necessidade de experimentar a matéria. Esses espíritos livres e andróginos começaram a se projetar em uma árvore para viver a experiência de ser um vegetal, também em um animal para ter a sensação de sentir na pele como era beber água em um riacho.

Na verdade, não teria nenhum problema em experimentar o universo material, desde que não houvesse a superidentificação com ele. Então, de tanto experimentar, houve desejos e vício. Tudo era experimentado, sentido e, com o desequilíbrio nas emoções, esses seres começaram a se projetar em tudo. Por serem partículas que saíram diretamente da fonte, sua força era muito intensa e um único pensamento já se manifestava, por tudo ser livre, inclusive os sentidos, que eram muito mais de cinco, com toda a certeza!!! Bastava que se imaginasse um elefante com cabeça de cachorro, que imediatamente a aberração se materializava. Numa necessidade desenfreada de experimentar a matéria, essas almas (nós mesmos) emanavam partículas de si mesmas, dividindo-se em várias partes, que, fragmentadas, acabavam por esquecer-se de sua origem. Assim iam partindo-se cada vez mais e perdendo poder. Houve a criação de seres horrendos e o equilíbrio do universo estava a perigo, pois as manifestações divinas estavam experimentando a matéria de maneira desenfreada e esquecendo totalmente o propósito de sua origem espiritual. Porém, algumas das manifestações, não concordando com as atitudes de seus irmãos, opuseram-se e ficaram ao lado do Pai/Mãe. Uma dessas manifestações, chamada *Amilius* (que mais tarde viria a ser Adão e depois Jesus), por sua incorruptibilidade, permaneceu junto de Deus.

Nessa época começou a acontecer o período que chamamos de "Queda do Homem". Prendemo-nos à matéria de tal maneira que começamos a acreditar que éramos os seres que havíamos criado, esquecendo-nos completamente de nossa origem espiritual. Assim sendo, houve uma espécie de intervenção divina para que o Universo restabelecesse seu equilíbrio e harmonia. Um processo de separação energética precisou ser feito: as almas foram divididas em sexos feminino e masculino, restaram-nos cinco sentidos, foram criadas as cinco raças com cores de pele diferentes para que melhor se adequassem ao clima de cada região. Ficamos presos aqui no chão, na densidade da matéria para que, lentamente, através dos milênios, começássemos a lembrar do caminho de volta para a casa do Pai/Mãe Universal.

Muitas vezes, como terapeuta, observo as pessoas por aí invocando a Divina Presença do "Eu Sou". Elas repetem "Eu Sou, Eu Sou, Eu Sou"... Quando perguntamos por quê????? _ "Ah, é porque meu guru recomendou, porque meu terapeuta falou que é bom, porque é legal".

Em tudo o que Jesus ensinava, existia um enorme grau de profundidade. Por isso, não basta repetir "Jesus é aquele que veio para nos salvar, ou para retirar os pecados do mundo", mas compreender por que, e, principalmente, sentir. Profundamente.

As invocações da "Divina Presença do Eu Sou" existem para que nossa alma seja despertada e lembre exatamente de quem ela é... de onde veio... e para que lembremos de nossa origem divina e crística.

Por isso, a afirmação do "Eu Sou" é tão importante!

"Eu Sou uma partícula de Deus."

"Eu Sou Deus em ação!"

"Eu Sou um Filho de Deus!"

Para que nunca esqueçamos de quem somos Filhos!

Frase do Mestre El Morya[6]:

"Quem ousar dizer 'Eu Sou O Que Eu Sou', que ouse também perdoar, que ouse também compreender e ser compassivo, pois, neste começo da Era de Aquário, é chegada a hora de o homem santificar suas ações e compreender os enganos do próximo."

Para nos auxiliar nessa caminhada de volta para casa, nos momentos de crise, Deus envia um avatar, que é uma manifestação de si mesmo para que possamos receber um grau de energia mais elevado, que torne nossa evolução mais veloz. *Amilius*, cheio de amor, compaixão e coragem, teve a nobreza de oferecer-se para esse árduo compromisso de ajudar os irmãos na volta para casa ou "arrebanhar as ovelhas", daí a vida de Cristo e Krishna como pastores.

Com isso, vieram as outras encarnações crísticas como:
- Adão,
- O Sacerdote Machiventa Melquisedeque (professor de Abraão),
- Enoch (um dos profetas bíblicos do Antigo Testamento),
- Zend (pai de Zoroastro, o avatar da Pérsia),
- Jesa (um sábio judeu da Babilônia, que participou da revelação da Cabala aos homens, juntamente com o profeta Schimeon Ben Jochai)
- Josué (substituiu Moisés na missão de conduzir o povo judeu até a Terra Prometida),
- Rama (na filosofia hindu, sétimo avatar de Vishnu),
- Krishna (na filosofia hindu, oitavo avatar de Vishnu),
- Buda (Príncipe Sidarta Gautama, nono avatar de Vishnu),
- Jesus Cristo (o Hierofante do Amor),
- Apolônio de Tiana (profeta peregrino do Século I, no Oriente) que ascensionou, assumindo a identidade de Sananda no plano astral superior.

---

[6] Frase extraída do livro *Os Sete Mestres*, de Maria Sílvia Orlovas, Editora Madras, 2003.

E aqui estamos, ainda evoluindo milimetricamente neste retorno à Casa do Pai/Mãe. Muito devagar. Podemos avaliar nossa velocidade, observando que em dois mil anos evoluímos apenas tecnologicamente. Talvez hoje, no século XXI, sejamos mais bárbaros do que os nossos antepassados primatas, pois na época deles não havia o grau de esclarecimento que existe hoje. Para que tenhamos consciência de nossa barbárie, há alguns exemplos encontrados nos noticiários dos últimos meses (falando somente das crianças):

- Crianças de Cabul, no Afeganistão, disputam migalhas de pão deixadas por um caminhão da Cruz Vermelha. Num pós-guerra que elas nem imaginam por que aconteceu;
- Crianças do Paquistão trabalham em olarias para ajudar no sustento de suas famílias. Por terem o peso e a idade ideal, entre 4 e 6 anos, são importantes para andarem sobre os tijolos que secam ao sol sem quebrá-los;
- Meninos de Honduras disputam alimentos com os abutres nos lixões;
- Milhares de crianças trabalham no mundo inteiro em jornadas de dezessete horas, enfrentando condições precárias e risco de vida;
- No Brasil, cem mil meninas são vítimas do turismo sexual, em duas frentes: nas cidades litorâneas, pela exploração de estrangeiros, e no interior no nordeste, onde ainda existe a venda das crianças aos coronéis;
- As crianças das favelas cariocas já estão inseridas no tráfico de drogas desde que nascem.

E então? Onde estamos? Na casa do Pai? Certamente não!
Porém há algo inerente a nossa alma: Esperança!!!!!!!!!!

Assim como existem essas situações que nos fazem chorar, existem grandes pessoas que não medem suas forças para provar-nos que ainda é possível acreditar na força do coração humano. Como exemplo no Brasil, milhares de anônimos que, muitas vezes com dificuldade, estendem a mão e vivem para a caridade. Verdadeiros guerreiros, seres de luz que optam pela misericórdia, pela unicidade e por ajudar a quem precisa. Pessoas que poderiam levar suas vidas de forma tranquila, sem precisar trabalhar tanto pelas causas sociais.

Mas a inquietude e o inconformismo de seus espíritos não permitem que eles levem uma vidinha ilusória e sem graça, pois para esses heróis não existe nenhuma graça naquilo que é passageiro, como o acúmulo de bens materiais, por exemplo. Para eles, a verdadeira felicidade reside em cada sorriso de gratidão das crianças e em cada gesto de agradecimento das pessoas ajudadas. Muitos médicos e doutores só encontram a verdadeira felicidade no Xingu, buscando sua missão em meio à selva, desprovidos de qualquer conforto material.

Muitas vezes reclamamos por ter de esperar um minuto a mais na fila de um banco ao ceder nosso lugar para um idoso. Que coração é esse? Qual a ilusão que nos prende a essas situações? Onde está nossa paciência? Onde está nosso respeito àqueles que, nas décadas passadas, construíram nosso país? Por que aqui no Ocidente tratamos tão mal as pessoas mais velhas, que são exemplos a serem seguidos? Onde está nossa humanidade, que nos difere dos animais selvagens?

Tudo o que existe no universo é bipolar. Portanto, sempre que há a escuridão, existe a certeza de um próximo dia ensolarado e também a esperança de que, muito em breve, todos os seres humanos despertarão para uma vida de colaboração, onde prevalecerão os sorrisos cordiais nas ruas, a educação, o equilíbrio e a gratitude. Então nosso livre-arbítrio só seguirá por uma estrada: a estrada da Misericórdia.

A palavra misericórdia é de origem latina e surge da junção de "misereo", que significa miséria, com "cor", que significa coração. Essa palavra traz a miséria ao coração, deixando-os entrelaçados. Assim como o Cristo se dispôs a auxiliar no resgate de nossa alma, devemos pôr a miséria de nossos irmãos próxima dos nossos corações. A misericórdia mora no coração que se compadece e age. Somente através de nossas ações, cada um fazendo sua parte nas filas de banco, com uma gentileza, no trânsito, sendo educado ou auxiliando alguém ao atravessar uma rua, conquistaremos a maior das recompensas: um planeta harmonioso onde reinará a paz e a comunhão.

Deixemos que nossos corações sejam tocados pela miséria do próximo, seja pela miséria espiritual ou material. Auxiliemos no despertar da humanidade para um novo mundo, de consciência cooperativa. Todos somos irmãos, vimos da mesma Fonte! Comecemos pelos amigos que estão mais próximos: sorrindo muito para eles, exalando amor, desejando ser uma pessoa realizada. Querendo. Mesmo que a vida seja difícil, lembremo-nos de que o que vivemos hoje é o resultado de nossas decisões passadas. Orai e vigiai. Se começarmos a sorrir hoje mesmo, estamos optando por um futuro melhor e certamente a alegria e o bom humor contagiarão todos os seres à nossa volta, trazendo uma atmosfera de luz e harmonia, amando nosso próximo como a nós mesmos, pois somos uma Presença Única, que veio da mesma Fonte Cósmica!

Assim dizia O Grande Mestre...

Pela simplicidade de suas palavras é que elas continuam, até hoje, impressas em nossos corações!

Palavras de Jesus Cristo, segundo o Evangelho de São Mateus:

"Mesmo que o Céu e a Terra passem, não será omitido um jota ou um til da lei até que tudo seja cumprido."

Podemos comparar esse ensinamento ao sexto princípio hermético, de causa e efeito ou a lei do carma. Toda ação possui uma reação e nada escapa ao cumprimento da lei.

" Guardai-vos de praticar sua justiça diante dos homens para serdes vistos por eles. Do contrário, não tereis galardão diante de Vosso Pai Celeste. Portanto, quando derdes esmola, não faças tocar trombeta diante de ti como os hipócritas fazem nas sinagogas e nas ruas, para serem louvados pelos homens. Em verdade vos digo que já receberam a sua recompensa. Mas quando derdes esmolas, não saiba a tua mão esquerda o que faz a tua direita, para que a tua esmola seja dada em segredo, então Teu Pai, que vê em secreto, te recompensará. Não julgueis segundo a aparência e sim pela reta justiça."

Esses ensinamentos são similares à reta justiça de Rama, sétimo avatar de Vishnu.

"Não acumuleis para vós outros tesouros sobre a terra, onde a traça e a ferrugem corroem e onde os ladrões escavam e roubam; mas ajuntai para vós outros tesouros no céu, onde traça nem ferrugem corrói e onde os ladrões não escavam, nem roubam; porque, onde está o teu tesouro, aí estará também o teu coração." (Mateus 6.19-21)

Compare o ensinamento acima com a frase do Tao Te Ching, de Lao-Tsé: *"O acúmulo de riquezas só existe para incitar o roubo".*

BUDA

A palavra Buddha, do idioma sânscrito, significa Desperto, Iluminado, (que vem do radical "Budh", despertar). Buda não se trata especificamente de uma pessoa, mas de um título dado na filosofia budista àqueles que atingiram a iluminação de todo o conhecimento divino e se puseram a divulgar esses fenômenos com a intenção abençoada de trazer esse despertar espiritual aos demais seres. Segundo os ensinamentos budistas, todos os fenômenos materiais são impermanentes, insatisfatórios e impessoais. Tornando-se essa realidade, seria possível viver de maneira plena, livre dos condicionamentos mentais que causam a insatisfação, o descontentamento, o sofrimento.

De acordo com os antigos ensinamentos budistas, a palavra "Buda" denota não apenas um mestre religioso que viveu em uma época em particular, mas toda uma categoria de seres iluminados que atingiram a completa realização espiritual. Aqui no Ocidente, podemos associar com o título de "Papa" que se refere não apenas a um homem, mas a todos aqueles que sucessivamente ocuparam o cargo. As escrituras budistas tradicionais mencionam pelo menos vinte e quatro Budas que surgiram no passado, em épocas diferentes.

Sidarta Gautama foi um Príncipe nascido no sul do Nepal, em 558 a. C., no reino de Shakya. Filho do rei Gautama e da princesa Maya, último de uma linhagem de antecessores cuja história perdeu-se no tempo. Hoje é conhecido como "Buda", "Iluminado" ou ainda "Luz da Ásia".

Gautama era seu nome de família, que significa "a melhor vaca", e Sidarta é uma junção do sânscrito *Siddhi* ("realização", "completude", "sucesso") e *Artha* ("alvo", "propósito", "meta"). Pode ser traduzido como "Aquele cujos objetivos são alcançados", ou ainda "Aquele que cumpriu a meta a que se propôs em sua vida".

Há mais de 2.500 anos, o Buda Shakyamuni[7], como também é conhecido, surgiu entre os membros da casta guerreira kshátrya, sendo seu pai na época um rei da região de Kapilavastu, Reino de Shakya ao sul do Nepal, onde nasceu sob a filosofia samkhya, um dos três pilares básicos do hinduísmo tradicional.

Sidarta foi um nobre dedicado a banir o sofrimento humano e nos deixou uma herança de luz e sabedoria.

Seu surgimento aqui na Terra parte de uma linda história oriental. Sua mãe sonhou com um lindo elefante branco de seis presas, que entrou em seu ventre e a fecundou com uma pérola. Ao acordar, a princesa foi tomada por uma imensa sensação de paz, e sentiu sua alma se libertando. Nesse momento, ela soube que traria ao mundo "O Iluminado".

Durante a gravidez, Maya precisou retirar-se do palácio para fazer uma viagem. Então, na floresta, juntamente com suas amas, ela sentiu que estava na hora de o Iluminado chegar.

Buda nasceu e se pôs a caminhar. Onde ele pisava, brotavam lindas flores de lótus. Então ele olhou para as quatro direções sagradas. Depois de constatar que era um ser único em todo o universo, falou:

– Eu sou aquele que veio trazer iluminação ao mundo.

Sua mãe iluminou-se na hora do parto e sete dias depois partiu deste mundo, feliz e sem apegos, pois sabia que tinha cumprido sua missão com a humanidade. No mesmo dia, Maya ascensionou aos céus.

Percebendo que o menino possuía algo de especial, o pai levou-o aos sábios e videntes, que viram nele todos os traços de um grande iluminado. Suas mãos e pés traziam as marcas dos animais sagrados e da Grande Montanha; no alto de sua cabeça, onde se localizava o chakra coronário, havia uma protuberância. Nesse instante, um dos sábios presentes chorou, pois sabia que, devido a sua idade avançada, não viveria o suficiente para ser um dos discípulos do Iluminado.

Ao verem os sinais e coincidências de seu nascimento, os sábios profetizaram ao rei que seu filho havia descido ao mundo para ser um grande rei de toda a Terra ou um dos maiores sábios que pisaram no planeta. O rei

---

[7] Buda Shakyamuni: 1. Shakyamuni é a junção de "Shakya", o reino onde Sidarta nasceu, e "muni", que significa sabedoria. 2. O Sábio de Shakya.

não queria que seu filho fosse um monge, mas um grande príncipe, e por isso criou-o fechado no palácio, ocultando-lhe tudo que pudesse lembrar o sofrimento do homem. Cercou-o de luxo, e os sinais continuavam a aparecer. Numa competição de arco e flecha realizada no palácio, Sidarta lançou uma seta a uma distância assombrosa e, quando ela tocou o solo, a terra se abriu, brotando uma fonte de água límpida que até hoje é procurada sem sucesso por vários mestres e peregrinos. O pai se preocupou, mas preferiu ignorar diversos sinais – como o crescimento do lóbulo das orelhas (sinal de iluminação para os orientais) –, tentando em vão fazer com que o iluminado seguisse o caminho da realeza e se casasse.

Sidarta casou-se com a princesa Isodara, que nasceu no mesmo instante em que ele veio ao mundo. Entre eles havia muito amor, e a vida de Sidarta continuava seguindo em ritmo normal, dentro dos princípios da nobreza daquela época.

Ele jamais conhecera o sofrimento, pois seu pai, sabendo da pureza da alma do filho, protegia-o ao máximo, evitando seu contato com a dor, a doença, a pobreza, a velhice e a morte.

Quando o Príncipe Iluminado saía para passear pelo reino, os guardas imperiais iam à frente limpando a "sujeira". Eles retiravam das ruas todos os pobres, mendigos, as pessoas doentes e famintas, para que Buda jamais visse tais atrocidades. Mas, em uma de suas saídas, os seguranças falharam e o jovem viu três coisas que perturbaram Sua Mente:

A primeira foi um senhor em idade muito avançada, que estava faminto e doente. Isso o deixou muito surpreso, pois ele não imaginava que aquilo existisse. Ele perguntou ao guarda que lhe fazia companhia o que era aquilo. Ele lhe respondeu que todos, sem exceção, um dia chegariam à velhice.

A segunda visão foi um leproso, fato que o abalou ainda mais. Novamente ele perguntou o que era aquilo e ouviu que se tratava de um homem doente, como todos os seres humanos que, pelo menos uma vez na vida, passariam por algum tipo de enfermidade.

No caminho de volta, ele passou por uma celebração fúnebre e perguntou ao guarda por que as pessoas caminhavam pela rua levando um homem deitado. O guarda Lhe explicou que a morte é o destino final de cada pessoa, não importando sua condição, casta, cor de pele ou crença.

Esse passeio mudou definitivamente a vida de Sidarta, que ficou atormentado com tanto sofrimento. Aqueles pensamentos não saíam de sua cabeça e dentro de si começava a brotar uma grande força, dizendo que ele precisava fazer algo para acabar com os sofrimentos do mundo. Ele percebeu que seu pai e todos os que estavam à sua volta tinham lhe enganado, escondendo as verdades da vida. Então ele conheceu a ilusão em que vivia.

Porém, Buda se deu conta que a desilusão é uma situação muito positiva, pois, quando permanecemos iludidos, não conhecemos a Verdade.

As palavras "Verdade" e "Verde" têm a mesma raiz. Uma das traduções de Verdade é: "representação fiel de algo existente na natureza", ou seja, a busca da verdade é algo natural a todos os seres humanos. Por mais que estejamos iludidos, é na natureza, no verde que buscamos nossa verdade mais profunda. Nós humanos somos "bichos do mato" sim!!! É natural. Pensemos juntos. Onde você moraria se não existissem casas? Na natureza, numa árvore, talvez numa caverna... A cor verde da natureza está associada ao equilíbrio, pois se localiza bem no meio do arco-íris, que é a luz primordial, natural, gerando um ponto de equilíbrio entre as cores mais frias e as mais quentes. O verde é yin e yang simultaneamente, estando associado também ao nosso chacra cardíaco ou Anahata, que se localiza bem no nosso centro, na câmara secreta de nossos corações.

É lá, no centro sagrado de nosso coração, que habita o verde. A verdade, que é única para cada um. Pessoal e intransferível, variando de pessoa para pessoa, dependendo da interpretação e profundidade de cada alma.

Por isso as discussões religiosas são inúteis, porque mesmo membros que tiveram a mesma educação na própria família podem ter crenças diferentes de acordo com seu grau de evolução espiritual.

A verdade deve ser buscada, experienciada, vivida, para que nos libertemos do véu de ilusão, como fizeram os Grandes Mestres.

A BUSCA DA VERDADE

Buda ainda não sabia o que fazer, mas começou a sentir uma grande força interna. Decidiu sair novamente quando encontrou um grupo de monges mendicantes e sua curiosidade levou-o a perguntar a seu cocheiro quem eram aqueles homens. O serviçal explicou que eram santos, que haviam escolhido abandonar todas as ligações com as coisas terrenas para encontrar a iluminação e libertar-se do sofrimento. Nesse momento, o príncipe sentiu um enorme chamado interior e resolveu abandonar a nobreza para seguir o caminho dos monges e libertar a humanidade do sofrimento.

Sidarta abandonou o palácio no dia em que seu filho nasceu. Ele viu seu filho antes de partir e deixou-o com a promessa de que um dia voltaria para cuidar dele. Depois, cavalgou com seu servo para longe, trocou de roupa com o serviçal e se dirigiu às montanhas para encontrar os sábios e aprender junto a eles. O servo retornou e contou o ocorrido ao rei, que ficou desolado, mas nada pôde fazer. Segundo a lenda, o cavalo de Sidarta morreu de tristeza ao voltar para o palácio.

Conforme conta a tradição, o jovem aprendeu o sistema samkhya com o mestre Arada-Kalama e as técnicas de ioga com o guru Udraka Ramapura. Mas, mesmo assim, continuava perturbado. Ele sentia que deveria partir em outras direções e, com esse intuito, rumou com um grupo de ascetas[8] para a floresta. Seu intuito era praticar mortificações e jejuns para atingir a iluminação.

Ele percebeu que, por mais que castigasse seu corpo e jejuasse quase até morrer, enfrentasse o Sol ou a chuva sem nada lhe cobrir o corpo, praticasse as posições de ioga nas mais diversas condições, esses extremismos não o estavam levando a lugar algum, estavam apenas maltratando seu corpo físico e sua alma.

Quando externou suas preocupações para seus companheiros de senda, eles disseram que estava se desviando do caminho, que deveria treinar com mais afinco. Embora ainda fizesse toda a série de mortificações, Sidarta percebia que estava longe de seu objetivo. Em uma das passagens pela floresta, uma moça percebeu o quanto ele estava fraco e ofereceu-lhe um pouco de água e arroz, que ele aceitou de bom grado. Mas seus companheiros, ao verem isso, repreenderam-no e o abandonaram, pois, segundo afirmavam, ele não era digno do caminho dos sadhus (renunciantes).

Com as forças renovadas, Sidarta percebeu que a verdade e a libertação não estavam nos extremos. Fosse na luxúria ou nas mortificações, ele

---

[8] Ascetas: Indivíduos que se dedicam por completo aos exercícios espirituais, mortificando o corpo, usando de flagelos radicais e fazendo sacrifícios extremos para obter purificação.

nunca encontraria as respostas que procurava, pois elas estavam no meio termo, no Caminho do Meio. Com isso em mente, ele decidiu ir até o fim para descobrir a Verdade. Para isso, escolheu uma figueira, sentou-se embaixo dela e fez o juramento de que, mesmo se sua carne definhasse e seu sangue secasse, ele só se levantaria dali depois de obter a iluminação. Tão firmes eram sua determinação e sua vontade, que Sidarta a obteve naquela mesma noite.

O evento da iluminação de Sidarta trouxe a seu corpo o espírito sagrado do Senhor Maitreya, o Cristo Planetário (ver capítulo) assim como aconteceu com Jesus.

Como no caso de Jesus, Sidarta era o homem, e "Buda" ou "Estado Búdico" equivale-se a "Cristo" ou "Estado Crístico". Quando o Espírito Sagrado do Cristo Planetário interpenetra o corpo físico de um homem iluminado como Jesus, Buda ou Krishna (os escolhidos), esses seres atingem um alto grau iniciático e tornam-se avatares, que são os emissários celestes, os "Filho de Deus".

O momento da iluminação de Buda pode ser comparado ao momento do Batismo de Jesus no rio Jordão: foi quando o Espírito Santo se fez presente no corpo de ambos.

Naquele instante, Buda percebeu a razão de tudo o que ocorria ao homem, soube quem era e quem havia sido, que há centenas de encarnações ele vinha se preparando para o momento da iluminação. Também percebeu que não havia nada e nem ninguém para auxiliar no seu processo de busca e conhecimento: toda a verdade e o saber estavam em seu interior. Compreendeu que essa mesma verdade se aplicava a todos os seres humanos, que essa era a chave para acabar com o sofrimento.

Diz a lenda que o rei dos demônios, percebendo que seu domínio sobre os homens seria afetado, atacou o iluminado com todas as suas artimanhas, desde elefantes enlouquecidos e guerreiros místicos, até belas donzelas com trajes sensuais. Mas, uma a uma, tais ameaças foram desviadas por Sidarta, que já havia se tornado o Buda.

Mesmo após a iluminação, Ele continuou meditando noite adentro e, quando a estrela da manhã surgiu no horizonte, Buda despertou com toda a força da sua iluminação. Segundo contam as escrituras budistas, isso ocorreu na lua cheia de maio. No calendário hindu, é chamada de Festival do Wesak, data especial no budismo – uma espécie de Natal, pois representa o momento do nascimento do grande salvador do mundo, aquele que havia atingido a iluminação por si mesmo.

Sidarta tinha trinta e cinco anos quando isso aconteceu. Após ter atingido a iluminação, ele ainda permaneceu mais sete dias no mesmo local, desenvolvendo uma forma de transmitir aos homens o que havia descoberto, para que não só ele, mas todos, pudessem atingir o estado de *bodhi* ou *bodhicitta* (iluminação).

Após a iluminação, Buda teve a consciência das Quatro Nobres Verdades:
1) O sofrimento existe;
2) Sua origem é o desejo;
3) Sem desejo não há sofrimento;
4) Pode-se chegar a eliminá-lo por meio da Senda Óctupla.

A Senda Óctupla abrange Oito Verdades Espirituais:
1) Ação correta,
2) Vida correta;
3) Esforço correto;
4) Mente correta;
5) Concentração correta;
6) Intenção correta;
7) Visão correta e
8) Palavra correta

Seguindo suas próprias palavras, O Iluminado foi conversar com os cinco renunciantes que o haviam deixado para trás, por não considerá-lo digno de ser monge. Ao chegar ao Parque das Gazelas, proferiu seu primeiro discurso que tem para o budismo a importância do Sermão da Montanha para o catolicismo. No momento em que os monges o viram, percebem que ele era O Iluminado. Após ouvirem suas palavras, os cinco atingiram samadhi (o supremo estado de bem-aventurança) e se uniram à ordem que acabava de nascer: o Budismo.

Buda afirmou, em mais de um discurso, que os praticantes do budismo deveriam questionar seus mestres, inclusive ele. Somente a doutrina que sobrevivesse aos questionamentos teria a chave para a libertação, pois a verdade se movimenta a todo instante e as doutrinas precisam também mudar, como tudo no universo, por isso o estudo de lógica é tão intenso nos mosteiros budistas. Para que todas as respostas se endossem, não restando dúvida quanto ao verdadeiro caminho.

O Sermão de Benares

Assim falou o Buda, no parque das Gazelas, ao dirigir-se aos seus discípulos:

"O sofrimento físico traz perturbações à mente. O conforto físico traz apego às paixões. Nem o ascetismo, nem o prazer permitem realizar o caminho. É preciso abandonar esses dois extremos e seguir o Caminho do Meio. Este é o óctuplo caminho, composto de: Visão Correta, Ação Correta, Vida Correta, Esforço Correto, Intenção Correta, Palavra Correta e Meditação Correta. Aquele que praticar isso alcançará a paz espiritual e se livrará dos tormentos do nascimento, da velhice e da morte. Eu obtive o Caminho do Meio e obtive a Iluminação.

Como sabeis, a vida é plena de sofrimento: sofrimento de nascer, sofrimento de envelhecer, sofrimento de adoecer e sofrimento de morrer. Há ainda o sofrimento da separação dos entes queridos, o sofrimento de ser obrigado a permanecer ligado a algo que se detesta, o sofrimento de não se obter o que se deseja, e o sofrimento de se perder glórias e prazeres. Muitos outros há ainda. Os seres que têm forma e os que não têm forma, os de uma, duas, quatro ou mais pernas, todos os seres vivos enfim estão sujeitos ao sofrimento. Esta é a nobre verdade da origem do sofrimento.

Todos os seres se deixam prender à ideia de um "Eu substancial", tornando-se sujeitos a tais sofrimentos. O desejo, a cólera e a ignorância são causados pelo Eu substancial. Estes venenos são a causa de todos os sofrimentos. Todos os seres vivos que são presas desses três venenos estão entregues ao sofrimento. Tal é a verdade sobre a origem desse sofrimento.

O sofrimento deve ser extraído. Se eliminarmos a ideia do Eu, o desejo, a cólera e a ignorância desaparecerão. Então os sofrimentos cessarão. O abandono, a libertação, o desprendimento conduzem à cessação do sofrimento. Para obter a Cessação é necessária a prática do óctuplo caminho.

Amigos, prestai muita atenção: primeiramente é preciso conhecer a existência do sofrimento. Deve-se depois destruir sua origem. Por isso, deve-se compreender que a cessação do sofrimento é possível. Para consegui-la deve-se então praticar o Caminho. Eu conheci a Existência do Sofrimento, destruí sua origem, compreendi sua Cessação, e pratiquei o Caminho. Assim obtive a Suprema Iluminação.

A Existência, a Origem, a Cessação, e o caminho da Cessação são as Quatro Nobres Verdades. Sem conhecê-las, ninguém pode conseguir a Iluminação. Quem as compreender perfeitamente, pode libertar-se de todos os Sofrimentos."

Sidarta começou a ser seguido por uma legião de pessoas. Esse fato começou a preocupar os sacerdotes da região, que se sentiram ameaçados e pediram providências ao rei Gautama. Buda atendeu ao pedido de seu pai, pois o respeitava muito. Então ele foi até o palácio com um verdadeiro exército da luz lhe seguindo: vinte mil pessoas.

No tempo em que lá permaneceu, iniciou sua esposa, seu filho e seu primo Ananda, que se tornou seu grande amigo e herdeiro dos seus conhecimentos.

Seu pai não simpatizou com a iniciação do neto, repreendendo Sidarta. O rei acreditava que, apesar de ser um iluminado, Sidarta não poderia ordenar crianças sem que elas atingissem uma idade mínima, o que foi aceito e virou regra desde então.

Ainda em sua terra natal, o Buda foi vítima de intrigas e emboscadas, algumas armadas por seu primo Devadata, das quais sempre se livrou. Conta a lenda que Devadata foi tragado para um dos reinos inferiores e lá queima em chamas até hoje.

Já em sua velhice, Buda foi visitado novamente pelo Rei dos Demônios, que havia sido vencido na noite de sua iluminação. O maldoso ser perguntou se deixaria o corpo físico e Buda respondeu que sim, três meses a contar daquela data. O Buda explicou que a morte e o fim do corpo físico são leis universais, às quais ele deveria obedecer, mesmo tendo a capacidade de viver milhares de anos, se assim o quisesse.

Depois disso, ele convocou os mais diversos seres, desde demônios e serpentes até criaturas celestiais, e ordenou que todos observassem sua lei, que ela não fosse quebrada, e afirmou que, por meio de sua prática, muitos seriam libertados.

Com a saúde abalada em virtude de alguns alimentos que lhe foram oferecidos em suas andanças, ele caiu de cama e partiu deste mundo aos 80 anos, deitado com a face para o poente e a cabeça em direção ao norte, debaixo de duas árvores. Entrando em êxtase, ele abandonou o corpo em meio a seus discípulos.

Durante o processo de sua morte (mahasamadhi), Buda anunciou que haveria o advento do budismo e que ocorreriam separações dentro da filosofia, gerando novas facções e grupos religiosos. De fato ocorreram e transformaram o budismo em uma verdade com diferentes interpretações – uma teia que interliga muitos pontos de vista, desde o lamaísmo tibetano até o zen-budismo japonês – todas iluminadas pelo Grande Avatar da Ásia: Sidarta Gautama, o Shakyamuni Buda.

Para participar do Festival do Wesak

Mediante estado de prece, oração e alimentação bem leve, visualizar luz, deixando-a penetrar na alma e recitar tantas vezes quanto seja possível a Grande Invocação, nos dois dias anteriores, no dia do Festival e durante os dois dias posteriores. A prática mínima é recitá-la ao amanhecer, ao meio dia, às cinco da tarde, ao anoitecer e no momento exato da Lua Cheia que marca o ponto culminante, no mês de maio. Todos podemos fazer algo para auxiliar na introdução de um período de paz e de boa vontade no mundo.

A Grande Invocação

Do ponto de Luz na Mente de Deus,
Flua luz às mentes dos homens.
Que a Luz permaneça na Terra.

Do ponto de Amor no Coração de Deus,
Flua amor aos corações dos homens.
Que o Cristo volte à Terra.

Do centro onde a Vontade de Deus é conhecida,
Que o propósito guie as pequenas vontades dos homens,
O propósito que os Mestres conhecem e seguem

Do centro a que chamamos raça dos homens,
Que se manifeste o Plano de Amor e Luz,
E confirme a vontade para o bem.

Que a Luz, o Amor e o Poder mantenham o Plano Divino sobre a Terra.
Que assim seja e sempre será, porque assim é!

RAMATÍS

Amado e respeitado no meio espiritualista brasileiro, Swami Ramatís é uma das figuras espirituais mais requisitadas na época atual. Adepto de conceitos muito evoluídos, leva-nos ao conhecimento acerca do vegetarianismo, ufologia, chacras, projeção astral, fitoenergética e muitos outros temas espirituais.

Seus ensinamentos são inconfundíveis. De linguagem forte, enfática e encantadoramente incisiva, ele nos leva à reflexão de toda a nossa existência enquanto seres divinos.

A literatura ramatisiana, como é conhecida, causa tal inquietação em nossa alma, a ponto de fazer com que uma profunda transformação aconteça imediatamente.

Ao lermos os escritos sagrados do Mestre Ramatís, sentimos uma imensa vontade de buscar o ser crístico que existe em cada um de nós. O ponto central das mensagens e do trabalho do Mestre – que é seguido por diversas casas espíritas recebendo suas indicações espirituais – é a postura universalista e livre de preconceitos, a qual permite absorver os conhecimentos espirituais das mais diversas linhas. Dessa forma, converge-se para uma união semelhante à que se dá no plano etérico entre as fraternidades da Cruz e do Triângulo, refazendo o princípio hermético de que o macrocosmo e o microcosmo estão correlacionados e se influenciam.

Os dados biográficos de Ramatís são escassos. Sabe-se que o Mestre viveu na Indochina, no século X, como instrutor em um dos santuários iniciáticos da Índia, trabalhando com magnetismo, psicometria, radiestesia, vidência, terapia e telepatia.

Ramatís foi contemporâneo de Allan Kardec na Atlântida e no Egito, e também de muitos outros seres iluminados que encarnaram na mesma época, para disseminar a sabedoria divina pelo mundo.

De acordo com alguns pesquisadores, Ramatís desencarnou jovem, deixando dezenas de iniciados de diversas ordens religiosas, responsáveis pela difusão de seus ensinamentos, tendo como pilar principal o universalismo. Ramatís nos revela que seus discípulos verdadeiros são simpatizantes a todas as vertentes de ensinamentos religiosos e filosóficos, utilizando-se do discernimento para identificar o que é bom ou ruim para a alma. Os seguidores de Ramatís normalmente não simpatizam com regras impostas pelos homens e gostam de viver dentro de uma proposta de liberdade espiritual.

Sugiro a todos que leiam as obras de Ramatís, porém, é preciso estar pronto para absorver todo esse conhecimento. Existe um momento certo para cada um. Você saberá. Receberá o chamado.

Particularmente, mesmo conhecendo Seu nome há bastante tempo, um dia, não há muitos anos atrás, o nome de Ramatís começou a povoar minha mente, repetindo-se como se fosse um mantra. Fiquei um tanto confusa, não sabendo o que estava acontecendo.

Esperei os sinais do universo e fiquei aberta ao fluxo, o que sempre costumo fazer nos momentos de dúvida.

Na semana seguinte, recebi uma amiga que muito amo para realizar uma terapia de regressão a vidas passadas. Minha formação vem da escola de Psicoterapia Reencarnacionista (www.abpr.org), onde o mundo espiritual está sempre presente. Por isso, durante as regressões, tanto eu quanto meus colegas sempre somos presenteados com informações preciosas vindas do

Astral Superior. E nesse processo terapêutico em especial aconteceu a maior manifestação mediúnica de minha vida. Digo que foi a maior, porque envolveu muitos sentidos: consegui visualizar um ser iluminado pela cor dourada, com um lindo turbante e aspecto hindu, lindamente vestido. Senti um aroma doce (acredito que seja um incenso do céu) que só poderia ser extrafísico. Ouvi uma mensagem Sua, que deveria ser transmitida à moça que estava em regressão. Os processos de ajuste e cura que senti em meu corpo físico são inesquecíveis e inexplicáveis.

Fiquei algum tempo decidindo se colocaria ou não essa mensagem aqui. Decidi colocar porque pode ser útil a muitas pessoas e hoje compreendo que, na verdade, essa mensagem era para todos nós.

Peço compaixão do caro leitor porque nós, seres humanos, quando recebemos algo do Divino, nem sempre conseguimos manter o teor original, devido a uma considerável taxa de interferência, causada por nossas imperfeições, ignorância e crenças pessoais. Filtre aquilo que você não concordar. A mensagem foi a seguinte:

"**As Senhas do Mundo Espiritual.** Existem muitas formas de conexão com as esferas espirituais: através de um pensamento positivo, do sorriso ou de sentimentos virtuosos como o amor, a compaixão e a gratidão. Desenvolvendo esses sentimentos, acessamos outras dimensões e nos conectamos a planos sutis da Luz e egrégoras que estão em ressonância com o que sentimos, ou seja: quando pensamos no amor, há uma conexão amorosa, quando sentimos gratidão, há uma conexão de gratidão.

A mente humana é poderosa e nosso chacra frontal funciona como um projetor de múltiplas cenas, sendo que podemos escolher a imagem a ser projetada. **Os pensamentos, sentimentos e emoções funcionam como senhas de acesso a cada um desses possíveis acontecimentos.** Cada vez que pensamos, criamos uma conexão com nível de energia diretamente proporcional ao pensamento emitido. Então, cada vez que visualizamos uma cena triste em nosso projetor mental, estabelecemos uma conexão, liberando a senha de acesso para que mais tristeza seja gerada. Cada vez que sentimos raiva, digitamos a senha de acesso para que mais raiva seja produzida, provocando alterações orgânicas e desequilíbrios hormonais no sistema endócrino, até que haja a condensação de uma doença. Nosso sistema imunológico é inteligente e autossuficiente, restabelecendo a energia perdida e o equilíbrio. Porém, o ser humano está inserido em uma atmosfera de competição e desgaste, agredindo-se a cada instante com pensamentos nocivos, muitas vezes sem o perceber.

Existem também muitos exemplos para as senhas de conexão com mundos inferiores. As ações inconscientes e condicionadas também são senhas. Se cada ser humano conseguisse visualizar com olhos físicos o que acontece em determinados momentos, ele jamais cometeria tais atos.

Para que haja clareza, vamos utilizar exemplos práticos. Imagine que não é pequeno o número de pessoas no Planeta Terra que neste momento estão reclamando de alguma coisa, sejam coisas simples ou mais sérias. Desde insatisfações com o corte de cabelo e com o corpo físico, até o salário que recebem. E reclamam, reclamam e reclamam mais ainda... Podemos dizer que este é "o grupo das pessoas que reclamam de tudo". Assim que começamos a reclamar, juntamo-nos a elas, como se estivéssemos todos reunidos em uma sala de conferências reclamando ao mesmo tempo. É exatamente esse nível de energia que nossa alma atrai para si: uma nuvem cinza de reclamação, que desequilibra as funções do corpo físico. E aí já se manifestam nossas decisões mais importantes: devemos questionar o tempo inteiro a qualidade do alimento que estamos dando a nossa alma. Assim como selecionamos os alimentos com cuidado e carinho, devemos escolher nossos pensamentos com o mesmo amor, para que o espírito se mantenha saudável, forte e nutrido. Não é vantajoso ao ser humano pensar de forma negativa... Pensando assim, a alma adoece, e essa doença mais tarde se torna física.

Mas as senhas muitas vezes não se dão através de pensamentos e sim de ações condicionadas, hábitos, como por exemplo, o do fumante, que já se acostumou a fumar sempre nos mesmos lugares, adquirindo um hábito nocivo, que o domina completamente, sem que ele o perceba. É como se uma forma-pensamento ficasse armazenada no local onde fuma, entre os dedos da mão que seguram o cigarro, condicionando o fumante por completo, de forma mecânica. E as palavras do viciado também são utilizadas no diminutivo, demonstrando carinho pelo objeto de desejo: - "Vou fumar um cigarrinho" ou "Beber uma caipirinha", como se esse ato diminuísse a culpa que sentem depois.

Cada vez que o fumante acende um cigarro, está digitando a senha de acesso e conectando-se a todas as almas dos seres que já sofreram com esse vício, tanto aqueles que se encontram em camas de hospital, que estão doentes ou que já desencarnaram, quanto aos obsessores[9] que ainda estão em nosso plano alimentando-se da energia dos fumantes por apego ao objeto de desejo. Lembrando que nossa mente é um projetor, o simples fato de acender um cigarro é a senha de conexão para todas as possibilidades que ele traz. Isso vale para qualquer situação viciante, para qualquer sentimento destrutivo, egoísta ou obsessivo!

Quando produzidas constantemente, as senhas nocivas vão abrindo as portas para situações ainda mais densas e cada vez mais o ser humano se densifica e adoece, "até que a morte os separe": corpo e espírito.

Essa separação torna-se necessária para que o espírito evolua, pois, encontrando-se nos planos astrais superiores, há um padrão de energia sutil e a reflexão sobre os propósitos de sua existência.

Se são dadas todas as chances e sinais para que o espírito evolua e mesmo assim ele não aprende, não há por que ele permanecer encarnado, então vem a morte como um ultimato e voltamos ao astral para percebermos o quanto vivemos iludidos e presos na matéria.

A natureza é sábia e, já que a humanidade não consegue unir corpo e espírito de forma harmoniosa e feliz aqui na Terra, existe a necessidade de separá-los para que se apresente uma nova oportunidade no futuro: isso se chama reencarnação.

Somente através da experiência espiritual é que há evolução, desenvolvendo vários "papéis" diferentes durante sua existência cíclica.

Dentro da compaixão e da sabedoria universal, o ser humano é presenteado com um aspecto divino: o livre-arbítrio. Então, podemos escolher, existindo a opção de evoluir através do amor, dos bons pensamentos e sentimentos; e através da construção de um estado de paz interior que independe dos meios externos. É possível desenvolver um estado de consciência espiritual em que, através da alegria e da simplicidade, podemos atingir níveis muito superiores de felicidade. Um estado de paz e felicidade

---

[9] Obsessores: espíritos encarnados ou desencarnados que se ocupam temporariamente de causar transtornos e prejudicar a vida das pessoas, consciente ou inconscientemente, desde que estas se encontrem em sintonia com a energia do obsessor. Diz-se "temporariamente", pois todo *espírito obsessor* acaba, mais cedo ou mais tarde, concluindo que o maior prejudicado com a obsessão é ele mesmo, uma vez que, enquanto estiver exclusivamente dedicado a prejudicar alguém, estará estagnado no seu caminho evolutivo.

constante exige trabalho e esforço contínuo, onde não há espaço para a preguiça, mas para a obra espiritual. Viemos à Terra para trabalhar com um único propósito: evoluir espiritualmente. Nossa evolução deve ser construída internamente, no templo sagrado de nosso coração, para que se torne confiável, inabalável e intocável. Muitas situações se apresentam para testar-nos, tentando abalar o sentimento de paz. Porém, se algo ou alguém conseguir desfazer esse sentimento de paz, não se iluda: ele nunca foi verdadeiro!

Somente o que é eterno como o espírito traz a verdade, as situações temporárias são ilusórias e irreais, portanto "momentos felizes" não podem ser confundidos com a felicidade real.

O Mestre Jesus em sua época questiona a um de seus discípulos:

"Que valor tem algo que pode ser roubado?"

Portanto, valorize sua paz interior e jamais permita que algo ou alguém a roube! E, através das práticas espirituais de sua preferência, construa seu estado de plenitude e paz com a utilização da única senha que pode acessar a felicidade real: o amor universal."

Quando passei a mensagem a essa moça, ela se mostrou profundamente emocionada, pois era conhecedora da literatura ramatisiana e admiradora do querido Mestre.

Muitas vezes, assim, quando menos esperamos, Ramatís se manifesta. Principalmente a todos àqueles que simpatizam com o universalismo, seguindo as correntes filosóficas de vários segmentos de crenças, mas sem prender-se a nenhuma delas, mantendo-se em liberdade para discernir com o leme interior presente nos nossos corações.

Alguns dias depois desse evento, que sempre lembro emocionada, durante a Feira do Livro de Porto Alegre, estávamos num grupo de amigos conversando. Uma moça que passava se aproximou de nosso grupo e convidou uma de minhas amigas para um congresso. Impulsivamente, eu, que nem tinha nada a ver com o assunto, senti uma enorme vontade de participar do evento, que logo depois compreendi: seria uma vivência sobre os ensinamentos de Ramatís.

Na ocasião, pude adquirir vários de seus livros e mergulhar profundamente em sua proposta universalista de luz. Durante o encontro, muitas manifestações incríveis aconteceram. Foi muito emocionante!

Tudo isso aconteceu no momento certo. Acredito que, do contrário, teria me chocado com seu jeito forte e sábio de transmitir as mensagens do Plano Superior. Abaixo, selecionei para você algumas palavras de Ramatís sobre seus principais ensinamentos:

PROJEÇÃO ASTRAL, DO LIVRO VIAGEM ESPIRITUAL, PROF. WAGNER BORGES, 1993:

"Há um constante conflito entre o homem interior e o mundo exterior; entre seus ideais e a necessidade de sobreviver; entre seus sonhos e a realidade.

Entre a fantasia e a realidade, existe um limite onde são forjados os sonhos.

Dependendo do engendramento desses sonhos, o ser humano pode ser fortalecido ou enfraquecido, alertado ou distraído, conscientizado ou obnubilado.

Aparentemente, dormir é como morrer, já que, tanto no sono como na morte, o véu da inconsciência envolve o ser humano.

O corpo físico permanece inconsciente durante o sono porque a consciência projetou-se naturalmente para fora dele. Em termos reais, é uma minimorte, não física, mas consciencial, pois a maioria dos seres humanos sai do corpo de maneira inconsciente ou semiconsciente. Assim, os homens são totalmente envolvidos pelas ideias oníricas que acabam por influenciá-los, de maneira positiva ou negativa, durante a vigília física normal.

Enquanto as consciências encarnadas no plano físico não se esforçarem para melhorar sua lucidez física e extrafísica, a Terra continuará sendo um imenso "dormitório espiritual", suspenso no espaço sideral.

Durante a vigília física normal, os seres humanos são dominados pelos impulsos emocionais, oriundos da falta de controle do corpo emocional (psicossoma), e pelas lentas vibrações do cérebro físico que restringem e amortecem o corpo mental.

Durante o sono, esses mesmos seres humanos libertam-se temporariamente do restringimento físico, mas não se libertam do emocionalismo que lhes caracteriza a existência e nem da cobiça e orgulho que os fazem brigar entre si constantemente.

Envolvida pelas formas-pensamento, oriundas do descontrole mental manifestado na vigília física normal, a grande maioria das consciências encarnadas permanece flutuando acima do corpo físico, lidando com os assuntos triviais do seu dia a dia.

Algumas pessoas conseguem afastar-se do corpo físico, buscando, inconscientemente, emoções fortes e vibrações densas que tenham afinidade com seu padrão espiritual. São verdadeiros "sonâmbulos espirituais", que muitas vezes são atraídos automaticamente para os ambientes onde se movimentam durante o dia ou para certas áreas do plano astral inferior bastante densificadas vibratoriamente, onde são vampirizados energeticamente por obsessores desencarnados que se aproveitam da situação. Ao despertarem assustadas no físico, essas pessoas pensam que foram vítimas de um pesadelo.

Durante o dia, os encarnados arrastam-se pela vida, motivados por interesses mesquinhos e egoístas, brigando e matando uns aos outros como se fossem feras indomáveis.

Durante a noite, projetam-se espontaneamente e ficam a sonhar fora do corpo. Na verdade, é como se não estivessem projetados, pois estão totalmente inoperantes para o plano astral. Seu psicossoma está fora do corpo físico, mas sua consciência continua agrilhoada aos valores do plano físico.

Nos planos extrafísicos próximos ao plano físico, também encontramos multidões de pessoas em estado lastimável de semiconsciência. São os desencarnados que se encontram e sonambulizados astralmente após a morte. São verdadeiras legiões de zumbis espirituais envolvidos nas formas-pensamento engendradas durante a vida física pelo descontrole mental e emocional em que viviam. Dentro do monoideísmo espiritual em que se encontram, alguns pensam poder ressuscitar o cadáver e, assim, tornar a viver no plano físico. Outros sentem a falta das vibrações densas e pesadas do corpo humano. Outros, ainda, sentem dores atrozes devido à morte violenta que sofreram ou choram as oportunidades perdidas e a saudade dos familiares que ficaram encarnados.

Se todas essas pessoas tivessem aprendido a projetar-se conscientemente para fora de seu corpo humano durante a vida física, provavelmente não estariam nessa situação, pois teriam compreendido que a morte é apenas a passagem da consciência para outro plano. É simplesmente uma projeção final, da qual não se retorna mais para o físico. A adaptação ao plano extrafísico seria tranquila, pois o meio ambiente astral lhes seria familiar pelas visitas feitas anteriormente através das projeções.

Assim, observamos bilhões de consciências encarnadas e desencarnadas anexadas, mental e emocionalmente, apenas à realidade humana, totalmente bloqueadas para outras realidades extrafísicas.

A inconsciência e a semiconsciência imperam absolutas no reino humano. Isso pesa bastante na economia espiritual do planeta, que poderia ser considerado não só como um "dormitório espiritual", mas também como um "manicômio consciencial", situado em pleno espaço sideral, em um pequeno sistema solar inserido dentro da Via Láctea, logo ali (ou aqui), na esquina do Universo.

Enquanto o ser humano não descobrir o que acontece consigo mesmo durante o sono e não aproveitar seu potencial nessas horas ociosas, estará morto para a realidade existente em outros planos. Estará iludido pelos valores limitados que a vida humana lhe oferece. Urge que cada consciência aperceba-se da necessidade de vislumbrar outros planos de existência e neles adquirir força e conhecimento para não deixar que o véu de Maya lhe bloqueie as percepções e distorça seus pensamentos.

Se cada consciência encarnada melhorasse sua lucidez extrafísica durante a projeção, que ocorre naturalmente todas as vezes que seu corpo físico adormece, provavelmente teríamos uma manifestação mais equilibrada no plano físico. Assim, talvez esse nosso planeta louco deixasse de ser um "manicômio consciencial", podendo ser transformado ao menos em um "hospital decente".

FITOENERGÉTICA – LIVRO *FITOENERGÉTICA – A ENERGIA DAS PLANTAS NO EQUILÍBRIO DA ALMA*, DE BRUNO JOSÉ GIMENES:

"A Fitoenergética baseia-se no uso da energia vital contida em uma planta, que pode ser transferida a qualquer outro ser vivo como uma dose de energia natural, capaz de elevar e sutilizar a frequência vibratória de quem a recebe.

Quando se recebe esse suprimento de energia proveniente das plantas, há um abastecimento na aura, estimulando a alteração do padrão vibratório da energia geral para uma frequência acelerada e sutil, que por esse motivo remove bloqueios, desobstrui centros energéticos e purifica a nossa vibração. A Purificação da Aura e a elevação da frequência vibratória geral estimulam a expansão da consciência (expansão da aura) que acontece suave e confortavelmente. O campo de energia estimulado com certa periodicidade vai mantendo-se permanentemente em alta frequência, o que expulsa e previne a ocorrência de doenças, cria uma visão bem consciente do Todo e gera paz interior capaz de promover no indivíduo um estado de plenitude e alegria interior raramente visto, ou seja, uma sensação de autorrealização plena.

O padrão da energia negativa emanada pelos seres tende a se impregnar em nossa atmosfera, nos ambientes abertos, fechados, nos objetos, móveis, utensílios e em tudo o que é matéria ou energia.

Para facilitar a compreensão disso tudo, procure imaginar um aroma gerado na preparação de um prato qualquer na cozinha, imagine que essa comida queima, e aquele cheiro característico se expande por todos os cantos de sua casa, tornando o ambiente de uma forma geral desagradável. É comum e de costume abrirmos janelas, portas, ligarmos exaustores e ventiladores para aquele odor desagradável se dissipar. Podemos, aí, fazer uma comparação com a Fitoenergética. A Fitoenergética atua de forma semelhante a ventilação, pois também dissipa os aspectos indesejáveis e restabelece a harmonia.

Por isso o convívio diário com a energia das plantas é muito benéfico e faz a diferença quando falamos de qualidade de vida. Muitas vezes estamos calmos, equilibrados, mas o ambiente à nossa volta, os móveis, a comida que ingerimos e outras muitas coisas, estão impregnadas de energias densas. Se a Fitoenergética for usada abundantemente, poderá transformar e transmutar essas energias densas, e ainda assim poderá a impregnar nos objetos, móveis, automóveis, alimentos, ambientes, corpo mental, emocional e espiritual dos seres, a energia vital e positiva contida nas plantas.

Isso tudo expressa uma nova energia, capaz de criar uma qualidade de vida realmente diferenciada, mostrando que o uso abundante da técnica só traz benefícios."

Algumas frases de Ramatís extraídas do livro Viagem Espiritual, do professor Wagner Borges:

"Se o estudante espiritual pretende se projetar para fora do corpo físico de maneira consciente, deve sempre ter em mente que a arma mais poderosa que possui é a própria vontade, alicerçada, é óbvio, por um profundo conhecimento da mecânica que rege os processos projetivos e por um sentimento elevado por tudo aquilo que encontrar nos planos extrafísicos".

"Todos os homens estão cercados de espíritos que assistem, tentam, protegem, ajudam ou exploram, quer sejam teosofistas, rosacruzes, iogues, espíritas ou católicos! Os encarnados atraem espíritos de conformidade com suas ideias, paixões ou intenções, pouco importando a sua crença ou religião."

"Os mentores espirituais aconselham aos médiuns a modéstia, a humildade e constante autocrítica, a fim de não crescerem na sua intimidade as flores ridículas que enfeitam a vaidade humana."

A Fraternidade da Cruz e do Triângulo

Segundo o professor Wagner Borges, no final do século XIX, duas equipes de amparadores espirituais sobrevoavam o plano Terra.

Uma equipe formada por amparadores ocidentais era chamada de Fraternidade da Cruz e trabalhava sobre a Europa, com base nos ensinamentos de Jesus Cristo.

No Oriente, havia a Fraternidade do Triângulo, uma egrégora de espíritos orientais, que trabalhavam em uma atmosfera espiritual vinculada aos ensinamentos de Rama, Krishna e Buda.

Ambas estavam empenhadas em ajudar os seres humanos a caminhar na senda da evolução espiritual.

Essas fraternidades decidiram fundir-se numa só e passaram a chamar-se de Fraternidade da Cruz e do Triângulo, traçando o plano de que parte dos espíritos com muitas vidas no oriente reencarnariam no Ocidente e vice-versa. Esse plano começou a acontecer no século XX, tanto que hoje podemos observar nos orientais a incorporação de uma modernidade ocidental. Aqui no ocidente podemos contemplar a simpatia pela sabedoria do oriente, inclusive pelas terapias vibracionais que se expandiram rapidamente, principalmente na última década.

A característica principal desses espíritos é o universalismo, não se prendendo a uma única base espiritual ou doutrina e somando conhecimento, equilibrando as culturas do ocidente e oriente, sem radicalismos, com liberdade.

A principal mensagem que Ramatís nos deixa é a de evoluir com liberdade, responsabilidade, universalismo e serviço espiritual.

MAOMÉ

Amado leitor, você já parou para refletir acerca do preconceito que temos contra os islâmicos? Por incrível que pareça, um preconceito que nem sabemos de onde vem. Muitas pessoas vinculam Maomé, Alá, o Islá ao que é mostrado na mídia, que, todos sabem, muitas vezes é manipuladora.

A partir de agora, juntos vamos compreender para transformarmos esse conceito errôneo de quem é Maomé, mesmo porque a maioria das religiões não cristãs, como o islamismo, considera Jesus Cristo um grande avatar. Para o islamismo, Jesus Cristo é tão importante quanto Maomé. Falo isso porque venho de uma família cristã e, pelo que lembro, na minha casa nunca foi mencionado o nome de outro avatar além de Jesus. Existem tantos outros! Com tantos ensinamentos! E tão importantes para chegarmos onde estamos hoje!

Os islâmicos não consideram Maomé um Deus, ou Filho Dele, mas um grande herói enviado e profeta que é o mais brilhante tradutor da palavra de Alá (Deus).

Assim, o ponto central da religião é o livro chamado Alcorão, visto como uma cópia do Alcorão Celeste, ou Alcorão Incriado. É uma versão terrena da obra divina, traduzida em forma de letras e sons, e sua composição, por Maomé, torna-se ainda mais surpreendente porque o profeta não sabia ler ou escrever.

Apesar da importância de Maomé na formação do Islã, os muçulmanos afirmam que o islamismo não começou com o profeta, mas com Alá, como está escrito no livro de Gênesis. Com Maomé, o islamismo atingiu sua forma definitiva.

Maomé certamente foi um dos homens mais influentes de todos os tempos. Um grande líder que conseguiu trazer unidade e comunhão a um povo hostil e sem esperança.

A cidade de Meca é até hoje o centro de peregrinação que reúne os islâmicos, e foi lá que o Grande Profeta Maomé nasceu, em 570 d.C. Lá encontra-se a Caaba, um templo de pedra negra construído por Abraão na Antiguidade, que muitas pessoas acreditam ser um meteorito. Na época do nascimento de Maomé, Meca era desorganizada e abandonada, inclusive pelos líderes espirituais. Povoada por tribos com ideologias divergentes, a cidade era carente de organização política e social, tanto que as tribos viviam em conflito, não se considerando parte do mesmo povo.

A infância de Maomé foi marcada pelo sofrimento. Seu pai faleceu quando ele era ainda um recém-nascido e sua mãe quando o Profeta tinha apenas seis anos. Aos oito anos, perdeu seu avô que o criava desde o falecimento dos pais. Então, o jovem foi morar com seus tios que lhe ensinaram a profissão de pastor. Cuidando dos rebanhos da família, Maomé desenvolveu uma personalidade compassiva. Era amoroso, calmo, gentil e atento ao sofrimento alheio, compreendendo as dores da alma das outras pessoas. Mais tarde, o jovem tornou-se comerciante e conheceu uma viúva chamada Khadija, cerca de quinze anos mais velha do que ele com quem mais tarde viria a se casar.

A sociedade da época vivia dentro de propósitos e ideais divergentes ao modo de vida de Maomé, o que fazia com que o Mestre frequentemente se retirasse ao Monte Hira para a meditação. Numa dessas ocasiões, quando Maomé já estava com cerca de quarenta anos, o Arcanjo Gabriel apareceu entregando-lhe um pergaminho. Mesmo sem saber ler, o Profeta conseguiu compreender a mensagem e, com a ajuda de sua esposa, iniciou a pregação da palavra de Alá.

Como em qualquer outra filosofia religiosa que se inicia, a primeira reação é o combate, depois a zombaria e, quando a tradição se mantém forte durante algum tempo, vem a aceitação. Com Maomé não foi diferente, e com grande maestria enfrentou todas as dificuldades para implantar a palavra de Alá.

Um dos maiores desafios foi diante dos poderosos da região, que ganhavam muito dinheiro com as peregrinações a Meca, pois a cidade tinha cerca de trezentos santuários. Instituindo uma cultura monoteísta (crença em um único Deus), Maomé afetaria toda a economia local, acabando com a exploração econômica através da fé.

Os princípios do novo Profeta trariam um novo comportamento às pessoas, que teriam de abandonar seus vícios e crenças antigas, atrapalhando o conforto ilusório e a preguiça de quem não está disposto a evoluir espiritualmente.

Maomé insistia na ideia de que todas as pessoas eram iguais perante Alá, isso trazia democracia e liberdade, o que era péssimo para os interesses pessoais dos poderosos.

Com a credibilidade e idoneidade de Maomé, suas palavras foram se espalhando e fortificando, agregando cada vez mais seguidores. Isso acabou por irritar aqueles que detinham o poder, que acabaram por planejar uma maneira de assassinar o Profeta.

Nessa época, Maomé recebeu a visita de nobres da cidade de Yathrib, que ficava bem distante de Meca. Os nobres o convidaram para ir até lá instituir a palavra de Alá, pois seus ensinamentos já haviam chegado a terras distantes e encontrado uma boa resposta do povo. Essa cidade enfrentava crises de todos os aspectos, inclusive com lutas internas, e as pessoas desejavam a presença de um líder forte, unificador e imparcial, sem relações com a cidade.

Maomé aceitou o desafio e partiu para Yathrib, pois o povo de lá aceitou cumprir os preceitos do Islã. Muitas famílias de Meca partiram juntamente com Maomé, o que definiu o ponto crucial de desenvolvimento da religião islâmica: a Hégira. Em árabe, hégira significa rompimento, migração, partida e esse fato foi tão importante que, a partir daí, em 622 d.C., os islâmicos iniciaram seu calendário. Tudo o que o povo de Meca desejava era partir para um outro lugar onde pudessem viver em paz, seguindo a palavra do Profeta Maomé.

O Profeta conseguiu realizar grandes feitos, unindo as tribos divergentes e implantando valores de justiça social e fraternidade entre todos.

A cidade de Yahtrib começou a ser chamada de Medina (A Cidade do Profeta) e foi a primeira a se tornar inteiramente islâmica.

Alguns anos após a migração, Meca e Medina estavam em guerra e, com um número muito inferior de soldados, o Profeta voltou a Meca triunfante, conquistando todos aqueles que lá estavam com as palavras do Alcorão.

Quando Maomé faleceu, em 632 d.C., a maior parte da Arábia já havia se tornado islâmica. Foi só após sua morte que o Alcorão começou a ser redigido, até então guardado na memória dos seguidores. Diz-se que os textos estavam escritos em folhas de palmeiras, peles e pedras, e que o primeiro califa[10], Abu Bakr, mandou escrever todos os versículos sobre peles vindas da Pérsia. Maomé morreu no colo de sua esposa preferida, Aisha, e escolheu ser sepultado em Medina, a cidade que adotou.

O Cisma[11] do Islã

Os califas foram os sucessores de Maomé na liderança espiritual do islamismo. Os primeiros substitutos advinham da família do Profeta ou faziam parte do primeiro grupo de iniciados que conviviam diretamente com ele. A partir do quarto califa, Ali, que era primo de Maomé, houve o primeiro cisma. Um grupo minoritário de islâmicos, os Xiitas[12], acreditavam que o califa deveria ser descendente de Maomé, e o grupo majoritário, os Sunitas[13], entendiam que a liderança e a sucessão cabiam a quem detinha o poder, não sendo necessariamente descendente de Maomé.

Nessa divergência, Ali foi assassinado e o califado se instalou em Damasco e depois em Bagdá, onde permaneceu por 500 anos. A partir dessa época, a liderança passou para as mãos do sultão de Istambul, onde permaneceu até 1924, quando o último sultão turco foi destituído. Nessa época o islamismo deixou de ter um califa como líder.

---

[10] Califa: Sucessor de Maomé como soberano espiritual dos muçulmanos.
[11] Cisma: Dissidência religiosa, política ou literária. Quando há a separação de um povo por diferenças ideológicas.
[12] Xiitas: Designação dada aos membros dos xiitas, muçulmanos que sustentam só serem verdadeiras as tradições de Maomé transmitidas através de membros de sua família.
[13] Sunita: Membro de uma das quatro seitas muçulmanas ortodoxas que consideram a Suna (suplemento do Alcorão, uma coletânea de preceitos de obrigação, tirados das práticas do Profeta Maomé e dos quatro califas ortodoxos) como complemento do Alcorão.

Os ensinamentos do Profeta Maomé
Os pilares da Religião Islâmica

Através dos pergaminhos entregues pelo Arcanjo Gabriel, Maomé instituiu o Islã, uma série de ensinamentos onde Deus (Alá) é a figura central, não existindo o culto a outras divindades. Os princípios islâmicos são claros devem ser seguidos por todos os que se iniciarem no islamismo.

O primeiro princípio é a revelação de que existe um único Deus, trazido por Abraão. O segundo, através de Moisés, é a revelação dos Dez Mandamentos, e o terceiro princípio, através de Jesus, é a revelação da regra de ouro, ou seja, "fazer ao outro aquilo que gostaríamos que o outro nos fizesse".

Os pilares que regulam a vida dos muçulmanos são:

1) Shahadah: professar a fé: testemunhar que não existe outro Deus senão Alá e que Maomé é Seu profeta;

2) Salat: rezar cinco vezes ao dia;

3) Zakat: dar esmolas aos necessitados;

4) Saum: jejuar durante o mês do Ramadã[14];

5) Haj: fazer uma peregrinação a Meca.

Atualmente, é muito importante conhecer a religião islâmica, uma das que mais cresce no mundo. Porém, para mergulhar em conceitos tão distantes de nossa realidade, o primeiro passo é colocarmo-nos no lugar dos islâmicos que diariamente sofrem com atentados de grupos radicais que dizem seguir o islamismo.

---

[14] Ramadã: é o nono mês do calendário islâmico. É o mês durante o qual os muçulmanos praticam o seu jejum ritual, o quarto dos cinco pilares do Islã. A palavra Ramadã encontra-se relacionada com a palavra árabe ramida, "ser ardente", possivelmente pelo fato do Islã ter celebrado este jejum pela primeira vez no período mais quente do ano. Uma vez que o calendário islâmico é lunar, o Ramadã não é celebrado todos os anos na mesma data, podendo passar por todas as estações do ano. É mês sagrado, período de renovação da fé, da prática mais intensa da caridade e vivência profunda da fraternidade e dos valores da vida familiar. Neste período pede-se ao crente maior proximidade dos valores sagrados, leitura mais assídua do Alcorão, frequência à mesquita, correção pessoal e autodomínio. O jejum é observado durante todo o mês, do alvorecer ao pôr do Sol. O jejum aplica-se também ao fumo e às relações sexuais. O crente deve não só abster-se destas coisas, mas também não pensar nelas. Durante o Ramadã, é comum a frequência mais assídua à mesquita. Além das cinco orações diárias, durante este mês sagrado recita-se uma oração especial chamada Taraweeh (oração noturna). É o único mês mencionado pelo nome no Alcorão: "O mês do Ramadã foi o mês em que foi revelado o Alcorão, orientação para a humanidade e evidência de orientação e discernimento." (Alcorão Sagrado 2:185)

Mais uma vez, a religião é poluída e contaminada com conceitos separatistas, baseados no medo e divergentes da harmonia divina. O que acontece nos tempos atuais é muito diferente das ideias apresentadas pelo Profeta Maomé.

Os verdadeiros seguidores de Alá praticam o bem, o que os torna muito diferentes dos terroristas que, certamente, não seguem ao Deus verdadeiro. Todo o radicalismo imposto pelos fundamentalistas em converter o mundo inteiro à religião islâmica, fere o princípio básico da humanidade, aquele que nos foi dado de presente desde a nossa criação: o livre-arbítrio.

São Francisco de Assis

São Francisco é um dos mais queridos santos da era cristã que ainda hoje representa um exemplo de vida e de amor aos ensinamentos de Jesus Cristo, tendo deixando marcas profundas não apenas no catolicismo, mas em toda a religiosidade ocidental.

Giovanni di Pietro di Bernardone, nome verdadeiro de São Francisco, nasceu em 1181 ou 1182, na pequenina e poética cidade de Assis, Itália, situada nos Apeninos. Seu pai foi Pedro Bernardone, um comerciante, e sua mãe uma dama de origem francesa. Narra uma lenda que sua mãe, sentindo as dores do parto, não conseguia dar à luz. Para que o bebê viesse ao mundo, ela teve de ser transportada até a estrebaria da casa, onde deu à luz à semelhança da mãe de Cristo, sobre a palha, entre um asno e um boi.

No batizado, o bebê recebeu o nome de Giovanni, escolhido pela mãe e parentes. O pai, que se encontrava ausente numa viagem de negócios pela França, quando regressou, decidiu mudar o nome do menino para Francisco.

Poucos exerceram influência tão determinante na história civil e espiritual de seu tempo, e poucos levaram as máximas evangélicas tão longe quanto esse homem, que conseguiu total identificação com o Jesus Cristo crucificado, a ponto de receber no próprio corpo os estigmas da Paixão.

Até hoje, pouco se sabe sobre a infância de Francisco. A obra *Legenda de São Francisco*, escrita por três de seus primeiros discípulos, revela que, já crescido, como era dotado de inteligência viva, ele estava disposto a continuar o ofício do pai sendo mercador. Contudo, muito mais alegre e liberal do que o velho Bernardone, sua maior felicidade era cantar e se divertir com os amigos pelas ruas da cidade e era tão esbanjador que gastava tudo o que ganhava em reuniões e banquetes. Apesar disso, São Boaventura, contemporâneo do santo, explica que, *"auxiliado pelo divino, ele jamais se deixou levar pelo ardor das paixões que dominavam os jovens de sua companhia"*.

Na verdade, o próprio Francisco confessa sobre o período anterior à sua conversão: *"Eu verdadeiramente creio nunca haver, por graça de Deus, cometido falta sem ter feito disso expiação, confessando o meu pecado e arrependendo-me da minha culpa"*.

Aprendizados

Depois de uma séria doença em 1202, durante a qual se tornou profundamente insatisfeito com seu modo de vida, o jovem comerciante partiu em uma expedição militar, mas caiu doente no primeiro dia e teve de retornar. Seu desapontamento trouxe outra vez a crise espiritual que ele havia experimentado durante a primeira enfermidade.

Certo dia, depois de preparar um banquete para os amigos e sair festejando pelas ruas, Francisco desapareceu. Depois de procurá-lo por algum tempo, os companheiros o encontraram em uma espécie de transe, totalmente transformado.

Um dos episódios mais marcantes de sua vida aconteceu logo após sua primeira viagem em peregrinação a Roma. Tendo verdadeiro horror a leprosos, ele passou por um mendigo que tinha a doença. Imediatamente, em um verdadeiro ato de autocontrole, o rapaz deu meia-volta, entregou ao mendigo todo o dinheiro que tinha e beijou sua mão. A partir de então, o jovem passou a servir os leprosos e doentes nos hospitais.

A popularidade que Francisco tinha adquirido entre seus conterrâneos devia-se mais às suas qualidades morais que físicas, pois, segundo seus amigos, ele "era pequeno e franzino", atraindo pouca atenção daqueles que não o conheciam.

Certo dia, rezando na pequena igreja de São Damião, Francisco ouviu um Cristo crucificado pedir-lhe que "restaurasse Sua casa que estava em ruínas". Acreditando que tais palavras faziam referência à capela em que se encontrava, ele se empenhou literalmente em reformar não só a Igreja de São Damião, mas também dois outros templos. Foi quando o Plano Superior voltou a lhe falar, pedindo que ele restaurasse não só os edifícios das igrejas, mas a própria Igreja enquanto instituição.

Nesse mesmo dia, ele ouviu de Cristo:

"Se queres conhecer a minha vontade, precisas desprezar todas as coisas que até aqui materialmente amaste e desejaste. Quando tiveres feito isto, ser-te-á agradável tudo quanto te é insuportável e se tornará insuportável tudo quanto desejas."

Foi então que seu pai decidiu intervir nos acontecimentos. Ele tinha certeza de que Francisco havia enlouquecido, pois estava dando de esmola todas as posses da família.

Revoltado, o comerciante resolve arrastar o rapaz até o bispo para ser legalmente deserdado. Sem esperar que os documentos fossem assinados, Francisco, numa atitude extremamente ousada, despiu-se em praça pública e entregou ao pai as únicas posses que ainda lhe restavam: seu sobrenome e a roupa do corpo. Sob o olhar atônito das pessoas, ele foi coberto com uma capa do bispo e deixou a cidade rumo às florestas do Monte Subasio, para dedicar-se de corpo e alma à sublime tarefa de se tornar um instrumento da paz divina.

Pouco a pouco, seu modo de vida austero passou a incomodar os nobres de Assis, principalmente porque outros jovens começaram a admirá-lo, na tentativa de alcançar a mesma experiência direta com o Divino. Ainda tido como louco por alguns, considerado um anarquista por outros, o jovem santo continuou firme em seu caminho e missão de resgatar alma para a verdadeira religião, na qual Deus deixava de ser propriedade exclusiva do clero e se tornava acessível dentro do coração. Naquela época, acreditava-se que os homens precisariam de um intermediário para chegar a Deus e a tarefa de São Francisco foi mostrar exatamente o contrário.

Quando já contava com um pequeno e sólido grupo partilhando a mesma vida de pobreza, castidade, obediência, o humilde Francisco decidiu que eles se chamariam "Frade Menores". Surgiram assim os primeiros doze discípulos que, segundo o iluminado, escreveu mais tarde em seu Testamento: *"foram homens de tão grande santidade que, desde os Apóstolos, não viu o mundo seres tão maravilhosos e santos. Aqueles que vinham abraçar nossa vida distribuíam aos pobres tudo o que tinham. Contentavam-se com uma só túnica, uma corda e um par de calções, e não queriam mais nada"*.

Os novos apóstolos reuniram-se em torno da pequena igreja da Porciúncula, ou Santa Maria dos Anjos, que se tornou o berço da Ordem.

Buscando obter a aprovação de sua Ordem, Francisco dirigiu-se a Roma para uma audiência com o papa Inocêncio III. Sem dúvida não foi por mera coincidência que, dias antes, o papa sonhou com a basílica de Latrão prestes a ruir e um homem pequeno, de aspecto pobre, sustentando-a nos ombros. No momento em que viu Francisco, reconheceu-o, abraçou-o e disse a ele e seus companheiros: *"Irmãos, ide com Deus e pregai a penitência segundo vos será inspirado"*.

Munidos dessa aprovação, os novos religiosos saíram para pregar, em duplas, percorrendo as cidades da região e mostrando aos seus habitantes, pela palavra e pelo exemplo, o caminho da união com Deus.

Um dos pontos mais notáveis na personalidade de São Francisco era sua constante alegria – aliás, a alegria era um dos maiores preceitos de sua Ordem. Seu amor aos animais e à natureza era notável e se manifestava de inúmeras formas. Sua pregação aos pássaros foi um tema muito abordado na arte. Ele chamava a todas as criaturas de "irmãos" e "irmãs" e, no poema Cântico do Irmão Sol, ele evoca o Irmão Sol, a Irmã Lua, o Irmão Vento e a Irmã Água para glorificar a Deus. Em sua última doença, seus olhos tiveram de ser cauterizados. Vendo o ferro ardente, ele se dirigiu ao "Irmão Fogo", pedindo que este fosse delicado para com ele. O ferro em brasa tocou sua carne e Francisco nada sentiu.

Certa noite, os frades viram um esplendoroso carro de fogo com um globo brilhante parecido com o Sol entrar pelo aposento em que estavam, dando três voltas no recinto. Na mesma hora, eles compreenderam que Deus estava lhes mostrando, através daquela figura, que Francisco tinha vindo no espírito e na força do profeta Elias. Desde então, o santo passou a penetrar nos segredos de seus corações, predizer o futuro e realizar milagres. Estava patente para todos que o espírito de Elias, duas vezes mais poderoso, manifestava-se nele com tal força que o melhor para todos era seguir seus ensinamentos.

Francisco manifestava seu amor a Deus por uma alegria imensa, que muitas vezes se expressava em cânticos ardorosos. A quem lhe perguntava a razão de tal alegria, ele respondia que aquilo era fruto da pureza do coração e da constância na oração, pois Francisco mantinha-se conectado com Deus em todos os momentos, tanto que seu corte de cabelo, tão característico, tinha o único objetivo de expandir a energia do chacra coronário. Essa conexão divina, que lhe angariou muitos discípulos, acabou também atraindo Clara, então aos dezessete anos, que era filha de um importante Conde. Desde o momento em que ouviu Francisco pregar, a jovem sentiu com toda a força de seu coração a vida que Deus queria para ela. Francisco tornou-se guia e mentor espiritual da alma de Clara.

Como os pais tinham outros planos, ela precisou fugir para a igrejinha da Porciúncula, onde Francisco cortou-lhe os cabelos e a fez vestir um simples hábito. Nascia assim a Ordem Segunda dos Franciscanos, a das Clarissas.

Lidando com os desejos

Para dominar os desejos de seu "eu" inferior, o santo chegava a flagelar seu corpo. Certa vez, sentindo a força das tentações que o acometiam, ele entrou em uma caverna cheia de neve e fincou os pés descalços no gelo. Não foi suficiente. Ele retirou a corda de sua cintura e passou a se chicotear. Não foi suficiente. Ele, então, despiu-se e começou a rolar pela neve, conseguindo finalmente mostrar a seus instintos mais baixos quem realmente estava no comando.

Contudo, somando todos os sofrimentos físicos a que se submeteu por vontade própria, a dor de nenhum deles foi maior do que ver surgir uma nova tendência entre seus frades, chefiada pelo Superior Frei Elias. Elias estava dando à Ordem uma orientação diferente da do santo, principalmente em relação aos estudos e ao modo de se observar a pobreza. Francisco chegou a amaldiçoar Frei Pedro de Stacia, um dos frades dessa nova linha. Por fim, vendo que tantos leigos queriam pertencer à sua família de almas, mas não podiam observar inteiramente as regras franciscanas, por serem casados ou possuir outros encargos terrenos, Francisco fundou uma Ordem Terceira, capaz de abranger a todos. Muitos grandes personagens – como São Luís, Rei da França, e Santa Isabel, Duquesa da Turíngia – a ela pertenceram.

À medida que crescia o número de frades, o trabalho destes passou a se estender para outros países. Em 1212, o próprio Francisco partiu rumo à Terra Santa, mas seu navio teve problemas e foi forçado a retornar. Em 1219, ele viajou para o Egito, onde os cruzados haviam cercado Damietta. Aprisionado, o santo foi conduzido até o sultão, a quem falou sobre a experiência do Divino. Profundamente tocado, o soberano enviou-o de volta ao acampamento dos cristãos, e ele acabou chegando a Jerusalém, onde permaneceu até setembro de 1220.

Quando retornou à Itália, Francisco descobriu que os problemas com a Ordem haviam crescido demais em sua ausência, a tal ponto que ele decidiu afastar-se de seu posto como ministro geral dos frades. Durante a abdicação do cargo, ele disse: *"Senhor, eu te devolvo a família que a mim confiaste. Tu sabes, doce Jesus, que não tenho mais a força e qualidades necessárias para continuar cuidando dela. Assim sendo, eu a confio aos ministros. Que eles sejam responsáveis ante Ti, no Dia do Julgamento, se qualquer irmão, por sua negligência ou mau exemplo, ou por castigo severo demais, desviar-se do caminho"*. Com essas palavras, o santo de Assis deixava evidente que sua inspiração espiritual jamais se encaixaria no governo de uma sociedade religiosa de proporções tão grandes.

Dois anos antes de sua morte, o santo de Assis foi até o Monte Alverne em companhia de alguns de seus frades mais íntimos. Após quarenta dias de jejum, oração e contemplação, no dia 14 de setembro de 1224, ele teve uma visão: em meio aos raios do Sol nascente, Francisco percebeu uma estranha figura. Um Serafim[15] de asas estendidas voou em sua direção e o inundou com um prazer indescritível. No centro da visão apareceu uma

---

[15] *Serafim: São considerados os Santos Anjos mais honrados e mais dignos, os que mais amam, ou seja, aqueles que possuem uma maior e mais admirável capacidade de amar. O nome "seraph", em hebraico, significa "queimar completamente". Segundo o conceito hebraico, o Serafim não é apenas um ser que "queima", mas "que se consome" no amor ao Sumo Bem, que é o nosso DEUS Altíssimo. Na Bíblia, os Santos Anjos Serafim aparecem somente uma única vez, na visão de Isaías: "... vi o Senhor sentado sobre um trono alto e elevado... Acima Dele, em pé, estava um Serafim, cada um com seis asas: com duas cobriam a face, com duas cobriam os pés e com duas voavam".(Is 6,1-2).*

cruz e o Serafim estava pregado a ela. Quando a visão sumiu, Francisco sentiu dores agudas mescladas ao deleite dos primeiros momentos. Perturbado, ele ansiosamente buscou o significado daquilo e foi então que viu, impressos em seu corpo, os estigmas da Paixão de Cristo.

Foi assim que esse discípulo tão fiel obteve a maior de todas as graças: uma profunda semelhança com seu Mestre. Contudo, de tão humilde que era, ele jamais mostrou as marcas sagradas a ninguém. Apenas seus discípulos mais próximos conseguiram ver os estigmas e só quando ele abandonou o corpo rumo à Morada Suprema.

Os dois anos que se seguiram até sua morte foram repletos de feitos extraordinários. Apesar de muito doente no aspecto físico, Francisco se aproximava cada vez mais do espírito, promovendo curas e muitos milagres. Algumas vezes, quando estava em profunda contemplação, Ele levitava. Em certa ocasião, havia subido tão alto que praticamente encostou a cabeça no teto de uma igreja.

Em sua última doença e já próximo da morte, Francisco pediu desculpas ao próprio corpo por ter infligido a ele tantos castigos. A Frei Ângelo e Frei Leão, o santo pediu que ambos permanecessem junto a seu leito para cantar os louvores da "Irmã Morte". Para aqueles que se escandalizavam com essa atitude, ele respondia: *"Por graça do Espírito Santo, sinto-me tão profundamente unido ao meu Senhor Deus, que não posso deixar de me alegrar n'Ele"*.

Por fim, tendo sido realizados em sua vida todos os planos do Criador, o bem-aventurado adormeceu rezando e cantando um salmo, no dia 4 de outubro de 1226, aos 45 anos, sendo canonizado apenas dois anos depois pelo papa Gregório IX. Quase cego, sozinho numa cabana de palha, em estado febril e atormentado pelos ratos, São Francisco deixou para a humanidade este canto de amor ao Pai de toda a Criação. A penúltima estrofe, que exalta o perdão e a paz, foi composta em julho de 1226, no palácio episcopal de Assis, para pôr fim a uma desavença entre o bispo e o prefeito da cidade. Esses poucos versos bastaram para impelir a guerra civil. A última estrofe, que acolhe a morte, foi composta pouco antes de ele morrer.

O Cântico ao Irmão Sol representa um dos mais importantes documentos literários de São Francisco, redigido em italiano antigo – língua em que ele certamente ditou a maioria dos seus escritos, antes que os irmãos versados em letras os traduzissem para o latim, a linguagem mais comum da época.

São Francisco – Uma alma ecológica

A marca registrada de São Francisco diante de seus amigos sempre foi a alegria. Ele estava sempre feliz, pois sua conexão com o divino era tão grande que isso lhe proporcionava uma felicidade completa, absoluta.

Quando estamos alinhados com a missão de nossa alma é exatamente assim que nos sentimos: movidos por uma paz profunda e constante alegria que é como um combustível para que sigamos nosso rumo à felicidade plena.

Muito diferente dos cristãos de sua época, São Francisco recusou-se a viver uma vida vazia e sempre buscou sua maior vontade: uma conexão direta com Deus. Então aconteceram suas primeiras iniciações de forma natural: buscar se libertar dos apegos, abandonar a terra natal e resgatar sua natureza primordial, iniciando-se no caminho da luz e vivendo em sintonia com os ritmos e princípios universais.

Uma das declarações de amor Dele à natureza foi a adoção da alimentação vegetariana, porque seu amor pelos animais era muito grande para que ele conseguisse comê-los. Isso o tornou conhecido como protetor e defensor dos animais.

Nós, seres humanos, dentro da nossa ignorância, muitas vezes rezamos diante de nosso prato, pedindo as bênçãos do céu com um animal morto ali dentro, porque, para nos enganarmos, colocamos apelidos nas coisas: bife, filé, almôndega, frutos do mar (são animais, não frutos!), pois falar vaca morta ou cadáver fica meio pesado, não é mesmo? A alta gastronomia não concordaria com isso. Mas... se fica tão pesado assim, será que não há algo errado? Será que é natural consumirmos tanta carne? Temos tanto poder de criação e ilusão que acabamos nos distraindo e esquecendo que bifes e filés são animais mortos. Pense nisso com carinho e sem radicalismos! Escute o que seu coração diz a respeito e não a sua mente racional e desejos primitivos.

Muitos se dizem seguidores de São Francisco, rezam pedindo a ele proteção aos bichos de estimação, mas não reconhecem que uma das maiores causas do efeito estufa, desmatamentos e problemas ambientais é proveniente do consumo de carne. Desconhecem que se gasta quinze mil litros de água para se "fabricar" um quilo de carne e desconhecem os rios de sangue (com muitos hormônios e antibióticos) provenientes dos frigoríficos e abatedouros que são despejados diariamente nos lençóis freáticos. Como fica a qualidade da água que bebemos? Péssima. A natureza já nos devolve os resultados de nossas escolhas equivocadas.

São Francisco tem essa consciência numa época em que os animais ainda vivem de forma natural. Numa época em que as galinhas ciscam no chão e que não existem pesquisas de zootecnia para sugerir hormônios e antibióticos que fazem uma pobre vaca produzir leite até explodir suas tetas. Um leite que, em vez de ser destinado ao bezerrinho, é vendido ao único mamífero que consome leite depois de adulto: o ser humano.

Cada vez mais árvores nativas são derrubadas para que se formem campos pecuaristas. Em muitos estados brasileiros, existem mais bois do que pessoas. Em alguns lugares, a população de suínos é dez vezes maior do que a população humana. A única maneira de reverter essa situação alarmante é diminuindo o consumo. Esses são dados de pesquisas da ONU. Hoje, cada vez mais o vegetarianismo ganha adeptos, e podemos transformar o mundo começando por nós mesmos.

Tudo isso pode parecer radical e é difícil viver sem carne numa sociedade que vive em torno dessa indústria. A própria mensagem de São Francisco não é determinista. Mas acredito que possamos viver com 50% da carne que consumimos. Esse seria um bom começo para todos. Pesquisas mostram que as pessoas que não consomem nenhum tipo de carne, frequentemente, são mais amorosas, sensíveis, calmas e equilibradas.

Imaginemos São Francisco aqui na Terra atualmente visitando um aviário ou frigorífico e deparando-se com as barbáries às quais nossos irmãos animais são submetidos. Tratados como produtos, como os escravos na época da escravidão. Esses animais são açoitados, sentem muita dor e sofrem muitos maus tratos por um simples capricho nosso: vê-los em nosso prato. Olhemos o quanto nosso espírito ainda é ignorante de clareza consciencial!!! Lembremo-nos que, há pouco mais de cem anos, nossos irmãos escravos eram açoitados, colocados amontoados em uma senzala, sofriam muito e seus "donos" acreditavam que eles não tinham alma, que eles não pensavam e não tinham sentimentos, claro, porque isso era interessante para os "negócios".

Espero, profundamente, que levemos menos tempo para nos darmos conta de que se somente o dinheiro for levado em consideração, a casa vai cair. E esta é a única casa que temos para morar: nosso Planeta Azul.

Pensemos lentamente nessas questões, contemplando nossa consciência, nosso interior. Tomemos nossas decisões baseando-nos no amor que nasce da alma e do coração e procuremos viver em harmonia com a natureza, aproveitemos o que ela tem de belo para oferecer, sintamos cada paisagem, planta, cada pedra, os animais. Vivamos como São Francisco, agradecendo ao Irmão Sol, à Irmã Lua, pois também fazemos parte de todo esse processo criativo da linda natureza de Deus.

Cântico ao Irmão Sol

Altíssimo, onipotente, bom Senhor,
Teus são o louvor, a glória, a honra
E toda a bênção.
Só a ti, Altíssimo, são devidos;
E homem algum é digno
De te mencionar.
Louvado sejas, meu Senhor,
Com todas as tuas criaturas,
Especialmente o senhor Irmão Sol,
Que clareia o dia
E com sua luz nos alumia.
Ele é belo e radiante
Com grande esplendor:
De ti, Altíssimo, é a imagem.
Louvado sejas, meu Senhor,
Pela Irmã Lua e pelas Estrelas,
Que no céu formastes claras,
Preciosas e belas.
Louvado sejas, meu Senhor,
Pelo Irmão Vento,
Pelo ar, nublado
Ou sereno, e todo o tempo,
Pelo qual às tuas criaturas dás sustento.
Louvado sejas, meu Senhor,
Pela irmã Água,
Que é mui útil e humilde,
E preciosa e casta.
Louvado sejas, meu Senhor,
Pelo irmão Fogo,
Pelo qual iluminas a noite.
E ele é belo e jucundo,
E vigoroso e forte.
Louvado sejas, meu Senhor,
Por nossa irmã a mãe Terra,
Que nos sustenta e governa,
E produz frutos diversos,
E coloridas flores e ervas.
Louvado sejas, meu Senhor,
Pelos que perdoam por Teu amor,
E suportam enfermidades e tribulações.

Bem-aventurados os que sustentam a Paz,
Que por ti, Altíssimo, serão coroados.
Louvado sejas, meu Senhor,
Por nossa irmã a Morte corporal,
Da qual homem algum pode escapar.
Ai dos que morrerem em pecado mortal!
Felizes os que ela achar
Conformes à Tua santíssima vontade,
Porque a morte segunda não lhes fará mal!
Louvai e bendizei ao meu Senhor,
E dai-lhe graças,
E servi-o com grande humildade.

LAO TSE E O TAOÍSMO

Lao Tse foi o maior filósofo chinês, sendo a ele também atribuídas as funções de alquimista e sábio. É o autor da obra fundamental do Taoísmo: o Tao Te Ching – O Livro do Caminho Perfeito, um dos livros mais traduzidos até os tempos atuais, considerado pelos taoístas como uma literatura sagrada.

De extrema profundidade, a obra reúne conceitos sobre o Todo, sobre o Grande Espírito criador do Universo.

No Tao Te Ching, o autor relata:

"Há algo natural e perfeito existente antes de céu e terra. Imóvel e insondável, permanece só e sem modificação. Está em toda parte e nunca se esgota. Pode-se considerá-lo a Mãe de Tudo. Não conhecendo seu nome, chamo-o Tao. Obrigado a dar-lhe um nome, O chamaria Transcendente."

O Tao não pode ser definido, pois sua imensidão encontra-se fora de nossa compreensão. Diante do que Lao Tse nos ensina, sabemos que o Tao emana o ch'i, a energia vital que abastece a vida de tudo o que está sobre a Terra, desde o menor micróbio até o maior mamífero. Na China, a energia vital é conhecida como ch'i, no Japão ki, no Egito Ka. Cada civilização, cada cultura, em seu tempo e costume, conheceu ou conhece essa emanação sutil por um nome diferente. Os hindus a chamam de Prana, os gregos Pneuma, os judeus Nefesh, os Kahunas da Polinésia chamam de Manas, os russos de Bioenergia, os alquimistas de Fluído da Vida e os cristãos de Luz ou Espírito Santo.

Essa vibração emanada pelo Tao que o grande sábio chama de ch'i, quando em contato com a Terra, divide-se em dois princípios que estão em tudo: o yin e o yang.

O símbolo do Taoísmo faz alusão à harmonia de forças opostas na natureza e à dualidade humana. No Taoísmo, as energias yin e yang estão presentes em tudo o que vive, sempre transformando-se, complementando-se, estando em eterno movimento, equilibrados pelo invisível e onipresente Tao. Yang é a força positiva e representa a masculinidade. Yin é a força negativa, representando a feminilidade. A união dessas duas forças traria um ponto neutro de equilíbrio e harmonia. Quando essas duas forças estão em desequilíbrio, há uma quebra no ritmo da natureza, gerando desajustes e conflitos. Isso pode ocorrer frequentemente com a energia dos nossos pensamentos e sentimentos, gerando equilíbrio ou desequilíbrio em nosso corpo. Os sábios taoístas ensinam que assim como a água se ajusta a um recipiente, devemos aprender a equilibrar e moldar nossa energia, para que possamos viver em equilíbrio com o Tao.

Não existem provas históricas da existência de Lao Tse, o que o torna um personagem lendário.

Uma antiga lenda chinesa conta que ele já nasceu velho, por isso teria recebido esse nome que, traduzido literalmente, significa "velho ou que já viveu muito". Essa narrativa pode possuir um sentido metafórico pela antiguidade do próprio Taoísmo, que tem suas bases em conceitos filosóficos chineses muito antigos, anteriores à própria canalização do livro "Tao Te Ching – O livro do caminho perfeito."

Os vestígios mais embasados historicamente dizem que ele nasceu em 570 a.C., durante a época das Cem Escolas de Pensamento e o Período dos Reinos Combatentes e que seu nome verdadeiro era Lao Tan.

A religião Taoista o situa quase mil anos antes.

Alguns estudiosos do assunto chegam a acreditar que Lao Tse nem viveu no plano Terra e que sua lenda existe somente para que a China tenha um Messias, que fundamente no Tao Te Ching a sabedoria dos grandes mestres taoístas do passado chinês.

A história de Lao Tse, segundo o Taoísmo

Conta a lenda taoísta que o mestre nasceu na província de Na Hue, na cidade de Guo Yang, no período de 1324 a.C.

Seu pai era um famoso alquimista que viveu mais de cem anos. Sua mãe lhe concebeu ao engolir uma pérola de luz, e a gestação demorou oitenta e um anos.

Lao Tse nasceu do lado esquerdo das costelas da sagrada mãe, no jardim da família, sob uma árvore de nome Li (ameixeira), com cabelos brancos e orelhas grandes. Por isso recebeu o nome de Lao Tse (filho velho) e Li Er (orelha grande da ameixeira). A união dos termos chineses para velho e criança em seu nome justificam seu título de Senhor do Fim e do Princípio.

Dentro dessa narrativa podem ser observadas diversas metáforas e, como no livro Tao Te Ching, são interpretadas de acordo com a profundidade espiritual de quem a lê.

Foi convidado pelo rei Wen para ser o responsável pela biblioteca real e assumiu o cargo de historiador e bibliotecário real até seus quarenta anos, ano em que iniciou sua grande viagem para o ocidente, com intuito de chegar aos reinos da atual Índia, Afeganistão e Itália.

Durante a viagem, permaneceu algum tempo na fronteira de Yu Men e aceitou o oficial-chefe da fronteira como discípulo. Ditou-lhe vários escritos, entre eles o Tao Te Ching.

Lao Tse representado como divindade taoísta

Muitos anos depois, Lao Tse teve sua ascensão no deserto de Gobbi, durante a qual emanou raios de luz em cinco cores, transformando-se em corpo de luz dourada e desaparecendo no céu.

Após sua ascensão, retornou novamente à Terra encarnado como filho único do senhor Li Po Yang, da província Shu. Seu discípulo Yi Shi, o oficial da fronteira, o reencontrou na aldeia da família Li. Diante dele, a criança de três anos de idade revelou sua verdadeira imagem. Seu corpo cresceu, transformando-se em luz dourada branca. Lao Tse pronunciou mais um ensinamento: o Tratado Maravilhoso do Princípio Solar do Tesouro do Espírito (Ling Bao Yuan Yang Miao Ching). Após concluir seu ensinamento, os duzentos membros da família Li ascensionaram em massa, seguidos por Lao Tse e Yi Shi. Isso aconteceu no dia 28 de abril de 1118 a.C.

Depois do segundo nascimento e ascensão, Lao Tse ainda retornou inúmeras vezes para transmitir ensinamentos e ordenar as novas tradições. Por isso, é chamado pelos taoístas de Sublime Patriarca do Caminho.

O Tao Te Ching

Ao deixar a China, o guarda da fronteira pede a Lao Tse que deixe um registro de sua sabedoria: o Tao Te Ching.

Segundo a tradição chinesa, ele trabalhou muitos anos como bibliotecário real, exercendo o cargo de superintendente judicial dos arquivos imperiais em Loyang, capital do estado de Shu. Desgostoso com as intrigas e disputas da vida na corte, decidiu abandonar esse viver, seguindo para as Terras do Oeste, em direção à Índia.

Ao chegar à fronteira, o guardião Yi Shi, reconhecendo sua sabedoria, o reverenciou conforme a tradição chinesa, pedindo para tornar-se seu discípulo e pediu a ele que, antes de sair da China, deixasse um registro por escrito de seus ensinamentos.

Assim, antes de partir, Lao Tse escreveu os 81 pequenos poemas que receberam o título de "Tao Te Ching".

O seu contato com os livros e a sua sabedoria pessoal induziram-no a criar uma doutrina de caráter panteísta[16], segundo a qual o Tao, ou caminho, é o princípio material e espiritual, criador e ordenador do mundo. No terreno prático, preconizou a vida contemplativa e a supressão de qualquer desejo.

Lao Tse é tradicionalmente considerado o fundador do Taoísmo, movimento com vertentes filosóficas e religiosas distintas designadas por nomes diferentes em chinês: Tao Chia é o termo que se refere ao Taoísmo filosófico; Tao Chiao é o termo que se refere Taoísmo religioso. Junto com o Confucionismo e o Budismo, o Taoísmo integra os fundamentos da tradição espiritual da China.

---

[16] Doutrina Panteísta: Sistema filosófico que identifica Deus com o universo. Adoração da natureza, vendo Deus em tudo o que existe.

Seu seguidor Zhuangzi foi outro famoso filósofo taoísta chinês cuja filosofia foi muito influente no desenvolvimento do Budismo Chan e do Budismo Zen.

Na religião taoísta, Lao Tse recebe a consideração de uma divindade, reverenciada em diversos templos e cerimônias.

Alguns versos do Tao Te Ching:

"Há algo natural e perfeito existente antes de céu e terra.
Imóvel e insondável, permanece só e sem modificação.
Está em toda parte e nunca se esgota.
Pode-se considerá-lo a Mãe de Tudo.
Não conhecendo seu nome, chamo-o Tao.
Obrigado a dar-lhe um nome,
O chamaria Transcendente."

"O caminho que pode ser seguido não é o Caminho Perfeito.
O nome que pode ser dito não é o nome eterno.
No princípio está o que não tem nome.
O que tem nome é a Mãe de todas as coisas."

"O espírito das profundezas do vale é imperecível,
é chamado o mistério feminino.
A Porta da Fêmea misteriosa é a raiz,
da qual crescem o céu e a terra.
Fracamente visível, seu poder inexaurível permanece.
A fêmea misteriosa dura perpetuamente
o seu uso, entretanto, jamais a esgotará."

"O poder do espírito e a harmonia das forças
Preservam da dispersão a vida.
Assim procedendo, se torna o homem
Semelhante à criança,
Confiando sempre sua vida.

Segue as suas veredas
Sem jamais aberrar.
Quem conduz seu povo com amor
Permite que ele mesmo se harmonize,
Amparando-o em tempos de fortuna
E nas horas de infortúnio.
Quem possui verdadeira sapiência não necessita de erudição,
Sabe criar valores e não os guarda para si.
Aquilo que dá vida não reclama qualquer posse,
Beneficia mas não exige gratidão.
Comanda mas não exerce autoritarismo.
Eis a chamada qualidade misteriosa.
Sabe agir sem se apegar
Sabe conduzir sem impelir
E nisto reside a finalidade da vida."

"As cinco cores cegam os olhos humanos
As cinco notas ensurdecem os ouvidos
Os cinco gostos injuriam o paladar
As corridas e as caçadas desencadeiam no coração paixões furiosas e selvagens.
Os bens de difícil obtenção causam ferimentos diante de perigosos obstáculos.
Por esse motivo o sábio ocupa-se do interior e não da exterioridade dos sentidos.
Ele rejeita o superficial e prefere mergulhar no profundo."

O Tao da Serenidade e da Alegria

Observe a flor que desabrocha no momento certo.
Ela sorri para as gotinhas de orvalho e para o sol.
Em seu sorriso está o Chi.
Ela não pensa, mas sua sensibilidade agradece ao Tao.

Observe a cascata correndo por entre as pedras.
Ela nunca olha para trás.
O seu destino são as grandes águas.
Ela corre junto com o Chi e sente o Tao.

Sorva tranquilamente uma caneca de chá morno.
Pense que cada gole é o Tao.
Faça isso de olhos fechados e medite.
Seja suave, amigo e sereno.

Nunca renegue a si mesmo.
Para o Tao, tudo é sagrado.
Os opostos são alternâncias do Chi.
Yin e Yang são irmãos, equilíbrio é paz.

Persevere nos bons princípios.
Feche os olhos, e sente-se com paciência.
Junte as mãos em frente ao peito.
Faça o azul do céu entrar em sua testa.

Arremesse longe a arrogância.
Agradeça ao Tao, venere a vida.
Seja flor e cascata, saúde o Chi.
Limpe as emoções, seja sereno.

Viaje espiritualmente aos nove céus.
Deite o corpo no leito, arremesse longe o medo.
Pense numa bola azul acima da cabeça, outra abaixo dos pés.
Sinta o azul preenchendo o seu corpo, por cima e por baixo.

Medite no Tao.
O azul eletrificado percorre o seu corpo.

Decole o espírito nas correntes de luz.
Visite os sábios extrafísicos nos planos celestes.

Por favor, remova as dores da tristeza.
Isso faz estragos nos pulmões.
Não respire apenas o ar, respire o Chi junto.
Pense que o Chi é o ouro da vida.

Duas maravilhas: paciência e simplicidade.
O Tao admira essas duas qualidades.
Por isso os sábios são fortes e serenos.
Eles são cascata e flor e sempre agradecem...

(Texto escrito pelo Prof. Wagner Borges)

Confúcio

Confúcio (ou Kong Qiu) nasceu na China, vila de Zon, na região de Lu, em 551a.C. Quando criança, gostava de participar regularmente de rituais religiosos em diversos templos. Anos depois, já adolescente, começou a ganhar fama de pessoa justa e honesta e que buscava sempre aprender cada vez mais.

Começou cedo a viajar por muitos lugares, conhecendo muitas pessoas consideravelmente mais velhas e sábias. Estudou na capital do império, Zhou, onde estreitou relações com Lao Tse, o fundador do Taoísmo. Quando voltou a sua terra natal, tornou-se professor, ensinando jovens de muitos lugares.

Confúcio tinha 35 anos quando a sua região entrou em guerra com a vizinha cidade de Qi. O duque Zhao reunia-se frequentemente com Confúcio, pedindo-lhe os mais diversos conselhos, no entanto, alguns ministros de Zhao, guiados talvez por um forte sentimento de inveja e ganância, eram contrários às ideias do sábio, convencendo também o seu líder a não mais se aconselhar com Confúcio.

Algum tempo depois, outros setores da sociedade começaram também a contradizer o Mestre e suas posições políticas.

Encontrando-se sozinho e desapoiado em situações que nem por ele foram criadas, Confúcio retirou-se de Lu. Anos mais tarde, voltou a sua região natal, mas não mais integrou a vida política e social, concentrando-se apenas em estudar profundamente.

Terminada a guerra e já com 50 anos de idade, recebeu um pedido do Barão de Qi com o objetivo de ajudar este último a se defender de conflitos internos na sociedade, o qual não aceitou.

Alguns anos mais tarde, foi proclamado "chefe" da cidade pelo novo Duque de Lu e, sob a sua administração, a cidade cresceu consideravelmente, demonstrando a todos como exerce bem a função de político.

Gradualmente foi sendo promovido até chegar rapidamente a Secretário-Geral da Justiça e, aos 56 anos, Primeiro-Ministro de Lu.

Curiosamente, em todas as regiões vizinhas, começou a surgir uma grande preocupação, a de Lu se tornar uma região demasiadamente poderosa. Assim, as cidades vizinhas começaram a enviar mensageiros com oferendas e até dançarinas para agradar o Duque. Quando este último abandonou uma manifestação religiosa para receber os tais mensageiros, Confúcio desistiu de seu cargo e fez as malas, partindo para fora da região, dizia-se, para sempre…

Então, durante os cinco próximos anos, o Mestre viajou extensivamente pela China, acompanhado pelos seus discípulos e espalhando sua sabedoria a todos que o escutavam. No entanto, a realeza chinesa dificultava ao máximo a obra de Confúcio e, enquanto era amado pelo povo através da sua filosofia de vida e ensinamentos, muitas vezes era expulso de onde se encontrava, chegando a sofrer ameaças de morte.

Foi detido, ficando preso durante cinco dias. Aos 62 anos, foi raptado com seus discípulos por soldados de um nobre, sendo salvo por um rei amigo que mandou seu exército pessoal resgatá-lo.

Depois de todos esses anos viajando incessantemente e sempre espalhando a sua sabedoria, Confúcio começou a sentir-se cansado e regressou definitivamente a Lu, com a idade de 67 anos. Apesar de ser bem-vindo à região que o viu nascer, nenhum cargo público lhe foi oferecido.

Era seu secreto desejo passar o resto dos anos de sua vida a ensinar e a escrever obras. Assim o fez, e morreu aos 72 anos de idade.

Frases atribuídas a Confúcio:

"Exige muito de ti e espera pouco dos outros. Assim, evitarás muitos aborrecimentos."

"A nossa maior glória não reside no fato de nunca cairmos, mas sim em levantarmo-nos sempre depois de cada queda."

"A preguiça caminha tão devagar, que a pobreza não tem dificuldade em a alcançar."

"A humildade é a única base sólida de todas as virtudes."

"O maior prazer de um homem inteligente é bancar o idiota diante do idiota que quer bancar o inteligente."

"Eu não procuro saber as respostas, procuro compreender as perguntas."

"De nada vale tentar ajudar aqueles que não ajudam a si mesmos."

"Foge por um instante do homem irado, mas foge sempre do hipócrita."

"Mil dias não bastam para aprender o bem; mas para aprender o mal, uma hora é demais."

"Não corrigir nossas falhas é o mesmo que cometer novos erros."

"Para conhecermos os amigos é necessário passar pelo sucesso e pela desgraça. No sucesso, verificamos a quantidade e, na desgraça, a qualidade."

"Escolhe um trabalho de que gostes, e não terás que trabalhar nem um dia na tua vida."

"Qual seria a sua idade se você não soubesse quantos anos você tem?"

"O silêncio é um amigo que nunca trai."

"Quando vires um homem bom, tenta imitá-lo; quando vires um homem mau, examina-te a ti mesmo."

"Aja antes de falar e, portanto, fale de acordo com os seus atos."

"Não fales bem de ti aos outros, pois não os convencerás. Não fales mal, pois te julgarão muito pior do que és."

"Transportai um punhado de terra todos os dias e fareis uma montanha."

"O sábio envergonha-se dos seus defeitos, mas não se envergonha de os corrigir."

"Há três métodos para ganhar sabedoria: primeiro, por reflexão, que é o mais nobre; segundo, por imitação, que é o mais fácil; e terceiro, por experiência, que é o mais amargo."

"Coloca a lealdade e a confiança acima de qualquer coisa; não te alies aos moralmente inferiores; não receies corrigir teus erros."

"Não são as ervas más que afogam a boa semente, e sim a negligência do lavrador."

"Ser ofendido não tem importância nenhuma, a não ser que continuemos a lembrar disso."

"Não importa o quanto você vá devagar, desde que não pare."

"Ver o bem e não fazê-lo é sinal de covardia."

"Entre amigos as frequentes censuras afastam a amizade."

"Aquele que não prevê as coisas longínquas expõe-se a desgraças próximas."

"Existem três coisas que não voltam atrás: a flecha lançada, a palavra pronunciada e a oportunidade perdida."

Cacique Pena Branca

Esse nobre brasileiro nasceu em, aproximadamente, 1425, na região central do Brasil, hoje entre Brasília e Goiás. Era o filho mais velho do cacique e desde cedo se mostrou com um diferencial entre os outros índios, pois era de uma extraordinária inteligência.

Na época, não havia o costume de fazer intercâmbios e trocas de alimentos entre tribos, apenas algumas faziam isso, pois havia uma cultura de subsistência e muitas eram rivais entre si.

O Mestre Pena Branca foi um dos primeiros a incentivar a melhora de condições dos índios e, por isso, assumiu a tarefa de fazer intercâmbios com outras tribos, entre elas, a Jê ou Tapuia, e Nuaruaque ou Caraíba.

Num trabalho diplomático de promover a união entre os povos indígenas do Brasil, Pena Branca fazia longas viagens, estabelecendo elos de ligação e amizade entre as tribos.

Quando fazia uma de suas peregrinações, ele conheceu, na região do nordeste brasileiro (hoje Bahia), uma índia que viria a ser a sua mulher. Chamava-se "Flor da Manhã" e sempre foi o seu apoio.

Como Cacique, foi muito honrado e respeitado pela sua tribo de tupis, assim como por todas as outras tribos. Continuou seu trabalho de itinerante por todo o Brasil, na tentativa de fortalecer e unir a cultura indígena.

Certo dia, Pena Branca estava em cima de um monte, na região da atual Bahia, e foi o primeiro a avistar a chegada dos portugueses em seus navios, com grandes cruzes vermelhas no leme. Esteve presente na primeira missa realizada no Brasil pelos jesuítas, por Frei Henrique de Coimbra.

Desde então procurou ser o porta-voz entre os índios e os portugueses, sendo precavido pela desconfiança das intenções daqueles homens brancos que ofereciam objetos, como espelhos e pentes, para agradá-los. Aprendeu rapidamente o português e a cultura cristã com os jesuítas.

Teve grande contato com os corsários franceses que conseguiram penetrar (sem o conhecimento dos portugueses) na costa brasileira – muito antes das grandes invasões de 1555 – e aprendeu também a falar o francês.

Os escambos, comércio de pau-brasil entre índios e portugueses, eram vistos com reserva por Pena Branca, pois ali começaram as épocas de escravidão indígena. A intenção do Mestre sempre foi a de progredir culturalmente com a chegada desses povos, aos quais ele chamava de amigos.

Fez sua passagem com 104 anos de idade, em 1529, deixando grande saudade em todos os índios do Brasil, sendo reconhecido como um servidor na assistência espiritual, assim como o Cacique Cobra Coral.

Apesar de não ter conhecido o Padre José de Anchieta em vida, já que este chegou ao Brasil em meados de 1554, Pena Branca foi um dos espíritos que ajudou esse abnegado jesuíta no seu desligamento desencarnatório.

Responsável pela proteção contra invasões de espíritos obsessores, o cacique Pena Branca comanda equipes socorristas em muitos núcleos espíritas, agindo nas atividades de passes, por sua profunda habilidade e conhecimento na área da diplomacia.

Todo o conhecimento diplomático e inteligente do nosso Grande Mestre Pena Branca é extremamente requisitado em centros espiritualistas para auxiliar no encaminhamento de espíritos desencarnados até os Portais de Luz do Astral Superior.

O xamanismo

Desde criança, sempre me identifiquei com o xamanismo, porém não sabia que recebia esse nome. O xamanismo é como o Tao: inefável; precisa ser sentido. Poderíamos dizer que é a ciência dos antigos povos, do natural, de viver da maneira mais natural possível em sincronismo com os ritmos do universo. É a contemplação do Grande Espírito que nos criou (Deus) em todas as coisas. É honrar e agradecer cada elemento que a Mãe Terra nos dá e sentir com o coração essa Força Invisível que está em tudo. É uma demonstração de amor profundo pelos animais, pela natureza e por todos os seres, respeitando os limites da Mãe Terra, retirando dela somente o que é necessário. É sentir-se igual a cada partícula, respeitando uma formiga, simplesmente pelo fato de não ser superior a ela.

Muito temos que aprender com os índios, que sempre souberam respeitar a natureza e viver bem, em harmonia com o Grande Espírito. A mãe natureza chora desesperadamente por nossas atrocidades. Certamente, como mãe compassiva e bondosa, compreende nossa ignorância e estágio evolutivo, e com seu poderoso coração, deseja profundamente que tenhamos mais respeito com aqueles que, como ela, já estão presentes aqui há bem mais tempo do que nós: os elementos da natureza, as plantas, os minerais, os animais.

O Cacique Pena Branca pode ser invocado para esclarecer nossa mente diante dos cuidados com a natureza, trazendo-nos consciência espiritual acerca de nossas atitudes com o meio ambiente.

O seguinte texto foi canalizado durante uma vivência xamânica, conduzida pelo professor Vitor Hugo França[17], pessoa honrada, de alma transparente e amorosa.

"O Grande espírito está no vazio
Na fronte enrugada dos velhos
Na sabedoria dos simples
E na expansão das ondas do mar
Em cada aflição humana
O Grande Espírito se faz
Numa tentativa elástica
De equilibrar as forças da Paz

De trazer conforto
E evitar o confronto
Propagando o amor
Para consumir a dor

---

[17] Para saber mais sobre xamanismo, recomendo o site: www.vozdoselementos.com.br

A grande luz se apresenta
Em cada momento feliz
E nesse momento nos diz
Você é muito mais!

Você faz parte de mim
Como a águia e seu planar
Que no céu a revoar
Nos abençoa assim:
– Seja luz, manifeste a luz
E assim o amor se fará!"

LEONARDO DA VINCI

O maior gênio da época renascentista, Leonardo foi um exímio pintor, escultor, arquiteto, engenheiro, botânico e músico. É até difícil conceber que em uma única pessoa pudessem se reunir tantas virtudes.

Nascido num pequeno vilarejo próximo ao município de Vinci, era filho ilegítimo de Piero da Vinci, um tabelião. Sua mãe se chamava Caterina e era, provavelmente, uma camponesa. Alguns historiadores acreditam que a moça era uma escrava judia vinda do Oriente Médio e que foi comprada por Piero Da Vinci. As posses de sua família equivaliam à riqueza das famílias que hoje chamamos de classe média.

Jovem, Leonardo revelou, desde cedo, uma aptidão genial para o desenho, área em que, tecnicamente, mais se destacou no período da adolescência. Sua família possuía relações com a família de Andrea del Verrocchio, um pintor famoso da época. Seu pai levou alguns de seus trabalhos ao atelier do pintor, questionando-o sobre o eventual talento de Leonardo e se valeria a pena investir no jovem. Verrocchio ficou espantado com a habilidade de Leonardo e prontamente aceitou o jovem no seu estúdio.

Em 1466, com quatorze anos, Leonardo mudou-se para Florença e iniciou seu aprendizado no ateliê de Verrocchio. O artista, de grande prestígio na época, ensinou-lhe toda a base que mais tarde o levaria a se tornar um grande pintor. Lá também aprendeu escultura, arquitetura, óptica, perspectiva, música e botânica.

Na adolescência, Leonardo foi fortemente influenciado por duas grandes personalidades da época: Lorenzo de Médici e o seu mestre Andrea del Verrocchio. O gênio viveu em plena Renascença, nos séculos XV e XVI, e expressava melhor do que qualquer outro o espírito daquele tempo. Ao contrário do homem medieval, que via em Deus a razão de todas as coisas, os renascentistas acreditavam no poder humano de julgar, de criar e construir. Por isso, a Renascença também ficou conhecida como a época do Humanismo e se caracterizava por enormes progressos nas artes, nas leis e nas ciências.

Suas obras mais conhecidas são A Última Ceia e Mona Lisa, que ele demorou provavelmente três anos para terminar.

Em 1472, com vinte anos, já era membro do grêmio dos pintores de Florença e a sua carreira começava a ficar independente do mestre Verrocchio. As pessoas da corte faziam encomendas diretamente a Leonardo.

Em 1476, ele e mais três alunos do ateliê de Andrea del Verrocchio foram acusados de sodomia. Segundo a acusação referente a Leonardo, teria ele tido relações homossexuais com um modelo de Florença muito popular. No seu julgamento, faltaram provas concretas que confirmassem a incriminação, sendo absolvido de toda e qualquer acusação possível.

Em 1502, ficou a serviço de César Bórgia, como arquiteto militar e engenheiro. Nesse mesmo ano, ambos viajaram pelo norte da Itália. No final do mesmo ano, retornou a Florença, onde recebeu a encomenda de um retrato: a Mona Lisa.

Em 1515, Francisco I, rei da França, retornou a Milão e Da Vinci foi designado para fazer a peça central de um leão mecânico para as negociações de paz entre o rei francês e o papa Leão X, em Bolonha. Nessa ocasião, Leonardo foi apresentado ao rei.

Em 1516, ficou a serviço do rei Francisco I como primeiro pintor, engenheiro e arquiteto. Foi dado a Leonardo o uso do castelo Clos Lucé, próximo ao castelo do rei, juntamente com uma pensão generosa. Da Vinci e o rei ficaram bons amigos.

Leonardo morreu em Cloux, França e, de acordo com o seu excêntrico desejo para a época, sessenta mendigos seguiram seu caixão. Foi enterrado na Capela de São Hubert, no Castelo de Amboise.

A seguinte frase é atribuída a Leonardo:

"De tempos em tempos, o Céu nos envia alguém que não é apenas humano, mas também divino, de modo que através de seu espírito e da superioridade de sua inteligência, possamos a atingir o Céu."

Personalidade

Leonardo sempre foi um ser misterioso, devido aos muitos talentos que possuía; a sua capacidade e conhecimento em muitas áreas proclamaram-no como um dos maiores gênios da humanidade.

Ele sabia que, se os seus manuscritos fossem descobertos pela Igreja, haveria grandes possibilidades de ser considerado herege, devido a conteúdos científicos considerados como feitiçaria pela mesma, e assim teria como castigo um final terrível. Daí a ideia de escrever da direita para a esquerda, inverso da escrita, de modo que seus manuscritos fossem decifrados somente mediante um espelho.

Outro método de transmitir mensagens para gerações futuras, que, acreditava ele, estariam muito desenvolvidas, devido ao progresso racional dos seres humanos, foi a pintura. Através dessa arte, com ajuda do simbolismo, deixava mensagens muito comprometedoras, de tal modo que mudaria talvez a maneira de pensar do homem. Ao mesmo tempo em que uma obra por ele pintada escondia um segredo, também o revelava.

Impossível de se imaginar como um homem que viveu há cerca de quinhentos anos atrás fosse desenvolver teorias e técnicas em tantas áreas, desde a pintura até mesmo nas ciências modernas. Provavelmente o seu perfeccionismo em cada pintura foi um dos motivos por possuir autoria de tão poucas obras. Outro possível motivo foi que alguns de seus quadros se perderam com o tempo, sendo roubados ou até mesmo destruídos, devido à maneira polêmica de pintar, desde cenas religiosas até retratos.

Alguns historiadores e especialistas concluíram que Leonardo gostava muito de distorcer coisas, como em um quebra-cabeça. Muitos achavam que sua escrita invertida era um código e protegia seus esboços contra espiões. Leonardo da Vinci escrevia assim porque era canhoto e não queria borrar os textos que criava febrilmente. Alguns historiadores pensavam que essa escrita era um sinal de que tinha dislexia, pois escrevia de forma embaralhada e, às vezes, gostava de formar anagramas.

Da Vinci planejou frequentemente pinturas grandiosas com muitos desenhos e esboços, deixando os projetos inacabados. Hoje esses esboços integram o espólio dos mais conceituados museus mundiais, e testemunham uma inteligência genial.

Somente algumas de suas pinturas existem atualmente.

Os conflitos com a Igreja

No inicio da década de 1510, Leonardo iniciou a pintura "Leda e o Cisne", um dos dois únicos nus atribuídos a ele. Em 1513, viajou para Roma levando consigo o quadro. Na verdade, ele queria participar da criação das obras de arte da capela Sistina, mas, devido a intrigas com o papa da época, não teve tal oportunidade. Os problemas que tivera foram em relação aos seus estudos de anatomia, algo não bem visto pela Igreja, que considerava o fato prática herege.

Em 1515, então, conclui sua pintura "Leda e o Cisne", baseado na Mitologia Grega. Essa pintura, provavelmente, foi destruída pela inquisição da igreja Católica.

Enquanto ainda pintava Leda, Leonardo iniciou outra pintura a óleo intitulada "São João Batista", que foi concluída após três anos. Logo após o término da obra, viajou para a França, a convite do rei Francisco I, levando consigo as obras Mona Lisa, a Madona das Rochas e São João Batista. Não se sabe se o santo fora representado nessa obra com uma delicadeza feminina propositalmente. Acredita-se que Leonardo queria provocar a Igreja, motivo da certa representação, que parece contradizer a personalidade de João Batista descrita na Bíblia.

O artista

Os trabalhos prematuros de Leonardo resumiam-se, de fato, a desenhos, esboços a carvão, tinta nanquim ou aguada. Embora somente se conheçam dois retratos masculinos a óleo na sua obra, o pintor explorou com ênfase o retrato da virilidade masculina, um interesse que se revelava mesmo no tempo de aprendiz.

Em 1479, iniciou uma série de estudos meticulosos que o levariam a concretizar, no futuro, trabalhos como "A Anunciação". O estudo do figurino das personagens das obras foi um dos marcos do seu percurso artístico, concebidos com uma primazia notável. Baseando-se em esculturas ou modelos de madeira ou barro, cobertos por figurinos e joias – algo inusitado para a época, para não ter que pagar cortesãs para posarem para si, Leonardo desenvolveu as suas competências na arte e, no seu Tratado de Pintura, aconselhava os artistas a praticarem o desenho através do estudo de relevos e esculturas. Esses estudos, primeiramente postos em prática por ele, prepararam um gênio sagaz e um mestre inconfundível. Os trabalhos de Da Vinci eram perfeitos e detalhistas, com um incrível esforço de imaginação.

Nessa época, Leonardo desenvolveu uma obsessão pela perfeição das obras e desenvolveu imensamente a sua técnica. Isso o levou a criar outras técnicas inéditas, como o *sfumato*, hoje conhecido através da Mona Lisa. Tal exigência para consigo mesmo levaria à não conclusão de diversos trabalhos, pois assim que os iniciava, punha-os de lado, tal era a rapidez e eficácia com que aprendia novas técnicas.

Ao mesmo tempo em que realizava os seus famosos estudos de planejamento, Leonardo concretizou vários desenhos a partir da natureza, que foram vistos nas obras que produziu ainda enquanto aprendiz.

Os estudos da natureza e de modelos vivos eram postos em prática nas suas pinturas, logo destacando-se superior às obras de seu mestre, Andrea del Verrocchio.

Um jovem irreverente

Entre os trabalhos iniciais de Leonardo, encontra-se "A Virgem de Granada", pintado em parceria com Lorenzo di Credi, e o "O Baptismo de Cristo", realizado em parceria com Verrocchio. Na verdade, foi esse último que pintou a maior parte da obra, sendo que Da Vinci só trabalhou em um dos anjos da esquerda e parte da paisagem. Ambos pintados provavelmente após a conclusão de "A Anunciação", primeira versão.

Em ambas as pinturas, de ambos autores, a Virgem Maria encontrava-se sentada ou ajoelhada na parte direita do quadro e o Anjo, de perfil, ricamente trajado, na parte esquerda.

Na primeira pintura, pintada somente por Leonardo, Maria não figurava como uma personagem submissa e essa função acarretou-a o Anjo, esse sim submisso a Maria. A própria figura de Maria foi representada com uma certa monumentalidade, pautada pela sua postura ereta.

Na pintura menor, segunda versão do tema, cuja maior parte fora pintada por Lorenzo di Credi, Maria posicionou coloquialmente os seus olhos e as suas mãos num gesto que simbolizava a submissão a Deus.

Isso para a Igreja da época era escandaloso, pois as mulheres deveriam mostrar respeito e submissão aos homens, inclusive nas obras de arte.

Mona Lisa

Em 1503, Leonardo iniciou a Mona Lisa, que demonstrou o ótimo controle em relação às técnicas por ele criadas, a técnica *sfumato* – esfumaçado – e o *chiaroscuro* – claro e escuro –, mas o *sfumato* foi a técnica principal dessa obra de arte.

Essa pintura, em particular, ficou famosa pela variedade de qualidades, cujos apreciadores, estudantes e outros artistas, imitaram e reproduziram. Foi a obra mais reproduzida da História, o que tornou o trabalho de Leonardo único. Em Monalisa, evidenciou-se marcantemente seu interesse na fisionomia e os seus incríveis e minuciosos registros de emotividade, de expressividade e de gesticulação humana.

Intelectual humanista, Da Vinci nunca voltava ao passado; inovava simplesmente. Cada pintura conhecida sua, cronologicamente, registrava sempre mais inovações que tornavam o motivo representado cada vez mais real e emotivo. Todas essas sutis qualidades resultaram em trabalhos como a Mona Lisa.

Leonardo somente conseguiu concluir a sua célebre obra-prima em um período de dois a quatro anos. Foram pintadas três versões antes da atual, no mesmo painel. Devido a esse excesso de tinta, com o tempo, surgiram muitas rachaduras que danificaram a pintura.

O quadro representa uma mulher com uma expressão introspectiva e um pouco tímida. O seu sorriso restrito era muito sedutor, embora um pouco conservador. Não se sabia quem era a modelo da pintura, mas tudo levava a crer que seria Isabella d'Este.

O nome Monna Lisa foi-lhe atribuído por Giorgio Vasari, em 1550, trinta e um anos após a morte de Leonardo.

Esse quadro se tornou, provavelmente, o retrato mais famoso na história da arte, senão de todo o mundo. Poucos outros trabalhos de arte foram tão controversos, questionados, valiosos, elogiados, comemorados ou reproduzidos.

A Última Ceia

O curioso nessa pintura é a presença da Astrologia.

Leonardo teria pintado cada discípulo com uma atitude do Zodíaco e, Jesus, sentado ao meio, representa o centro do universo, caracterizando as qualidades de todos os doze signos. Da direita para a esquerda, os discípulos representam os seguintes signos:

O apóstolo Simão representa Áries, Judas Tadeu (Touro), Mateus (Gêmeos), Filipe (Câncer), Tiago (o Maior-Leão), Tomé (Virgem), João (Libra), Judas (Escorpião), Pedro (Sagitário), André (Capricórnio), Tiago (o Menor – Aquário) e Bartolomeu (Peixes).

A técnica experimentada por Leonardo não foi muito bem-sucedida – óleo, têmpera e técnica mista sobre parede. A pintura apresentou deteriorações antes de concluída.

Madona do Fuso

Realizada a óleo, em Florença, no ano 1501, o original já não existe; existem apenas cópias baseadas no primeiro. Foi pintado quase no mesmo período de Mona Lisa, daí o fato de as paisagens no fundo da composição serem semelhantes em ambos os quadros.

O nome dessa pintura realizada por Leonardo é esse porque o Menino Jesus segura um fuso de fiar, cuja forma, em primeira vista, assemelha-se a uma cruz e, só numa observação mais precisa, clarifica-se o que de fato representa. O fuso demonstra o espírito doméstico da Madonna, Virgem Maria, mas também remete o observador para uma alusão da cruz, símbolo de Jesus Cristo.

Ao longo dos tempos, vários críticos têm atribuído diversas interpretações ao fuso, mas o mais certo é mesmo que represente uma cruz, de forma simbólica.

De fato, a enorme inteligência e criatividade de Leonardo lhe permitia tratar todos os assuntos que lhe provocavam algum interesse, recorrendo a símbolos. A imagem de Jesus, brincando com a cruz, não seria aceita pela conservadora sociedade da época e menos ainda pela Igreja e pelo Tribunal Inquisitor. Após o término da Madona do Fuso, exatamente em 1502, torna-se engenheiro militar – oficial – de César Bórgia, Duque de Valentino. No mesmo ano, viaja com este pelo norte da Itália, período em que desenhou muitos mapas e outros tipos de representações cartográficas.

O ARQUITETO

Durante seu período em Milão, com Francesco Sforza, Leonardo projetou vários prédios com armas de guerra e reforços. Ele tinha habilidade para arquitetura militar e, por isso, ficou famoso entre os Sforza.

Entre seus mais formidáveis projetos militares, há uma escada para uso numa torre fortificada. O projeto incluía quatro rampas, todas independentes entre si. Assim, os soldados podiam subir e descer de quatro andares sem esbarrar em grupos de soldados que iam em direção contrária.

Em 1502, Leonardo projetou um fosso interessante. Ele escondeu uma torre cilíndrica debaixo d'água com um teto levemente inclinado que saía um pouco da superfície da água. Os defensores que estivessem dentro da torre poderiam disparar suas armas através da superfície da água. Feno molhado cobria o teto da torre contra os danos causados pelos disparos.

Leonardo projetou, também, um castelo com sistema triplo de segurança. Um dos cantos dessa construção tinha duas fortificações: a primeira estendia-se até o canto do forte e a outra estendia-se sobre parte da parede externa.

Apesar do recente interesse e admiração por Leonardo como cientista, observador e inventor, durante mais de quatrocentos anos, a fama do pintor apoiou-se nos seus arquivos como artista, nos seus esboços e nas suas grandiosas pinturas, sendo identificado como o autor da obra-prima da pintura mais célebre jamais criada. O nome de Leonardo, devido grandemente à fama atemporal de Mona Lisa, goza do *status* de ser um dos mais célebres da arte.

O CIENTISTA

Talvez até mesmo mais impressionantes do que os seus trabalhos artísticos sejam os estudos em ciências e engenhosas criações, registrados em cadernos que incluem umas 13.000 páginas de notas e desenhos que fundem arte e ciência. Muitos de seus estudos foram considerados heresia pela Santa Inquisição.

Da Vinci tentou entender os fenômenos, descrevendo-os em detalhes extremos, e não enfatizou experiências ou explicações teóricas. Ao longo de sua vida, planejou uma enciclopédia baseada em desenhos detalhados de tudo. Como não dominava nem o Latim nem a Matemática, Leonardo da Vinci, cientista, era ignorado pelos estudiosos contemporâneos.

Ele participou de autópsias e produziu muitos desenhos anatômicos extremamente detalhados e planejou um trabalho inclusive com humanos e anatomia comparativa.

O HOMEM VITRUVIANO

Em meados de 1490, o sábio produziu um estudo das proporções humanas, baseado no tratado recém-redescoberto do arquiteto romano Vitruvius. Leonardo debruçou-se sobre o que foi chamado o "Homem Vitruviano", o que acabou se tornando um dos seus trabalhos mais famosos e um símbolo do espírito renascentista. O desenho reproduz a anatomia humana, conduzindo eventualmente ao desígnio do primeiro robô conhecido na história que veio a ser chamado de O Robô de Leonardo.

***

Fascinado pelo fenômeno de voo, Da Vinci produziu detalhado estudo do voo dos pássaros e planos para várias máquinas voadoras. Tentou aplicar seus estudos para os protótipos que desenhou, o primeiro batizado de Swan di Volo – Cisne voador –, segundo especialistas é de 1510, inclusive um helicóptero movimentado por quatro homens e um planador cuja viabilidade já foi provada.

Em 1502, Leonardo da Vinci produziu um desenho de uma ponte como parte de um projeto de engenharia civil para o Sultão Beyazid II, de Constantinopla. Nunca foi construída, mas a visão de Leonardo foi ressuscitada em 2001, quando uma ponte menor, baseada no projeto dele, foi realizada na Noruega.

Os seus cadernos também contêm várias invenções no campo militar: canhões, um tanque blindado movimentado por humanos ou cavalos, bombas de agrupamento etc., embora considerasse a guerra como a pior das atividades humanas. Outras invenções incluem um submarino e um dispositivo de engrenagem, que foi interpretado como a primeira calculadora mecânica. Nos anos dele no Vaticano, planejou um uso industrial de poder solar, empregando espelhos côncavos para aquecer água – inventou a primeira máquina a vapor.

Em astronomia, acreditou que o Sol e a Lua giravam ao redor da Terra, e que a Lua refletia a luz do Sol, devido a ser coberta por água.

Outros desenhos de interesse incluem numerosos estudos de deformidades faciais que são frequentemente referidas como caricaturas, enquanto que uma análise mais próxima da estrutura do esqueleto indica que a maioria foi baseada em modelos vivos. Há numerosos estudos do belo jovem Salaino com seu raro e admirável traço facial, o assim chamado "perfil grego". Ele é frequentemente retratado usando fantasias.

Leonardo é conhecido por ter desenhado composições para carros alegóricos, quadros-vivos, com os quais podia estar associado. Outros desenhos, frequentemente meticulosos, mostram estudos para drapejamento – pano para cortina. Um desenvolvimento marcante na habilidade de Leonardo em drapejamento ocorreu em seus primeiros anos.

É considerado por muitos como o arquétipo do Homem do Renascimento. Grande inventor de sua época, Leonardo da Vinci era um homem muito à frente de seu tempo. Seu interesse e sua criatividade em vários campos de estudo deram origem a invenções como: o salva-vidas, o paraquedas, a bicicleta, entre outras.

PARTICULARIDADES DE LEONARDO DA VINCI:

- A personalidade de Da Vinci sempre foi cercada por uma aura de mistério. Engenhosidades foram vistas com suspeita em uma época obscura e com ideologias rigorosas.

- Em um ambiente ainda muito influenciado pela Igreja Católica, era fácil trocar um estudo científico aprofundado por uma heresia; logo, especula-se que Da Vinci acabou optando pela clandestinidade para expressar o que realmente acreditava. Muitos sustentam que Da Vinci era pagão e que só explorou as instituições religiosas para tirar lucro das incumbências delas.

- Alguns pesquisadores dizem que há mensagens escondidas em seus trabalhos que reforçam esta ideia. Apesar disso, há diversos estudos contemporâneos que atestam que Da Vinci foi um ateu fervoroso, porém as suas obras de arte, dentre elas a "A Última Ceia", colocam-no como um dos maiores expoentes da arte sacra.

- As lendas sobre Da Vinci são múltiplas e elas ainda inspiram até hoje imaginações em cima de todo limite. O livro *O Código Da Vinci* é o exemplo contemporâneo mais evidente que a história do artista ainda desperta numerosas curiosidades e com muitas polêmicas. Os textos são analisados do ponto de vista simbólico entre seus trabalhos mais importantes.

- Para citar o mais conhecido, há teorias que a Mona Lisa é um autorretrato, mas com feições femininas, explicando assim o sorriso ambíguo. No entanto, a ideia mais aceita é de que o retrato ilustra a esposa do comprador, Francesco Bartolomeo del Giocondo – daí o nome La Gioconda. Mas, mesmo assim, ainda há o simbolismo por trás do nome: o nome Mona Lisa poderia ser um anagrama de duas divindades egípcias da fertilidade Amon e L'Isa, muito referenciadas pelos pagãos da época. Esta última hipótese foi sugerida pelo escritor Dan Brown, no seu livro *O Código Da Vinci*, tendo sido duramente criticada por estudiosos de arte.

- Da Vinci tinha um amor natural pelos animais, a mera ideia de permitir o sofrimento desnecessário e, mais ainda, de matar, era abominável para ele. O inventor adotou uma dieta vegetariana na infância, por razões éticas. É provável que Leonardo tenha atacado a vaidade humana com as seguintes palavras:

"Rei dos animais – é como o humano descreve a si mesmo – eu te chamaria Rei das Bestas, sendo tu a maior de todas – porque as ajudas só para que elas te deem seus filhos, para o bem da tua goela, a qual transformaste num túmulo para todos os animais".

MELQUISEDEQUE

Muitos são os mistérios que envolvem o nome Melquisedeque. Para iniciarmos este capítulo, precisamos compreender que existe uma Ordem Sacerdotal de Melquisedeque e um homem que esteve presente aqui na Terra, na época do Antigo Testamento, que se chamou Machiventa Melquisedeque. Para uma melhor compreensão, vamos falar, primeiramente, da Ordem Sacerdotal e, a seguir, do personagem. A palavra Melquisedeque também pode ser considerada um título alcançado pelo discípulo após o cumprimento de alguns estágios iniciáticos da alma.

A Ordem

O livro *As Chaves de Enoch* descreve um ser que dos mundos celestes dirige a Ordem de Melquisedeque, como o Eterno Senhor da Luz, responsável pela organização dos níveis dos mundos celestiais de Deus, para a transição para uma nova era de luz. É comparado a Miguel e Metatron em disponibilidade de recursos, na transformação e purificação de nossa consciência espiritual, conduzindo-nos a um novo estágio evolutivo.

A melhor definição dessa Ordem é que ela é responsável pela reprogramação da consciência necessária para tornar nosso plano denso mais sutil e elevar a frequência vibratória da raça humana. Esse trabalho dos sacerdotes da Ordem de Melquisedeque visa à reorganização dos nossos estados físicos, mentais, emocionais e espirituais. É uma fraternidade de luz dispersa e invisível que interpenetra toda a árvore genealógica da raça humana. Seus membros são normalmente os grandes líderes, os filhos da verdade ocultos na sabedoria histórica. Esses seres, por seu alto grau iniciático, guardam as chaves que dão acesso à verdadeira história do planeta.

Na história do Planeta Terra, a Ordem de Melquisedeque sempre existiu em pequenas comunidades familiares de sacerdotes-patriarcas, de cientistas-sacerdotes e de sábios-poetas que seguiram lealmente a palavra de Deus. Os antigos patriarcas bíblicos faziam parte desse sacerdócio de luz que foi passando através das gerações: de Abraão a Jetro, que passou a Moisés. Aarão, irmão de Moisés, teve a incumbência de iniciar, junto com os setenta anciãos de Israel, um sacerdócio que ficasse subordinado à Ordem de Melquisedeque.

As informações do Livro *As Chaves de Enoch* coincidem com as fornecidas pelo *The Urantia Book*, segundo o qual os membros da Ordem de Melquisedeque são conhecidos como filhos e filhas das emergências de Deus. Eles recebem esse desígnio porque, sempre que surge um problema mais grave, geralmente é um membro dessa ordem que recebe a incumbência de resolvê-lo.

Acredito que todas as pessoas que se candidatam à Ascensão no propósito de propagar a luz e que se dispõem a se tornarem canais da luz divina, podem tornar-se sacerdotes da Ordem de Melquisedeque.

Jesus foi um Sumo Sacerdote na Ordem de Melquisedeque, Moisés também. Da mesma forma, podemos nos tornar um.

Acredita-se que os níveis iniciáticos da Ordem de Melquisedeque são:

1) Neófito;

2) Iniciado;

3) Hierofante;

4) Sumo sacerdote ou sacerdotisa.

Especialistas sobre o tema acreditam que a Ordem de Melquisedeque existia antes mesmo da criação do Planeta Terra. Seus iniciados ou adeptos estariam difundindo a Ordem não só na Terra, mas em todos os planetas do universo, sendo que as sociedades secretas presentes em nosso planeta seriam apenas uma representação limitada da verdade divina.

O objetivo maior da Ordem de Melquisedeque seria inspirar os seres humanos na senda da espiritualidade. Os Mentores da Ordem convidam, energeticamente os seres mais evoluídos espiritualmente para as iniciações. Toda a verdade vêm à Terra através desta Escola Iniciática.

Essas iniciações muitas vezes ocorrem durante o sono, naqueles dias em que acordamos nos sentindo muito bem e nem sabemos por quê. A primeira iniciação é quando sentimo-nos inspirados a buscar uma nova vida de paz, compaixão, amor. Quando desejamos um encontro com nossa natureza divina.

A segunda iniciação se dá através da busca das ações que tomamos para o encontro da iluminação interior.

A terceira iniciação acontece quando há a abertura de nossa alma para todos os ensinamentos e práticas espirituais, quando nos fundimos e nos conectamos a Deus, mudando completamente nossas intenções, ações, comportamento, sentimentos e emoções, saltando quanticamente para um nível mais evoluído.

A Ordem de Melquisedeque é também uma ordem autônoma. Seus membros mantém uma organização independente dedicada à inteligência universal. Eles têm a confiança plena de todas as classes de seres inteligentes. Em sua sabedoria, eles estão próximos da perfeição. As ordens de Melquisedeque se dedicam, principalmente, ao extenso sistema educacional e ao regime de treinamento vivencial e espiritual do universo.

De acordo com o livro *The Urantia Book*, o serviço dessas ordens abrange aproximadamente dez milhões de mundos habitados, somente em nosso universo. Além do seu trabalho de treinamento educacional regular, os membros dessas ordens entram em ação sempre que ocorre uma situação de emergência no universo. Quando algum aspecto do Plano do Criador corre riscos, um Melquisedeque se apresenta imediatamente para prestar assistência. Um Melquisedeque pode tornar-se visível aos seres mortais e, em ocasiões raras, alguns membros encarnam fisicamente. A Ordem de Melquisedeque são os ministros de emergência versáteis e voluntários para todas as ordens de inteligências do universo.

Melquisedeque e a abertura do portal 11:11

Segundo a escritora Solara, em 11 de janeiro de 1992, aconteceu a abertura do portal 11:11, um dos maiores símbolos atuais para a energia da ascensão e despertar consciencial da humanidade.

Esse portal gerou uma maior sensibilidade em todos os nossos pensamentos, sentimentos e emoções e uma maior abertura à espiritualidade. Ela refere esse momento como uma grande iniciação da humanidade na Ordem de Melquisedeque. Com essa ativação, que ocorreu lentamente, entre 1991 e 1995, houve uma externalização de muitos mistérios que estiveram ocultos durante milênios. O cetro do poder de Melquisedeque foi ativado e está acordando os bancos de memória celular de todos nós. Essa ativação está despertando o interesse das pessoas em buscar informações ocultas.

Pense se há alguns anos atrás ouvíamos falar em ocultismo, mestres ascensionados, reiki, terapias alternativas.

Todo esse movimento começou a ocorrer após 1992, trazendo uma vontade em muitas pessoas, de buscar novas aspirações espirituais.

Os manuscritos do mar Morto
A descoberta do Livro de Melquisedeque

No litoral do mar Morto, perto de Jericó, acampava-se uma tribo beduína[18], conhecida como Taamireh. Era o início da primavera de 1947, quando um dos filhos daquela tribo, Muhammad Edh-Dhib, um jovem de apenas 15 anos de idade, pastoreava o rebanho de seu pai. Ao retornar para casa, descobriu que estava faltando uma cabra. Depois de andar muito em busca da cabra perdida, o rapaz sentou-se à sombra de uma grande pedra. Nesse momento, viu uma estreita fenda na rocha e arremessou uma pedra em direção ao buraco. Fez várias tentativas, até que acertou o alvo.

O jovem escutou um som que, dentro da caverna, pareceu-lhe o ruído de um vaso de barro quando cai. Aproximando-se da pequena abertura, seus olhos começaram a avistar contornos que pareciam grandes jarros.

---

[18] Tribo Beduína: povo nômade que vive nos desertos do Oriente Médio e do norte da África. Os beduínos representam cerca de 10% dos habitantes do Oriente Médio e têm o nome derivado das palavras árabes al bedu ("habitantes das terras abertas") ou al beit ("povo da tenda").

Retornando à sua tenda, contou a sua experiência ao irmão mais velho, Ahmed Muhammad e, assim que o dia raiou, pediu que o levasse àquele lugar. Encontraram nos vasos vários rolos de couro de cabra e concluíram que poderiam conseguir algum dinheiro com eles, vendendo-os para algum sapateiro.

Khalil Iskander Shahin, conhecido como Kando, tinha uma sapataria em Belém. Remendava uma bolsa quando dois beduínos entraram em sua sapataria, arrastando consigo sete grandes rolos. Colocando-os sobre o balcão, perguntaram o quanto ele poderia pagar por todo aquele couro. Analisando os rolos, viu que estavam muito envelhecidos e, com certeza, não lhe seriam muito úteis.

Khalil estava para se despedir dos moços, quando, observando todas aquelas escritas, resolveu adquiri-los, pensando em revendê-los para algum colecionador de antiguidades. Pagou então uma ninharia por eles, e os rapazes, ainda que cansados por todo esforço, saíram agradecidos.

Athanasius Y. Samuel, arcebispo metropolitano do Mosteiro São Marcos, em Jerusalém, tomou conhecimento dos rolos e adquiriu quatro deles. Alguns dias depois, Khalil vendeu os outros três para o professor Eleazer Lipa Sukenik, da Universidade Hebraica de Jerusalém.

Ao analisar os seus quatro rolos, Athanasios conscientizou-se de haver adquirido uma preciosidade. Decidido a fazer fortuna com sua venda, levou-os clandestinamente para os Estados Unidos, onde passou a oferecê-los para pessoas e instituições que acreditava poderem se interessar por eles. Ninguém, contudo, aceitou sua proposta, pois o preço exigido era muito alto.

Desanimado, Athanasios decidiu, numa última tentativa, colocar um anúncio no Wall Street Journal. O General Yigael Yadin, Chefe do Estado-Maior do Exército Israelense, filho do professor Eleazer, que comprara os três últimos rolos, estava à procura dos manuscritos, quando, ao ler o Wall Street Journal, foi atraído para o pequeno artigo que falava daqueles quatro rolos encontrados no mar Morto, contendo manuscritos bíblicos datados, o mais antigo, pelo ano 200 a.C.

Desde então, estavam desesperados à procura dos outros quatro. Yigael pagou 250.000 dólares pelos quatro rolos.

Ao serem os sete rolos cuidadosamente analisados por eruditos em Israel, comprovou-se que se tratavam dos mais antigos manuscritos já descobertos pelo homem, datados de tempos anteriores aos dias de Cristo. Um dos rolos, o mais conservado dos sete, apresentava uma cópia do livro de Isaías que, ao ser comparado com as cópias modernas, trouxe a certeza de que não houve, nesses dois milênios, nenhuma alteração significativa de sua mensagem profética.

Os demais manuscritos, que eram também de grande importância, são: "O Manuscrito de Lameque", conhecido como "O Apócrifo de Gênesis", que apresenta um relato ampliado do Gênesis; "A Regra da Guerra", que descreve a grande batalha final entre os filhos da luz e os filhos das trevas, sendo os descendentes das tribos de Levi, Judá e Benjamim, retratados como os filhos da luz, e os edomitas, moabitas, amonitas, filisteus e gregos representados como os filhos das trevas. Há também um pergaminho com "Os Hinos de Ação de Graças" – Hodayot –, uma sequência de 33 salmos que eram cantados em cultos de adoração ao Criador.

Dois anos depois da experiência daqueles jovens beduínos, dois arqueólogos, G. L. Harding e R. De Vaux, auxiliados por quinze habitantes daquela região do mar Morto, começaram novas buscas nas proximidades daquela caverna que viria a ser conhecida como Gruta 1.

No mês de fevereiro de 1952, encontraram, finalmente, ao sul da Gruta 1, a Gruta 2, na qual estavam partes de dezessete manuscritos bíblicos e uma porção maior de partes de manuscritos não bíblicos. Ao todo, encontraram 187 fragmentos.

Com a descoberta da Gruta 2, a atenção dos arqueólogos e de todos aqueles pesquisadores do Mar Morto voltou-se para as cavernas e, no dia 14 de março de 1952, encontraram a Gruta 3. Além de centenas de fragmentos de outros manuscritos, encontraram, nessa caverna, um documento muito especial: eram três folhas de cobre muito fino, cada qual medindo 0,30 cm por 0,80 cm.

Examinando aquelas lâminas de cobre, descobriram que elas compunham originalmente num único rolo, pois suas extremidades traziam as marcas de seu ligamento. O estudo posterior desse documento revelou-se ser de grande importância, pois trazia detalhadas informações sobre as demais grutas que continham documentos e tesouros.

À medida que novas grutas eram descobertas, novos documentos vinham à luz. Depois da descoberta da Gruta 6, em setembro de 1952, as buscas foram intensificadas, não trazendo, contudo, nenhuma nova descoberta por um período de quase três anos. Na manhã do dia 2 de fevereiro de 1955, quando, vencidos pelo desânimo, estavam a ponto de suspender as buscas, foram abençoados com a descoberta da Gruta 7.

Renovados em seu ânimo de prosseguirem com as procuras, entre os dias 2 de fevereiro a 6 de abril de 1955, haviam sido agraciados com os tesouros das Grutas 7, 8, 9 e 10. Com todo esse sucesso, intensificaram ainda mais as buscas, mas sem nenhum resultado.

Em janeiro de 1956, quatro irmãos beduínos encontraram a gruta 11, contendo jarros com livros deteriorados e dois rolos muito conservados: o "Livro de Levíticos" e o "Livro de Ezequiel", também foi encontrado um grande rolo: o **Livro de Melquisedeque**. O rolo, na verdade, consistia numa sequência de sete manuscritos costurados uns aos outros. Dos sete, os seis últimos traziam neles um relato minucioso da história do Universo, desde sua origem até a consumação dos tempos, o primeiro manuscrito traz relatos sobre os habitantes de Sodoma que haviam sido levados cativos por um grande exército:

"Acompanhado por apenas 318 pessoas, Abraão, sob a orientação de Yahuh conquistou um miraculoso livramento, triunfando sobre todos os inimigos. (Gênesis 14 e 15)."

Essa primeira narrativa continua até a destruição de Sodoma e Gomorra, seis anos depois. O segundo relato do primeiro rolo traz a história de Salém. Por ocasião das descobertas das onze grutas, os territórios do mar Morto encontravam-se sob jurisdição da Jordânia, cujo governo garantiu direitos exclusivos de estudo a oito especialistas liderados pelo padre Roland de Vaux, do Centro Bíblico e Arqueológico de Jerusalém, que vedou o acesso de qualquer pesquisador judeu aos pergaminhos.

Em 1967, por ocasião da Guerra dos Seis Dias, Israel, ao conquistar a margem ocidental do Jordão, adquiriu o controle dos documentos, mas também só permitiu que um pequeno grupo os estudasse. Alguns foram traduzidos e divulgados mais tarde, mas o mundo continuou desconhecendo o que havia na maior parte desse tesouro. Somente em setembro de 1990, os manuscritos começaram a ser mais amplamente divulgados, quando dois estudiosos do Colégio Hebreu de Cincinatti, nos Estados Unidos, Ben-Zion Wacholder e Martin Abegg, tiveram acesso a uma cópia de um código de referências – relação de palavras com sua posição nos diferentes manuscritos – dos pergaminhos. Por razões de segurança, o governo israelense havia distribuído algumas cópias desses quebra-cabeças por instituições judias em todo o mundo, além de ter depositado microfilmes dos pergaminhos sob a guarda de oito bibliotecas, a maioria nos Estados Unidos, com o compromisso de que não fossem liberados para o público. No final de 1999, rompendo com todo esse cerco, a Biblioteca Huntingdon, de Los Angeles, uma das que detinham uma cópia microfilmada dos pergaminhos, liberou a consulta para estudiosos de todo o mundo. Dentre os sete rolos que foram retirados da Caverna 11 pelos beduínos, foram declarados autênticos os seguintes manuscritos: "Livro de Salmos", "Livro de Levíticos", "Livro de Ezequiel" e "Livro de Jô". Os rolos restantes: o manuscrito sobre a "Nova Jerusalém", o segundo rolo de "Salmos" e o "Livro de Melquisedeque" foram declarados apócrifos pelos peritos.

Machiventa Melquisedeque

De acordo com o livro *The Urantia Book*, um membro da Ordem chamado Machiventa Melquisedeque viveu fisicamente no Planeta Terra em 1973 a.C. Isso havia acontecido poucas vezes em nosso universo local. Essa passagem aconteceu perto da cidade de Salém, na Palestina. A primeira vez que alguém o viu foi um pastor numa tenda e o membro da ordem se pronunciou da seguinte maneira: *"Eu sou Melquisedeque, sacerdote de El Elyon – o Altíssimo –, o Deus único. El Elyon, o Altíssimo, é o criador Divino das estrelas do firmamento e desta Terra em que vivemos. Ele é o Deus Supremo do céu."*

Machiventa Melquisedeque reuniu em torno de si um grupo de estudantes e discípulos, tornando-se o núcleo da cidade de Salém. Ele logo ficou conhecido em toda a Palestina como Sacerdote de El Elyon, o Altíssimo, e como o Sábio de Salém que, posteriormente, veio a ser a cidade de Jerusalém, em Israel. Ele se referia a Jesus, naturalmente, profetizando Sua vinda à Terra. Seus ensinamentos eram simples, porque as pessoas tinham muito pouca instrução naquele período histórico e a Luz espiritual no planeta era muito frágil. Toda pessoa que escrevesse seu nome ou imprimisse sua marca nas tábuas de argila da Igreja de Melquisedeque guardava, na memória, as seguintes crenças:

1) Creio em El Elyon, o Deus Altíssimo, o único Pai Universal e Criador de todas as coisas;

2) Aceito a aliança de Melquisedeque com o Altíssimo, que me dispensa seus favores por minha fé e não pelos sacrifícios e pela queima de oferendas;

3) Prometo obedecer aos sete mandamentos de Melquisedeque e anunciar a boa nova dessa aliança com o Altíssimo a todos os homens.

Mesmo esse credo breve e simples ficou avançado demais para as pessoas da época. Os sete mandamentos instituídos por Melquisedeque eram:

1) Não servirás a nenhum outro Deus, senão ao Criador Altíssimo do céu e da terra;

2) Não duvidarás de que a fé é a única exigência de salvação eterna;

3) Não prestarás falso testemunho;

4) Não matarás;

5) Não roubarás;

6) Não cometerás adultério;

7) Não desrespeitarás teus pais e as pessoas mais velhas;

Algumas correntes filosóficas afirmam que Melquisedeque viveu por 94 anos e outras que permaneceu na Terra por incríveis seiscentos anos de idade.

Com o passar dos séculos, seus ensinamentos se difundiram entre toda a raça humana. Assim, foi inicialmente a religião judaica e mais tarde a religião cristã, que carregou a tocha inicial da Ordem de Melquisedeque. Depois de sua morte, Melquisedeque, lá do plano espiritual, continuou trabalhando com profetas e videntes para perpetuar os ensinamentos que ele havia começado com Abraão.

Certamente, Melquisedeque pode ser considerado o Grande Pai da raça humana, o Eterno Senhor da Luz, que com seu manto nos abençoa a cada dia, iluminando nossas mentes, nos trazendo evolução e cura para que um dia consigamos transformar nossas consciências e seguir evoluindo nessa grande hierarquia cósmica.

Os Maias

Na época em que vivemos, os noticiários relatam diariamente acontecimentos sobre catástrofes, cataclismas, guerras, discussões políticas e religiosas. A Bíblia, Evangelho de São João, refere que quando tudo isso acontecesse simultaneamente estaríamos vivendo o Apocalipse, um tempo de dores, sofrimentos e destruição. Há milhares de anos, na Península de Yucatán, Guatemala, um povo muito sábio vivia de acordo com os ritmos do universo: a civilização Maia. Seu grau de instrução e sabedoria cósmica era altíssimo e isso gerou um mérito espiritual suficiente para que houvesse uma ascensão em massa, tanto que nenhum vestígio dos habitantes da época do desaparecimento da civilização foi encontrado. Algumas correntes de pensamento acreditam que, depois de um momento espiritual coletivo muito especial, eles tenham desaparecido e atravessado um portal para uma dimensão superior. Porém, atentos ao desenvolvimento espiritual de seus irmãos, os maias deixaram importantes recomendações gravadas nas pedras de Chichén Itzá para que pudéssemos evoluir conscienciosamente como eles.

Excelentes observadores dos ritmos da galáxia, os maias nos deixaram sete profecias importantes gravadas em pedras, que possuem a forma de livros desdobráveis, os chamados "Códices Maias", ou em escrituras sagradas, que são chamadas de "Chilam Balam".

Nossos irmãos maias nunca referiram alguém importante entre eles, como um governante, rei ou mesmo um messias, pois viviam em comunhão, numa sociedade onde prevalecia a unicidade. Todos eram mestres em alguma coisa e não havia análise de valores. Tudo era importante para o contexto onde viviam, desde as atividades mais simples até as mais complexas. Todos eram um só diante de Hunab Ku, o nome que davam ao seu deus ou ao próprio universo, ao "Todo".

As profecias maias de forma alguma foram deixadas para trazer terror à humanidade, mas sim como uma tentativa de trazer-nos alertas e esperança. Através dos seus profundos conhecimentos sobre o universo, conseguiram elaborar cálculos precisos e previsões assertivas sobre o que aconteceria em nossa era.

Algumas linhas de pesquisa acreditam que, como todos os Grandes Impérios, os maias deixaram-se levar pelo ego negativo, pela vaidade, pela ignorância e arrogância e, com isso, deu-se o desaparecimento desse povo através de um grande cataclisma. Então os maias nos presentearam com as profecias, que existem com um único objetivo: para que possamos nos alertar e mudar a tempo, antes que o pior aconteça.

A seguir, as sete profecias maias:

Primeira profecia

Na visão dos maias, a galáxia seria um grande organismo vivo, onde todos os seres vivos estão inseridos e fazem parte do mesmo ecossistema. Todos são importantes e um ser vivo é complemento do outro, devendo zelar pelo bem estar geral. A primeira profecia maia fala sobre o Sol, que eles deram o nome de Kinich-Ahau. Para eles, o Sol era um ser vivo, portanto respira e, de vez em quando, sincroniza-se, fazendo um alinhamento com relação ao grande organismo vivo onde está inserido: o universo. Segundo eles, o Sol era um meio de comunicação com Deus (Hunab Ku). Cada ciclo do sol chamava-se Ahau e o último teria acontecido em 3113 a.C., quando os maias traçaram os últimos cálculos para elaborar suas profecias. Os sacerdotes calcularam o que seria um dia galáctico, que duraria 25.125 anos, um ciclo em que todo o sistema solar se movimenta de forma elíptica com relação a um Grande Sol Central, que eles chamavam de "Centro do Universo". Esse dia galáctico era dividido em cinco fases de 5.125 anos. As fases eram: o amanhecer, o meio-dia, a tarde, o entardecer e a noite da galáxia.

Os últimos vinte anos da noite galáctica era chamado de Katún, o período de maior escuridão antes do período da manhã galáctica.

O Katún aconteceria em nosso planeta no período de 11/11/1992 até 21/12/2012. No período do Katún, o Grande Sol Central emanaria raios sincronizadores em direção a nossa galáxia, que brilharia mais e atingiria o Sol do nosso sistema solar. Ao receber essa carga energética de um raio sincronizador, o nosso Sol produziria o que os cientistas chamam de manchas solares, erupções ou mudanças magnéticas, que trariam grandes influências e alterações em nosso comportamento.

Para os maias, o Katún é um período de grandes aprendizagens, mudanças e aceleração vibratória do Planeta e de todos os seres que aqui vivem. Para compreendermos melhor a frequência do Planeta, vamos falar da Ressonância Schumann, que é uma unidade de medida da Nasa e que mensura os batimentos cardíacos do planeta. Essa frequência foi medida recentemente e a sensação que temos, segundo a Nasa, é a de que o planeta está mais acelerado, causando em todos nós a sensação de que um dia possui apenas dezesseis horas e não vinte e quatro. Isso tudo causado pelas manchas solares que estão em excesso nesta época em que vivemos! A medida da ressonância do planeta foi feita pelos maias há cinco mil anos atrás. A diferença de seus cálculos com relação aos cálculos da Nasa é de incríveis dezessete segundos, o que significa quase nada visto que, naquela época, não existiam computadores supermodernos para que os maias pudessem efetuar seus cálculos.

Eles acreditavam que, nesse período, muitas mudanças na natureza poderiam acontecer. Essas mudanças seriam necessárias para que a humanidade pudesse compreender o funcionamento do universo e dele se reaproximar, pois só quem convive sincronizado com sua própria natureza é capaz de atravessar um período difícil mantendo-se em harmonia. Em 22/12/2012 ocorreria o que os maias chamaram de amanhecer da galáxia, provocando profundas transformações em todos os seres, conduzindo-os a um novo processo evolutivo.

Segunda profecia

O comportamento de toda a humanidade se modificará a partir de 11/08/1999, mediante um eclipse do Sol. Esse eclipse já aconteceu e foi um evento único, pois todos os planetas alinharam-se em formato de uma cruz, que hoje é conhecida como cruz cósmica. O Planeta Terra estava no centro dessa cruz e o posicionamento dos planetas correspondiam aos signos de aquário, escorpião, leão e touro, que estão associados aos quatro evangelistas: Mateus, Marcos, Lucas e João. Esses apóstolos são os quatro guardas do trono que protagonizaram o livro bíblico "Apocalipse". Talvez quem leia o Apocalipse hoje se assuste um pouco, mas na época de Jesus seria difícil para os apóstolos imaginar e profetizar o mundo de hoje com internet, telefone celular e automóveis pelas ruas, por exemplo. Então as previsões teriam que ser meio exageradas até para que fossem ouvidas. E realmente, segundo estudiosos do tema, todas as informações estão sincronizadas e interligadas e estamos vivendo em plena era apocalíptica. O que se refere na Bíblia ao "final dos tempos" seria o final do dia galáctico, preparando-se para o amanhecer. Está muito associado ao final de uma era e não ao final do mundo.

Segundo os maias, após o eclipse, a energia que receberíamos da galáxia iria acelerar nossos processos fisiológicos e comportamentais, alterando nossas percepções e causando a sensação de que o tempo passa com maior velocidade.

No dia do eclipse, a sombra da cruz cósmica projetada na Terra atravessou a Europa, passou por Kosovo, pelo Oriente Médio, pelo Irã, Iraque, Paquistão e Índia. A sombra determinou as regiões mais conflitantes do Planeta. A incrível foto do eclipse em forma de cruz pode ser encontrada facilmente na internet.

Os maias previram que, a partir desse eclipse, alguns seres humanos perderiam totalmente o controle das suas emoções. Outros, porém, buscariam desenvolver a espiritualidade e buscar a paz interior para atravessar esse período de conflitos e evoluir consciencialmente. Nessa época, tudo seria colocado às claras, aflorando todos os sentimentos ruins, para que fosse realizado um processo de limpeza na humanidade. Ocorreriam mudanças nas convicções religiosas e uma profunda transformação nas relações, nas comunicações, na economia, na sociedade, na ordem e na justiça. Tudo estaria à flor da pele para que fosse solucionado e entrasse em sincronicidade com o universo.

Diz ainda a segunda profecia que céu e inferno seriam estados de consciência e se manifestariam simultaneamente. Cada ser humano se conectaria a um estado ou outro através da frequência vibratória dos pensamentos. No céu, com a sabedoria e o amor para transcender e tolerar voluntariamente o que acontece; e no inferno, com a ignorância, desenvolvendo aprendizados através da dor e do sofrimento.

Nessa época, todas as opções seriam livres e não existiria nenhum tipo de censura, com valores morais mais frouxos do que nunca, para que cada um se manifeste exata e livremente como é.

O ser humano é abençoado com seu livre-arbítrio e sempre decide seu próprio destino. As profecias maias não existem para causar desespero, mas para trazer um alerta acerca das mudanças.

Essa profecia diz ainda que se os seres humanos optarem pela luz e se sintonizarem com o ritmo do universo antes de 21/12/2012, o que está descrito nas próximas profecias se torna desnecessário e não precisaria acontecer.

Terceira profecia

Esta profecia prevê que uma onda de calor aumentará a temperatura do planeta, produzindo mudanças climáticas, geológicas e sociais em uma magnitude sem precedentes e numa velocidade nunca vista antes. Os maias dizem que essa mudança ocorreria por vários fatores: pelo comportamento humano e pela falta de identificação e sintonia com os mecanismos do universo, gerando processos autodestrutivos – aquecimento global –. Outros fatores seriam gerados pelo Sol que, ao acelerar sua atividade e vibração, produziria maior irradiação, aumentando a temperatura do planeta.

As mudanças já estão acontecendo desde 1999 e, talvez, por elas acontecerem de forma lenta, não percebemos quando começaram. Para explicar como isso acontece, vamos utilizar um exemplo. Se somos colocados dentro de um caldeirão de água fervendo, a reação de dor e queimadura é imediata. Porém, se somos colocados dentro de um caldeirão de água fria e ele vai esquentando lentamente, nosso corpo vai se adaptando à temperatura. Mas, hoje, nem precisaríamos desse exemplo, pois os níveis de aquecimento estão alarmantes e as campanhas de cuidados com a natureza são cada vez maiores, alertando-nos para que possamos tomar atitudes a tempo de evitar males piores.

As indústrias geram poluentes, nossos carros também. Hoje já está impossível transitar em algumas cidades, pois não há escoamento para tantos veículos concentrados num único lugar. É um verdadeiro caos.

O aquecimento global está modificando os processos naturais. As chuvas e as estações do ano modificam-se de maneira tão brusca que está cada vez maior o número de furacões e cataclismas que causam impactos terríveis na economia. O desequilíbrio ecológico tem causado um aumento das pragas e consequente aumento na utilização de agrotóxicos nas plantações, o que interfere diretamente em nossa saúde, pois estamos ingerindo o próprio veneno que criamos.

O comportamento ecologicamente correto e em sincronicidade com o universo será crucial para que a humanidade resista a estes tempos difíceis.

Quarta profecia

O aumento da temperatura do planeta, causado pela atitude antiecológica do homem, aliado a uma maior atividade do sol pelos raios sincronizadores da galáxia, provocará o derretimento do gelo nos polos.

Se o sol aumentar seus níveis de atividade acima do normal, conforme a previsão dos maias, haverá mais vento solar e erupções maciças desde a coroa do sol, um aumento da radiação e uma maior temperatura na Terra.

Os maias basearam-se nos ciclos do Planeta Vênus, nos giros de 584 dias para efetuar seus cálculos solares. Vênus é um planeta facilmente visível no céu, pois sua órbita está entre a Terra e o Sol.

Os maias nos deixaram registros de que a cada 117 giros de Vênus marcados cada vez que o planeta aparece no mesmo ponto no céu (o que corresponde a 187,2 anos terrestres), o Sol sofre fortes alterações, aparecendo as manchas solares. Advertiram que a cada 5.125 anos são produzidas alterações ainda maiores e quando isso ocorre, o ser humano deve estar alerta, principalmente quanto aos cuidados ambientais, para que os impactos e o sofrimento sejam menores.

Os maias previram o aumento da temperatura das águas do mar e, por isso, concluíram que haverá o derretimento das geleiras, como se colocássemos um cubo de gelo em uma xícara de chá – derreteria imediatamente.

A Mãe Terra, que está doente e sofrendo nossas agressões, demonstra um estado febril, como nós quando estamos doentes. É um mecanismo de defesa do organismo planetário, um processo de limpeza para que depois, no amanhecer da galáxia, sua saúde seja restabelecida.

Quinta profecia

A quinta profecia diz que todos os sistemas baseados no medo desaparecerão. O ser humano compreenderá que não está sozinho no universo e se sentirá parte dele, entendendo que preservar o ambiente em que vive é como preservar a si mesmo.

Nos dias atuais, existe uma grande onda especulativa no mercado internacional. O dinheiro nos domina completamente. Se há um evento na economia de um país, todos são afetados. Isso gera ansiedade, stress, preocupação e desconfiança entre os seres humanos, pois estamos todos interligados. A quinta profecia fala do desaparecimento do dinheiro e dos sentimentos negativos que ele desperta.

Nesta profecia, os maias dizem, também, que todos os meios de comunicação artificiais serão eliminados para que os homens olhem para dentro de si, deixando de distrair-se com coisas externas.

Alguns comentários surgiram acerca desta profecia, mencionando que as altas temperaturas do sol causariam danos irreversíveis nos satélites que orbitam em torno da Terra, prejudicando os sistemas de comunicação em todo o mundo. Isso faria com que o controle das informações desaparecesse, bem como a mídia televisiva e a internet, mantendo a humanidade somente em contato com o seu eu interior, libertando-se das questões externas.

As interpretações mais radicais mencionam que esse momento seria de descontrole total, como as pedras de um dominó que farão com que caiam todas as crenças baseadas no medo. Desse momento surgirá uma nova ótica espiritual, de forma livre e universalista, acabando com os limites estabelecidos pelas diferentes maneiras de ver o mesmo Deus.

Esse novo dia galáctico será um momento de luz e paz para toda a galáxia e tudo o que for contrário à harmonia desaparecerá. Esse novo dia não poderia ter um comportamento vinculado à imposição da verdade pela força, o que já experimentamos há muitos séculos.

Nesse amanhecer, a única verdade será a de cada um. Será a verdade dos corações que estiverem sincronizados com o universo.

Sexta profecia

Esta profecia diz que aparecerá um cometa cuja trajetória colocará em perigo a existência do ser humano.

Os maias viam os cometas como um sinal de mudança, que vinham para movimentar o equilíbrio existente, para que certas estruturas se transformassem e permitissem a evolução da consciência. Eles acreditavam que a verdade movimentava-se de vez em quando, não podendo ser estática e que as piores situações são as mais perfeitas para que possamos compreender os ciclos da vida.

Esse sábio povo sempre estudou e registrou os movimentos do céu. Seu alerta sempre foi no intuito de prevenir, para que os homens se organizassem para atravessar períodos difíceis.

O perigo iminente de um cometa nos traria obrigatoriedade de união e colaboração internacional. Seria a única maneira de os países abrirem mão de sua soberania para lutarem juntos pelas mesmas causas, dando origem a um governo mundial para o bem comum.

Sétima profecia

A sétima profecia maia fala do momento em que o sistema solar, em seu giro cíclico, sai da noite para entrar na fase de amanhecer da galáxia, em 22/12/2012.

No período do Katún (1992/2012), todos os seres humanos receberiam a oportunidade de mudar e evoluir num ritmo intenso e acelerado, vencendo suas limitações, agregando energia suficiente para receber um novo sentido: a comunicação através do pensamento.

Os seres humanos que optarem pela evolução poderão elevar sua frequência vibratória do medo para o amor e com ele florescerá o sexto sentido. O cinturão de fótons – raio sincronizador – disparado pela galáxia ativará o DNA espiritual, trazendo uma nova consciência individual, planetária e universal. Esse sentido desnudará o ser humano que reconhecerá os outros de forma vibratória, eliminando as mentiras, pois nem os pensamentos poderão ser escondidos. Desaparecerão os controles externos como o dinheiro, a política, as fronteiras e o exército. O governo será liderado pelos humanos com espírito mais sábio e os processos de aprendizagem se darão pelo contraste harmônico, através do amor. Haverá uma espécie de internet mental, onde todos estarão interligados pela força do pensamento.

***

A decisão de escrever sobre os maias veio com a ideia de homenagear a cultura dos povos antigos, que mesmo com instrumentos feitos de pedra, sem chips ou energia elétrica dedicaram suas vidas à observação da natureza, deixando esse legado de ricas informações que podem tanto nos ajudar em nossa evolução espiritual.

Parte II

ÍNDIA

Mestres da Índia

Na Índia, desde a Antiguidade, a religião, a filosofia e a ciência são provenientes da mesma Fonte. A estrutura social, política e econômica do povo indiano derivam das escrituras sagradas: os Vedas.

Vedanta é uma combinação de duas palavras: "*Veda*" que significa "conhecimento" e "*anta*" que significa "a parte final" ou a "essência" dos Vedas. Nesse caso, o conhecimento não tem uma conotação intelectual, não se refere ao conhecimento limitado que aprendemos na escola, por exemplo, mas se refere ao conhecimento do "Eu Divino" existente em cada um de nós, ou seja, a busca do autoconhecimento.

Dentro dessa filosofia, Deus não é personificado, mas é a própria existência, consciência e bem-aventurança infinitas; uma realidade transcendente e impessoal, presente em tudo o que existe, recebendo o nome de "Brahman".

Ainda assim, o Vedanta também afirma que Deus pode ser pessoal, assumindo forma humana em diferentes épocas.

Mais importante: Deus mora em nossos corações como o Divino Ser ou "Atman", que não nasce nem morre, que não é afetado por nossas falhas ou pelas alterações de nossos corpos e mentes. Puro, perfeito, livre de limitações, o Atman é uno com Brahman. O maior templo de Deus reside no coração do homem e a meta da vida humana é manifestar essa divindade. Consciente ou inconscientemente, todo ser humano caminha para expressá-la, pois ela é nossa verdadeira natureza.

Finalmente, o Vedanta afirma que todas as religiões ensinam as mesmas verdades básicas a respeito de Deus e do mundo. Milhares de anos atrás, o Rig Veda já declarava: "A Verdade é uma, os sábios chamam-na por diversos nomes".

A filosofia hindu representa-se por três princípios divinos: Brahma, Vishnu e Shiva; no cristianismo pode ser representada pelo Pai, Filho e Espírito Santo e no Egito seria representada por Hórus, Osíris e Ísis.

Os três princípios sempre são os mesmos na natureza, como a energia que está em tudo: possui uma polaridade negativa, uma positiva e uma neutra. São os mesmos princípios em regiões diferentes do planeta e, por isso, não deveriam existir os conflitos religiosos. Cada povo, em cada época, codificou os ensinamentos divinos à sua maneira de acordo com o clima, com o meio ambiente e com o esclarecimento consciencial.

Dentro da filosofia hindu, existem muitos deuses que são descritos dentro da literatura sagrada, denominada Vedanta.

Esse sistema filosófico hindu já existe há pelo menos dez mil anos, mas até três mil anos atrás, os princípios védicos não eram escritos. De acordo com os antigos mestres da Índia, seria impossível traduzir com palavras os ensinamentos divinos. Então, tudo era transmitido de mestre a discípulo através das gerações, e as experiências precisavam ser sentidas, vivenciadas.

Há cerca de três mil anos os ensinamentos foram compilados, e através de seres abençoados como Swami Vivekananda e Paramahansa Yogananda essas doutrinas foram trazidas para o Ocidente, enriquecendo-nos com lindas histórias e exemplos de conhecimento divino.

BRAHMA

Dentro do hinduísmo, Brahma é considerado o criador dos deuses, dos humanos e de todas as manifestações do universo. Ele é considerado o incriado e teria surgido de um ovo dourado. É representado pela figura de um homem com quatro cabeças, montado em um cisne ou pavão real. Hamsa, o cisne que serve de veículo para Brahma, representa a maturidade e consciência espiritual, a liberdade e a soberania. O cisne também está associado à dualidade humana, pois ele tem a capacidade de flutuar na superfície das águas e ficar com parte de si submerso. Porém, quando sai das águas, pode voar alto e migrar para qualquer direção, acompanhando as estações e os ciclos da natureza. O cisne transita nas esferas celestes e terrenas, dominando os elementos sem que eles o limitem.

Brahma, normalmente, é simbolizado levando em suas mãos os Vedas, uma flor de lótus, um prato para recolher esmolas e uma vasilha para a água dos banhos de sacrifício. Em algumas ocasiões, aparece sentado numa posição de meditação e sobre uma flor de lótus que sai do umbigo de Vishnu.

Na Índia, existe um significado para Brahman e outro para Brahma. O primeiro é o Todo – como o Tao de Lao-Tsé –, o Pai, a Fonte, a Presença Primeira, Onipotente e Onisciente de onde o Tudo se manifestou e para onde Tudo voltará. O segundo é uma manifestação desse Todo, uma parte emanada para que a materialização da existência seja possibilitada. Brahma é o aspecto da Criação Universal, mencionado nos Vedas.

Brahma e a origem do sistema de castas

Todo o sistema de organização social da Índia foi baseado no Vedanta, inclusive o sistema de castas, tão polêmico e discutido até os dias de hoje, que consiste em dividir os hindus em classes sociais de acordo com sua descendência e trazendo para a política a reencarnação.

Segundo algumas lendas indianas, da união de Brahma com Bakchase, uma mulher da raça de gigantes, originaram-se os Brahmanes, a casta de sacerdotes e doutores destinada à continuidade dos conceitos religiosos. Do braço direito de Brahma, surgiu um homem chamado Kshatrya e, do braço esquerdo, uma mulher chamada Kshatryani. Da união desses dois seres foi gerada a casta dos Kshatryas, que são os guerreiros hindus.

Da coxa direita de Brahma, surgiu um terceiro homem chamado Vaishya e, da coxa esquerda, uma mulher, Vaishyani, para dar origem à casta dos Vaishyas que são os comerciantes e lavradores. Finalmente, do pé direito de Brahma, surgiu um quarto homem, Sudra, e, do pé esquerdo, uma mulher chamada Sudrani, para dar origem à quarta casta, dos Sudras, constituída por artistas, operários e toda a espécie de trabalhadores.

Uma lenda sobre Brahma e a Criação do Mundo

Diz a lenda que Brahma, no princípio de tudo, formou uma mulher de sua própria substância pura, chamada Saraswati. Após a materialização do princípio feminino, Brahma, ao contemplar a obra de sua criação, apaixonou-se por ela e passou a vê-la com desejo.

Saraswati, envergonhada, tentava esquivar-se dos olhos de Brahma e, a cada movimento dela, uma nova cabeça de Brahama materializava-se tentando persegui-la. Ao surgir a quinta cabeça, Brahma assim falou: "ó, meu amor, por favor, conceda-me seu carinho para que possamos nos unir e dar origem a todas as criaturas animadas, homens, deuses e demônios desse universo". Ao ouvir as palavras de Brahma, Saraswati desceu do alto onde se refugiava, desfez-se de sua timidez e uniu-se a Ele.

Logo após terminarem de preencher o universo com todas as suas criações, eles se retiraram para um local secreto, onde viveram juntos por um espaço de cem anos divinos.

***

Segundo as literaturas sagradas hindus, um dia cósmico é igual a 4,3 bilhões de anos, o que equivale a uma inspiração e expiração de Brahma, um ciclo respiratório de Deus, devido a Sua grandiosidade. A evolução da Terra já consumiu 3,1 bilhões de anos do Dia Cósmico em que estamos vivendo. Segundo o hinduísmo, o planeta Terra evoluirá de 1988 a 2028, mais do que evoluiu nos últimos 3,1 bilhões de anos.

VISHNU

Na literatura sagrada hindu, Vishnu é o Princípio Preservador do Mundo, a manifestação do amor puro. Normalmente é representado através de um homem de pele azul-escura com vestes amarelas, montado sobre uma águia divina. Em suas quatro mãos leva uma clava de combate – Gada –, uma concha – Sankha –, uma arma em forma de disco luminoso – Chakra – e uma flor de lótus, fazendo o Abhaya Mudra, gesto que desfaz o temor. Muitas vezes aparece juntamente com sua esposa, Lakshmi, de pé, sentado ou deitado sobre a serpente Sesha – também chamada de Ananta, eternidade –, que simboliza o restante da energia que permanece sem utilização após a manifestação do universo material e da conclusão da criação.

Nos primeiros estágios da manifestação cósmica, Vishnu dorme flutuando sobre as águas primordiais, um Mar de Leite, servindo-lhe de leito a serpente Sesha, que levanta suas sete cabeças em forma de um altar. Esse sono é o processo no qual as potencialidades desse Deus vão amadurecendo pouco a pouco para que, após a criação feita por Brahma, possa despertar e cumprir sua função de Preservador do Universo.

Em cada ciclo da vida universal, quando as crises se estabelecem e há desequilíbrio nos princípios cármicos, Vishnu emana um avatar de si mesmo para que a ignorância e os seres demoníacos sejam dizimados do universo, destruindo as forças negativas e restabelecendo a ordem. Fala a tradição que nove avatares de Vishnu já foram enviados à Terra e que um décimo estaria sendo enviado nesta Era em que vivemos.

Eles são:

1) Matsya – O Peixe Primordial: A função desse avatar foi salvar o progenitor da raça humana, Vaishvavarta Manu, do dilúvio que ameaçava cobrir toda a Terra.

2) Kurma – A Tartaruga Cósmica: Coube a Kurma permitir que o Deus Indra e os três mundos recobrassem seu vigor perdido em função de uma maldição proferida por um sábio.

3) Varaha – O Javali Flamejante: A missão desse avatar foi levantar das águas a Deusa Terra, Bhumi Devi, que tinha sido aprisionada e submersa por um poderoso demônio.

4) Narasimha – O Homem Leão: Coube a Narasimnha libertar o mundo da tirania do rei Hiranyakasipu.

5) Vamana – O Anão Divino: A missão de Vamana foi restabelecer o poder dos deuses e destruir a opressão.

6) Parasurama – O Portador do Machado: Coube a Parasurama libertar a classe dos sacerdotes Brahmanes da tirania e opressão da casta guerreira, Kshatrya.

7) Rama – O Nobre Guerreiro: Rama deu exemplos de elevadas virtudes e retidão de caráter a todos os seres. Representa a sabedoria e a reta justiça divina.

8) Krishna – O Negro: Krishna teve a incumbência de destruir demônios, orientar e direcionar os rumos de uma grande guerra, a batalha de Kurukshetra, referida no épico hindu Bhagavad Gita, ocorrida entre duas importantes linhagens Aryas: os Pandavas e os Kauravas.

9) Buda – O Mensageiro: Buda devia enganar os inimigos dos deuses e preparar para o caminho de evolução espiritual os verdadeiros discípulos.

10) Kalki – O Homem Cavalo: Virá para destruir os demônios e restabelecer a Luz na Era de trevas em que vivemos atualmente. Para os budistas, Kalki é a esperada vinda do próximo Buda, o Sr. Maitreya.

Outros nomes e qualidades atribuídos a Vishnu:

Svayambhu: "O Que Existe por Si Mesmo"

Yajne Swaha: "O Senhor dos Sacrifícios"

Janaddana: "O Que Recebe a Adoração de Todos os Seres"

Mukunda: "O Libertador de Almas"

Narayana: "A Fonte de Refúgio de Todos os Seres"

Vishvamvara: "O Senhor do Paraíso"

Purushottama: "O Espírito Supremo"

SHIVA

Shiva é conhecido nas tradições hindus como o "Senhor do Tríplice Tempo", sendo cultuado em todos os lugares como o princípio universal de destruição de toda a ilusão da matéria, para que a renovação seja possível.

Dentro da arte hindu, Shiva pode aparecer com muitas representações e simbolismos diferentes. Como Adynatha, o asceta e mestre de yoga aparece com quatro braços. Com as duas mãos superiores, sustenta um pequeno tambor – Damaru – e um tridente -Trishula, símbolo do tríplice tempo – e com as outras duas, faz, respectivamente, o gesto de doação – Vara Mudra – e o de segurança – Abhaya Mudra –. No centro de sua testa, encontra-se um terceiro olho. Esse olho frontal representa o sentido da eternidade. Segundo a tradição, um olhar desse terceiro olho reduz tudo a cinzas, destruindo toda a ilusão da matéria – Maya –.

Shiva usa sobre seu corpo uma pele de tigre. Uma serpente serve-lhe de colar, outra como um cordão sagrado e outras duas estão enroladas em seus braços como braceletes. Seus cabelos estão emaranhados e em forma de tranças, entre os quais leva a quinta cabeça de Brahma e a deusa Ganga. O veículo de Shiva é o touro branco – Nandi, símbolo de poder, força, fecundidade –; o touro está ligado ao culto da Grande Mãe, ao culto agrário da fertilidade e seu mugido é associado ao trovão e ao furacão.

Conta uma lenda que Shiva fez uma visita a dez mil sábios com o objetivo de mostrar-lhes a verdade. Sendo recebido com hostilidade, os sábios de tudo fizeram para destruí-lo, desde a invocação de tigres e serpentes até guerreiros que o matassem. Porém, Shiva se pôs a dançar. Sua dança era tão harmoniosa que os sábios passaram a admirá-lo e a contemplá-la.

Na tradição hindu, as danças atribuídas a Shiva são chamadas de "Nadanta" e somam um total de 108. Nessa dança, Shiva cria e destrói o universo, simbolizando a atividade divina como fonte responsável pelo dinamismo do cosmo. Passa a ideia de criação, preservação, destruição do universo e dissolução do véu de ignorância, chegando até a libertação da roda de renascimentos e mortes, o samsara. Existe uma outra dança chamada "Tandava", onde Shiva demonstra um bailado associado aos guerreiros, com o qual desperta energias destrutivas e renovadoras, atuando também no sentido de libertar-nos do véu da ignorância.

Na representação de Bailarino Real, Shiva recebe o nome de Nataraja. Sua dança representa o jogo rítmico como fonte de todo o dinamismo existente no cosmo, com a finalidade de libertar os seres das armadilhas de Maya, a ilusão e a ignorância. Essa dança é realizada em "Chindambaram", o centro do universo, que se encontra no coração de cada ser.

A Shiva também são atribuídos os princípios da juventude e da humildade, tendo como símbolo o Lingam, arquétipo do órgão sexual masculino, representação da fertilidade e ícone da criação e da destruição rítmicas do universo. Ao lado do Lingam, sempre encontra-se a Yoni, arquétipo do órgão sexual feminino, associado à porta para o mundo e à porta para a libertação do ciclo de renascimentos e mortes.

Outros nomes e qualidades atribuídos a Shiva:

Adynatha: "O primeiro mestre e criador do Yoga"
Panchamana: "O de cinco rostos"
Raskswara: "O regenerador"
Bhutamatha: "O senhor dos espíritos"
Vinadhara: "O mestre da arte e da música"
Shankara: "O renovador"
Maheshwara: "O Glorioso"
Bhuteshwara: "O senhor dos duendes"
Mritunjaya: "O que vence a morte"
Srikanta: "O de formoso pescoço"
Gangadhara: "O que leva o rio Ganges em sua cabeça"
Digambara: "O que anda nu"
Nilakanta: "O garganta azul"
Ugra: "O terrível"
Nishichara: "O que ronda à noite"
Girisha: "O senhor das colinas"

GANESH

Ganesh, Ganesha ou Ganapati, é uma divindade muito querida pelo povo indiano, pois ama os seres humanos e destrói os obstáculos que impedem o desenvolvimento material e espiritual. Traz aos devotos a conquista de objetivos, metas e novos empreendimentos, sendo associado a todas as manifestações de prosperidade. Na Índia, costuma-se entregar nas mãos de Ganesha tudo o que é novo, tudo aquilo que está por começar, pois ele é o senhor do "Bom Princípio".

A LENDA

As lendas sobre Ganesh são muitas. Datam de 20.000 a 30.000 anos, então é compreensível que haja algumas distorções a respeito, pela idade das histórias. Vamos então concentrar-nos na essência e nas metáforas, que nos trazem grandes aprendizados.

Conta a lenda que Shiva, complemento divino de Parvati, teve que se ausentar de casa por um tempo. Por ser um disciplinado iogue e asceta, de vez em quando Shiva se ausentava para meditar nas montanhas do Himalaia. Ao sair de casa, ele disse à sua esposa:

" – Quando você sentir-se muito sozinha e desejar a companhia de um filho, pense em mim e se concentre que ele se fará."

Algum tempo depois da partida de Shiva, Parvati se sentiu muito sozinha. Então concentrou-se em Shiva e um lindo menino se materializou, ao qual ela chamou Ganesh.

Quando o menino completou doze anos, Parvati pediu a ele que vigiasse a porta do palácio onde moravam, no Monte Kailasa, e que impedisse a entrada de intrusos.

Nesse dia, Shiva retornou de seu retiro espiritual e, ao chegar em casa, Ganesh o impediu de entrar, mencionando que eram ordens de sua mãe.

Como não conhecia o filho, Shiva irritou-se com a petulância do menino e adentrou a casa, afirmando que todos sabiam quem ele era e que o palácio lhe pertencia!

Ganesh ainda tentou impedi-lo de entrar, mas os guerreiros de seu pai o seguraram e, tomado de ira, Shiva adentrou a casa, encontrando Parvati e desejando explicações.

Então, delicadamente, Parvati explicou que Ganesh era seu filho e, consequentemente, filho de Shiva também.

Shiva, porém, só conseguia ver Ganesh como filho de Parvati e o menino não conseguia compreender sua origem, desconsiderando o pai completamente.

Ganesh era corajoso, forte e muito destemido, pois havia herdado a qualidade divina de sua mãe: o dever.

O desentendimento entre pai e filho continuou por muito tempo, até que Ganesh tornou-se adulto.

Para proteger o filho, a mãe preocupada com os rumos que a relação de Shiva e Ganesh seguia, invocou suas partes guerreiras, como se fossem energias inconscientes que habitavam em seu ser. Então Parvati se desdobrou em Kali e Durga. Durga representa a característica guerreira e se manifesta montada em um tigre. Ela destruiu exércitos inteiros de soldados de Shiva com suas flechas, sua força e magia. Kali representa a ferocidade do aspecto feminino para proteger sua cria. Furiosa, Kali devorava todos a sua frente, de uma só vez. Parvati, Kali e Durga juntas estavam certas de sua vitória porque se sentiam ligadas a Ganesh pela força do dever materno, do amor ao filho querido. Fariam de tudo para protegê-lo.

Assustado com a força feminina, Shiva não teve outra opção, então invocou seus complementos, Vishnu e Brahma, tão poderosos quanto ele próprio. Mesmo assim, Ganesh continuou vencendo.

Dominado pela ira e orgulho, Shiva concebeu um plano para matar Ganesh. Num único golpe, Shiva partiu a cabeça do filho e, nesse momento, em um pensamento relâmpago, lembrou que todas as criaturas do universo são criadas por ele e que assim, Ganesh era seu filho! Seu amado filho!

Chorando e cheio de arrependimento, sentindo-se culpado e envergonhado, Shiva pediu aos céus que seu filho fosse ressuscitado.

A doce Parvati, tomada de tristeza, deixou de alimentar energeticamente as criações de Shiva. Dessa maneira, toda a natureza murchou e a vida desapareceu sobre a Terra.

Os três princípios divinos, Brahma, Vishnu e Shiva, comovidos com a tristeza de Parvati, pediram-lhe perdão pelo ocorrido. Ela disse que voltaria a ser feliz somente com seu filho vivo!

Shiva pediu ajuda a Vishnu que lhe trouxesse a cabeça da primeira criatura viva que encontrasse. Assim fez Vishnu, encontrando com um elefante e levando sua cabeça para Shiva, que imediatamente a colocou sobre os ombros do garoto, ressuscitando Ganesh, agora com um novo aspecto... corpo humano e cabeça de elefante.

Dessa forma, Ganesh renasceu. Inteligente como antes, porém mais calmo, ponderado e com a sabedoria de um elefante, para júbilo de todos os deuses.

***

Essa lenda pode nem ter acontecido, mas nos traz grandes aprendizados, que são atuais:

- Um filho só deve ser concebido por amor e por motivos superiores, divinos, não para preencher um vazio, uma carência ou simplesmente para fazer companhia a alguém;

- É preciso vigiar-se constantemente;

- Até os seguidores espirituais mais dedicados muitas vezes se perdem na ira, no orgulho e na vaidade;

- Onde termina o amor, começa o apego (materialismo desenfreado), capaz de destruir toda a vida sobre a Terra;

- Todos nós temos uma força interna que é destrutiva e a qualquer momento pode ser desencadeada de acordo com o que pensamos e sentimos;

- Dentro de nossas famílias estão nossos maiores aprendizados. É preciso ter paciência, tolerância e compreensão para que os laços cármicos sejam desenrolados e rompidos. Precisamos também ter cuidado para não continuar criando laços desnecessários, que gera um emaranhado cármico, vida após vida;

- Mesmo nas situações mais difíceis surgem grandes aprendizados que fortalecem nosso espírito;

- A força masculina e feminina devem andar juntas, uma ao lado da outra para que haja equilíbrio no universo. Jamais deve haver disputa, mas sim a fusão dos princípios universais.

Ganesh, a divindade

Tudo em Ganesh tem um sentido, uma lição de vida.

Em algumas regiões da Índia, Ganesh também é conhecido como Ganapati.

A grande cabeça de elefante é para pensarmos muito; as orelhas grandes para ouvirmos mais. Os olhos pequenos lembram de nos concentrarmos, e a boca pequena, de falarmos menos. Na mão direita, Ganesh traz um machado que é para cortar todas as ligações, os apegos. E, na mão esquerda, além de uma flor, segura uma corda que serve para manter a pessoa próxima da sua meta. O atributo mais interessante de todos, presente em todas as gravuras de Ganesh, é o rato, que representa o desejo e o ego. Você somente pode montá-lo se o controlar, senão ele causa destruição.

Muito querido e respeitado em toda a Índia, de norte a sul e em todos os templos existe uma imagem sua à porta, guardando o recinto, como fazia quando criança, na casa da sua mãe.

Está associado às crianças, à comunicação, à inteligência, à força intelectual e ao dever. Guia a humanidade e seus caminhos na vida, iluminando-nos. É considerado também o protetor e inspirador dos escritores. De acordo com uma lenda, Ganesh, a pedido de Brahma, extraiu um pedaço do próprio dente e o cedeu ao sábio Vyasa, para que ele pudesse escrever o épico *Mahabharata*.

RAMA – O NOBRE ARQUEIRO

Dentro das tradições hindus, Mestre Rama foi um grande sábio, guerreiro e legislador, que reencarnou como sétimo avatar de Vishnu para restabelecer a justiça sobre a Terra, cerca de 4000 a.C. Ele vivia em meio à natureza, pesquisando sobre o poder curativo das plantas. Em sua comunidade druida, em alguns rituais, havia a prática de sacrifícios humanos. Não concordando com isso, o jovem Rama lutou bravamente para convencer os sacerdotes a eliminarem essa ritualística. Quando seu povo foi acometido por uma peste, Rama descobriu uma planta, o *visco*, que curou toda a população. Com essa descoberta, foi aclamado como ídolo popular, tornando-se conhecido e, mais tarde, nomeado chefe dos sacerdotes de sua tribo.

Muitos anos mais tarde, no século IV a.C., o sábio poeta Valmiki inspirou-se na história do Mestre Rama para dar vida ao personagem "Rama, o Príncipe", do épico "Ramayana", um lindo poema que mostra a luta entre o bem e o mal.

Diz o épico que, na Índia Antiga, havia um nobre governante chamado Dasaratha, um grande rei, amado como herói pelo seu povo. Seus filhos eram considerados parte de Vishnu, e Rama era um deles. Quando o príncipe Rama estava com dezesseis anos, os sábios e sacerdotes do reino sofreram uma invasão de demônios que estavam perturbando a ordem local. O rei pediu aos seus filhos Rama e Lakshmana, que tinham muita amizade e afinidade entre si e eram excelentes arqueiros, que espantassem os demônios. Então os irmãos partiram para a cidade de Mithila, onde o problema estava acontecendo. Chegando lá, eles resolveram tudo com sucesso, sendo aclamados pelo povo como heróis. Por esse feito, o rei Janaka concedeu a mão de sua filha, a princesa Sita, à Rama, e eles se casaram. Durante muitos anos, eles foram felizes e se amaram.

Um tempo depois, o rei já estava velho e tinha o desejo de entregar o reinado a Rama. A esposa do rei, a maldosa rainha Kaikeyi, usando suas artimanhas, convenceu o velho rei a lhe pagar dois favores que foram prometidos no passado: pediu que Rama fosse exilado por catorze anos e que o filho dela, Bharata, assumisse o trono.

Então Rama, compreendendo a difícil situação de seu pai com sua madrasta, embrenhou-se na floresta com a esposa Sita e seu fiel irmão Lakshmana.

Durante o período em que viveram na floresta tudo corria bem, até que um dia, um ser maléfico chamado "Ravana", disfarçou-se de monge e chegou até a casa de Sita e Rama para pedir comida. A princesa Sita prontamente ofereceu-lhe um prato quando foi enfeitiçada e sequestrada por Ravana. Tomando conhecimento disso, o príncipe Rama irritou-se por pensar que Sita havia fugido propositalmente com o malfeitor. Mesmo assim, o nobre guerreiro imediatamente pediu ajuda ao irmão para que resgatassem a princesa. O abnegado irmão sugeriu que Rama pedisse ajuda a Hanuman, um deus macaco que, no panteão hindu, representa o serviço devocional, totalmente dedicado às causas divinas. Hanuman convocou um enorme exército de macacos e, numa grande batalha, Ravana foi morto e Sita resgatada.

Logo após o resgate, Rama recusou-se a aceitar Sita como sua esposa novamente, pois estava com seu orgulho ferido e desconfiava que a princesa teria cedido aos desejos de Ravana. Em profundo desespero, Sita jogou-se em uma fogueira, pois preferia morrer a ser rejeitada por seu marido. Como ela era inocente, Agni, o deus do fogo, a retirou da fogueira e pediu a Rama que a aceitasse novamente, explicando sua situação. O nobre príncipe a aceitou novamente como sua esposa.

Os catorze anos se passaram e Rama foi coroado rei, iniciando uma era de prosperidade, saúde e bem aventurança para seu povo.

Rama, que é a personificação da sabedoria, da justiça e do conhecimento divino, associado ao amor, paz e gratidão na figura de Sita, vencera o mal, o ego negativo e o eu inferior, representado por Ravana.

Amigo leitor, a intenção é de trazer neste texto a essência dessa história magnífica que está presente nos corações de todos os hindus, porém ela tem muitas nuances de interpretação e profundidade. Este resumo é para que você tenha conhecimento sobre a história de Rama e Sita e das incríveis representações do bem e do mal na literatura védica. Porém, aconselhamos a leitura do livro "O Mahabharata", que contém o Ramayana – história de Rama e Sita –, e o "Bhagavad Gitá" – história de Krishna. É uma literatura linda, profunda, leve e simples, como Deus. Leia e encontre a sua verdade particular, pois ela só existe no seu coração.

Ensinamentos atribuídos ao Mestre Rama:

A mente: "Quando sua mente for pura, sua felicidade será completa";

O apego: "Devido à falsa imaginação, uma corda é confundida com uma cobra; assim também o Eu Supremo é confundido com nossa realidade material, pela força de maya (ilusão). Se pensarmos de forma profunda, o mundo material desaparece e somente Atman (Deus, o Todo) permanece" "Enquanto te identificares com este corpo, sentir-te-ás miserável. A alma não é o corpo, os sentidos ou o ego. É por causa da ignorância que és afetado pelas ilusões mundanas";

O desejo: "Vejo claramente que são raros os homens que não se abatem ao enfrentarem o perigo, ou que não são vencidos pela ilusão, que não se orgulham quando alcançam seus fins egoístas e que não se perturbam com os olhares das mulheres. É raro encontrar homens assim"; "O conhecimento puro é aquele que mata todos os desejos e apegos. Todo trabalho baseado em segundas intenções deve ser abandonado, pois ele só o amarraria ao samsara (ciclo de reencarnações). Isso é prejudicial à obtenção do verdadeiro conhecimento";

O Eu Sou: "Não te alegres demais se tiveres uma fortuna, nem te entristeças demais se a perderes. Tua mente deve manter-se em equilíbrio. Eu, Rama, sou a vida de todas as almas e tua mente deve fixar-se somente em mim";

Os relacionamentos: "Não encontre defeitos nas outras pessoas. Controla tua mente, fala e corpo sem nunca te perturbares; Serve diariamente teu guru com devoção depois de purificar teu corpo e tua mente. Não descuides um único dia das práticas de boas ações";

A meditação: "O yogue alcança a união com o Todo quando alcança a sabedoria de sentir o coração cósmico pulsando em todas as criaturas."

KRISHNA

Adorado na Índia como "A Suprema Personalidade de Deus", Krishna se encontra, na religião hindu, no mesmo patamar em que está Jesus Cristo para os ocidentais.

No magnífico épico Mahabharata, há um poema chamado Bhagavad-Gita que, traduzido do sânscrito, significa "A Canção do Senhor", onde nos é apresentada a história do Senhor Krishna, que é a própria encarnação da Suprema Personalidade de Deus, vindo à Terra como o oitavo avatar de Vishnu.

Conta-nos a história que Krishna era um príncipe que teve seu nascimento anunciado através de uma profecia. Ela dizia que um Grande Rei e Avatar nasceria na cidade de Mathura, um lugar sagrado na Índia. Essa criança iluminada viria na família real e seria o herdeiro do trono.

Nessa época, o governante era o rei Kamsa, um homem tirano que mandou prender seu próprio pai para lhe tomar o trono. Os pais de Krishna eram primos do rei e, segundo a tradição hindu, no dia do casamento, o primo mais velho conduz o casal até a nova casa. Após as comemorações do casamento, Kamsa ouviu uma voz que lhe dizia que o oitavo filho do casal seria a personificação do amor, o novo rei e que esse filho o levaria à morte. Nesse momento Kamsa decidiu matar a noiva Devaki, mas seu noivo Vasudeva, implorando, pediu-lhe que poupasse a vida dela. Receoso, Kamsa ordenou que os dois fossem presos e ordenava matar sem piedade todos os filhos que nasciam da união do casal.

Pensando que essa criança poderia nascer em uma outra família do reino, Kamsa ordenou o sacrifício de todas as crianças do reino com até dois anos de idade. Quando Krishna nasceu, milagrosamente, uma força invisível derrubou as paredes da prisão. Nessa ocasião, lá estava um casal: o pastor Nanda e sua esposa Yashoda. Os pais, aflitos, entregaram o recém nascido ao casal, que se tornaram os pais adotivos de Krishna.

O rei Kamsa, por muitas vezes, ficou sabendo do paradeiro de Krishna e, nessas ocasiões, enviava muitos demônios para que o matassem, porém, todos falharam.

Na adolescência, como pastor, Krishna já manifestava seus poderes divinos, realizando milagres: curou leprosos, surdos e mudos, ressuscitou mortos; protegeu os fracos, consolou os tristes, elevou os oprimidos, expulsou e matou demônios. Em seu discurso, dizia que pretendia restaurar a antiga religião, purificando-a das contaminações feitas pelo ego negativo da humanidade.

Nessa época, ele recebeu também os apelidos de Govinda e Gopala que, traduzindo, significa "jovem pastor" ou "pastorzinho", de forma carinhosa. Na Índia, existem dezenas de nomes que identificam esse Ser Supremo, sendo que os acima citados são os mais populares.

Quando adulto, ainda jovem, Krishna retornou a Mathura, enfrentou Kamsa e o destituiu do trono, nomeando rei seu pai biológico, Vasudeva. Em seguida, declarou-se príncipe da Corte e, nesse período, iniciou sua amizade com Arjuna, o nobre príncipe arqueiro, e com os outros nobres, incluindo as famílias dos filhos de Pandu – Pândavas – e Kauravas, que mais tarde se enfrentariam na batalha de Kurukshetra, o tema central do épico

Bhagavad-Gita. Nessa batalha, Krishna posicionou-se a favor dos Pândavas e esteve sempre junto a Arjuna em sua carruagem, aconselhando-o acerca de como deveria agir e mencionando a vontade de Deus: era de extrema importância para o equilíbrio cósmico que os Pândavas vencessem a batalha e que Arjuna, como emissário divino, deveria cumprir sua missão, não importando o que precisasse fazer para vencer. Com a vitória dos Pândavas, uma era de harmonia se iniciou no reino.

Nas lendas consta que Krishna casou-se com oito rainhas, entre elas, a princesa Radharani, símbolo de beleza e perfeição feminina.

Anos mais tarde, Krishna teria se recolhido para meditar embaixo de uma árvore, quando um caçador o confundiu com um antílope, atingindo seu calcanhar com uma flecha. Mesmo com esse ferimento que o levou à morte, O Senhor dos Olhos de Lótus aceitou sua passagem com tranquilidade. Quando seus discípulos e todo o povo de Mathura vieram para recolher seu corpo, ele já havia desaparecido.

Segundo os ensinamentos hindus, quando a matéria que envolve o espírito dos filhos primogênitos de Deus parte deste mundo, ela sobe aos céus juntamente com o espírito, para que se apresente aos olhos do Pai.

Muitos dos ensinamentos de Krishna reforçam Sua afinidade filosófica com Jesus Cristo. A semelhança entre os princípios destes dois Mestres não deixa dúvida que ambos são uma única e mesma manifestação de Deus na Terra:

* Aquele que não controla suas paixões não pode agir apropriadamente perante os outros;

* O males infligidos aos outros seguem-nos, tal como sombras seguindo nossos corpos;

* Os humildes são os amados de Deus;

* A virtude sustenta o Espírito assim como os músculos sustentam o corpo;

* Quando um pobre bater à sua porta atenda-o, procure fornecer o que ele precisa, porque os pobres são os escolhidos de Deus;

* Estenda a mão aos desafortunados;

* Não olhe a mulher com desejos impuros;

* Evite a inveja, a cobiça, falsidade, mentira, traição, impostura, a blasfêmia, a calúnia e os desejos sexuais;

* Sobre todas as coisas, cultive o amor ao próximo;

* Quando você morre, deixa para trás e para sempre a riqueza mundana da sua personalidade limitada; mas suas virtudes e seus vícios seguem você.

Uma história sobre Krishna

Certo dia, uma amiga veio me perguntar o que significava Hare Hare. Então lhe expliquei que Hare seria uma saudação a Vishnu, o Princípio da Preservação e do Amor Universal. E que, cada vez que um avatar de Vishnu se faz presente na Terra, como Rama e Krishna, por exemplo, o saudamos com um "Hare". Um dos mantras mais conhecidos é:

"Hare Krishna, Hare Krishna
Krishna, Krishna, Hare, Hare
Hare Rama, Hare Rama
Rama, Rama, Hare, Hare"

Quando entoamos, ou simplesmente pensamos no "Mahamantra", como é conhecido, o amor universal se faz presente no mesmo momento, abençoando a todos os seres.

Então ela me explicou que gostaria de saber o significado de "Hare", porque seu filho, que na época tinha três anos de idade, começou a cantar esse mantra em casa, provavelmente sem nunca ter ouvido, porque nem ela mesma conhecia ou tinha algum CD de mantras em casa.

Fiquei um tanto intrigada e, ao mesmo tempo feliz pela espiritualidade aflorada do menino Giovani, que é lindo e muito especial. Isso aconteceu na véspera do dia das crianças.

No dia seguinte, 12 de outubro, já quando acordei, senti uma sensação ímpar, como se estivesse envolvida por uma nuvem azul e um lindo som de flauta ao fundo.

Senti vontade de escrever, nem sabia direito o quê!!!

Peguei uma caneta e algumas folhas azuis e escrevi o seguinte:

"Giovani, o céu está feliz por tão cedo te ver despertar para a Suprema Personalidade de Deus. É isso que Krishna nos traz: a parte mais bela, pura e angelical da criação divina. Na Índia, Krishna é representado por um lindo jovem, de pele azul, que usa enfeites com flores, jóias, penas de pavão e uma flauta que traz as notas musicais mais divinas. Dentro da filosofia hindu, esses elementos são utilizados para representar as perfeitas criações de Deus. O pavão simboliza a beleza do reino animal, as joias representam as pedras preciosas, o reino mineral. A flauta é o ar, o som se propagando, representa aquilo que não podemos ver, mas podemos sentir com o coração. As flores são as lindas manifestações do reino vegetal.

Sendo assim, a consciência de Krishna é o Todo que está em Tudo.

Viver na consciência de Krishna é compreender a presença da luz de Deus em todos os seres e em todas as coisas da natureza.

Krishna não é necessariamente um ser de pele azul, mas o próprio azul do céu que nos ampara e nos brinda a cada manhã de sol.

Hare!

Feliz Dia das Crianças."

Ainda continuando a carta:

"Os Mantras

A palavra mantra vem de uma língua muito antiga chamada sânscrito (Índia/Tibet). É a junção de Manas (Mente) e Tra (Controle), podendo-se dizer que é o controle da Mente. Uma mente insensata e perdida é povoada de pensamentos descontrolados, que vêm e vão, de um lado para outro, para cima e para baixo.

O canto de palavras sagradas em seu idioma original tem o poder de controlar os ciclos cerebrais e organizar os pensamentos de forma tranquila, trazendo consciência, criatividade, amorosidade e paz. Os mantras auxiliam no controle da respiração, na circulação sanguínea, no autoconhecimento e no desenvolvimento das maiores virtudes, que são sathya (verdade), shanti (paz real), prema (compaixão) e sadhana (disciplina espiritual).

Os mantras trazem a tranquilidade dos Grandes Mestres (Krishna, Buda, Rama, Jesus, Maomé etc.) ao nosso coração, eliminando a agressividade e violência, tão presentes em nosso mundo. Os mantras nos auxiliam no senso de cooperar com nossos irmãos, de ajudá-los na evolução e na regeneração do planeta, buscando uma nova era de luz."

Juntamente com a carta, enviei um CD, com várias versões do Mahamantra e uma foto de Krishna. O CD é seu companheiro antes de dormir e de vez em quando, ele, mesmo tão jovem, quando sente saudades de Krishna, pede que a carta lhe seja lida pela mãe.

***

Desde criança, tive sonhos em que dançava num bosque com um flautista de pele azul. Felizmente, em uma projeção astral, já na fase adulta, reencontrei o Senhor Krishna e deixo a Ele, aqui neste capítulo, meu HARE!!!

BABAJI – O YOGUE IMORTAL

Pela magnitude deste Ser que possui como característica principal a humildade e a discrição, falar ou escrever sobre Mahavatar Babaji não é uma tarefa simples. O Grande Yogue vive como peregrino na região do Himalaia há vários séculos e pouquíssimas pessoas acessaram seu conhecimento ou sua companhia. Sua energia é reservada e discreta, o que torna difícil qualquer forma de apresentação. Com uma missão diferente dos outros avatares, Mestre Babaji veio à Terra para ficar; reformando a filosofia da Yoga desde o século III, sendo Sankara (788-820 d.C.) um de seus discípulos mais conhecidos. O Mestre aqui ficou para auxiliar na lenta evolução da humanidade através das mais avançadas técnicas da Yoga. Dentre as raras pessoas que conseguiram encontrá-lo pessoalmente, está o mestre Paramahansa Yogananda, um dos primeiros a apresentar Babaji ao Ocidente através do livro *Autobiografia de um Yogue*. Outros poucos mestres da Yoga que vivem na Índia e região do Himalaia, experimentaram o privilégio de estar com o Mestre Babaji.

As lendas contam que Mestre Babaji sempre foi muitíssimo dedicado à Sua realização espiritual, praticando desde criança os mais árduos treinamentos da Yoga, juntamente com seus mestres Boganathar e Agastyar. Ainda adolescente atingiu a perfeição, chegando ao estado de "Soruba Samadhi" que é a ascensão à imortalidade física. Sua vibração é tão alta que o Mestre mantém a aparência de um jovem adolescente há mil e seiscentos anos, não necessitando de alimentação ou qualquer aparato externo para manter seu corpo. Babaji vive com seu seleto grupo de discípulos nas montanhas, emanando sua energia ao Planeta e conduzindo-nos no caminho da espiritualidade.

Como todo avatar, Mestre Babaji consegue se comunicar em qualquer idioma e só aparece para alguém quando esse discípulo está pronto para receber suas orientações. Também manifesta o passado, presente e futuro e tem o conhecimento de toda a verdade do universo, transcendendo tempo, espaço e direção e materializando o que for necessário para o cumprimento de sua missão. Conserva a mesma forma física há muitos séculos somente para mostrar-nos que é possível transcender a morte quando despertamos do sono da ignorância ou véu de ilusões (maya) que são as manifestações da matéria.

De acordo com as tradições hindus, nascimento e morte só têm sentido no mundo da relatividade, uma vez que são manifestações de maya (tudo o que é impermanente). Quando os grandes mestres retornam à Terra em novos corpos físicos, não estão sujeitos às leis e restrições do carma, e só fazem isso porque têm uma missão a cumprir. Eles são capazes de reviver seus corpos e aparecer aos habitantes do planeta, ou materializar seus átomos da forma que desejarem. O próprio Yogananda referiu-se ao encontro que teve com seu guru Swami Sri Yukteswar após a morte deste, e como abraçou seu corpo. O mestre lhe disse: *"Este é um corpo de carne e osso. Embora eu o veja como etéreo, para sua vista é físico. Dos átomos cósmicos, criei um corpo inteiramente novo"*.

Mestre Babaji continua aparecendo até hoje para algumas pessoas, transmitindo mensagens de amor e sabedoria, principalmente na Índia, sendo descrito da mesma maneira por todos aqueles que o vêem.

HISTÓRIAS SOBRE BABAJI

Babaji teria morado um tempo na floresta de Kalichaur, quando visitava a vila próxima, Katgharia. Entre 1861 e 1924 suas aparições eram mais frequentes e quando ele surgia, as notícias corriam e logo uma multidão juntava-se à sua volta. As pessoas esqueciam seus problemas, dores, misérias e ficavam alegres com o simples fato de estar em sua presença. Espontaneamente, organizavam atividades espirituais com canções sagradas, alimentando os pobres ou acendendo um fogo sacrificial – vajna –. Numa dessas oportunidades, um inglês passava pelo local e observou a multidão em torno de Babaji. Olhando para o santo, sentiu uma paz e felicidade indescritíveis e resolveu descer de seu cavalo para vê-lo mais de perto. O guru olhou para o homem que, por um tempo, ficou como que hipnotizado. Mais tarde, o inglês perguntou para as pessoas quem era aquele ser e lhe disseram que era um santo com poderes sobrenaturais. Impressionado, resolveu homenagear Babaji, doando uma grande porção de terra, onde os devotos construíram um templo e uma pequena casa.

Muitos anos depois, quando Babaji não era mais visto na região, Sri Mahendra Brahmacharia resolveu construir um grande ashram dedicado à memória do avatar. Essa construção ficou concluída em 1958 e pessoas de vários pontos da Índia e outros países reuniram-se para a inauguração. Quando o fogo ritual estava aceso e os devotos cantavam e comiam, uma luz divina manifestou-se repentinamente, e uma forma celestial foi vista flutuando a alguns metros do chão: era Babaji. As pessoas começaram a dançar, em êxtase, até perder a consciência.

Anos depois, a árvore onde Babaji costumava encostar-se deu origem a outras duas, de espécies diferentes, crescendo no mesmo tronco. Dizem que elas representam as três forças maiores do universo, a luz, o amor e o poder, sendo veneradas com grande devoção. Algumas vezes, Babaji foi visto realizando tarefas simples, como qualquer trabalhador, tanto que em 1914 foi convocado para ajudar na construção de um quartel militar, em Ranibag. O ministro da educação na época, percebeu um dos trabalhadores sorrindo para ele e não gostou da intimidade, tanto que instruiu seu secretário a dizer que o rapaz sofreria um castigo por seu comportamento. Quando Babaji foi informado da punição, disse que estava sorrindo porque o sino do templo de Badrinath havia caído e as pessoas estavam tentando, sem êxito, colocá-lo no lugar. O ministro ficou ainda mais irritado e jurou que o castigo seria muito severo se sua história fosse uma mentira. Enviando um telegrama à distante Badrinath, recebeu a resposta de que o sino realmente havia caído e estavam tentando colocá-lo de volta. O incidente teve um efeito tão intenso, que o secretário mudou totalmente sua vida, abandonando o comportamento egoísta e se tornando um humilde devoto.

Paramahansa Yogananda auxiliou um artista a desenhar uma imagem de Babaji em posição de meditação. Desde então, muitas fotos e ilustrações surgiram, tiradas por diferentes pessoas em várias ocasiões, supostamente mostrando o misterioso guru. Para os devotos, no entanto, o que realmente importa é a missão do Mahavatar entre nós, atuando e transmitindo mensagens importantes em momentos significativos da história, ajudando a Terra a se tornar um lugar melhor.

Seus devotos comentam que Babaji costuma atender a todos os pedidos daqueles que nele confiam, desde que estejam de acordo com o propósito divino.

Os ensinamentos de Babaji:

"Quando a mente se volta para dentro, ela se torna o eu, quando ela se volta para fora, se torna o ego."

"O primeiro e maior problema do ser humano é o ego negativo. Resolva esse problema e consequentemente, todos os outros se resolverão."

"Se quisermos ser livres, precisamos aprender a amar e a perdoar em todas as circunstâncias. Não devemos guardar ressentimento de ninguém. Quando alcançamos a realização vemos todas as pessoas como manifestações de Deus. Trabalho e meditação andam juntos. Devemos nos esforçar física, psicológica e espiritualmente para chegarmos ao equilíbrio."

Paramahansa Yogananda

Yogananda é uma das almas mais encantadoras do nosso tempo. Puro, angelical e extremamente dedicado, abdicou de sua vida na Índia e veio para a América introduzir os conceitos da Kryia Yoga no Ocidente. Seu livro *Autobiografia de um Yogue* é um clássico da literatura espiritual, um livro iniciático, que traz curas profundas a quem o lê. Quando o li pela primeira vez, muitas situações de bênçãos e prosperidade chegaram até minha vida. Acredito que quem quiser desenvolver um caminho de luz, baseado no universalismo e na liberdade espiritual, poderia experimentar essa leitura magnífica.

Mukunda Lal Gosh nasceu no dia 5 de janeiro de 1893, em Gorakhpur, no nordeste da Índia, perto das montanhas do Himalaia. De família pertencente à casta dos Kshatrias (guerreiros), e seguidor dos ensinamentos de Babaji, através do guru Lahiri Mahasaya, Yogananda foi um grande yogue. Certa vez, o Mestre Mahasaya disse à mãe de Yogananda:

"Teu filho será um grande iogue, tal qual uma locomotiva espiritual que conduzirá muitas almas à Iluminação."

Dentro de sua família, existia muita harmonia e amor. Sua mãe centrava a educação dos filhos nos ensinamentos do Mahabharata, e Yogananda, já desde pequeno, tinha muito vivas suas lembranças de vidas passadas no Himalaia, quando vivia juntos aos sábios iogues. Sentindo que era pré-destinado ao serviço devocional, desde cedo praticava meditação, com a intenção de receber as bênçãos da Mãe Divina.

Certa vez, na ocasião das festividades de casamento do seu irmão, quando tinha onze anos, Yogananda viu de forma extrafísica, o falecimento de sua mãe, o que o deixou muito triste. A dor dessa perda o aproximou ainda mais das manifestações de Deus através da energia feminina. Certa vez, junto de Mahasaya, o grande iogue escutou a profecia de seu mentor que disse: *"Você fará uma viagem à América, com o propósito de divulgar a Kriya Ioga no Ocidente."*

Disposto a enfrentar seus desafios e fazer tudo o que fosse necessário para o cumprimento de sua missão, às vezes abandonava sua casa sem a permissão do pai e do irmão e ia visitar muitos santos hindus com o propósito de aprender e desenvolver-se espiritualmente.

Certa vez, quando adolescente, convenceu seus colegas de aula a fugirem de trem até o Himalaia para ficar frente a frente com alguns sábios que lá estavam. É uma narrativa muito engraçada em seu livro, que retrata um adolescente sagaz, um tanto atrapalhado e que faria qualquer coisa para cumprir com seus objetivos. Ao saber das pretensões de Yogananda, seu irmão mais velho, Ananta, preocupado com os ataques de tigres famintos nas cavernas do Himalaia, o persegue e impede que ele chegue ao seu destino. Talvez isso tenha servido de fermento para seu caminho espiritual.

Enquanto muitos iogues contemplam a renúncia e a não ação como forma de frear a roda do karma, permanecendo uma vida inteira em meditação, Yogananda muito agiu para que nós, ocidentais, pudéssemos conhecer as maravilhas da Índia e do Dharma.

Em sua busca, o mestre conviveu com muitos seres iluminados da época e foi testemunha das mais incríveis manifestações, desde santos hindus que levitavam, até os que manifestavam perfumes de flores com o poder da mente, através da alquimia e meditação.

Anos mais tarde, muito determinado em sua busca pelo mestre pessoal, Mukunda e Sri Yukteswar reconheceram-se mutuamente e, nessa ocasião, o guru exclamou: *"Quantos anos esperei por você!"* Desse momento em diante, iniciou-se a vida monástica de Yogananda, no eremitério, que ficava próximo a Calcutá. Lá viveu por dez anos, sem abandonar seus estudos, formando-se, mais tarde, bacharel em artes, pela Universidade de Calcutá. Durante esse período, Yukteswar ajudou na lapidação de sua alma e seu caráter para o trabalho que iria realizar no Ocidente.

Em 1914, foi iniciado na Ordem Monástica, tendo o privilégio de escolher seu nome iniciático: Yogananda, que significa "Beatitude, ou Dedicação pela união com Deus".

Já, em 1917, Yogananda fundou uma escola para meninos, a Yogoda Satsanga Brahmacharya Vidyalaya, que unia modernos métodos educacionais com yoga e meditação, combinados com instruções e treinamentos para se viver uma vida feliz e em comunhão com o espírito. Alguns anos mais tarde, Mahatma Ghandi manifestou seu profundo respeito pela escola, mostrando-se impressionado.

Em 1920, com 27 anos, o Swami recebeu um convite para viajar ao Ocidente, para representar a Índia num congresso internacional de líderes religiosos, em Boston, nos Estados Unidos. Por não falar inglês fluentemente, Yogananda foi consultar seu guru e o mesmo respondeu: *"Todas as portas estarão abertas para você, é agora ou nunca!"*.

Mesmo assim, ele se pôs a orar fervorosamente, pedindo um sinal do caminho a ser seguido. Então, nesse momento, alguém bateu à porta. Era Babaji, que disse:

"Sim, sou eu, Babaji. Nosso Pai Celestial ouviu tuas preces e mandou dizer-te para seguir as ordens do teu guru e ir aos Estados Unidos. Não tenhas medo, pois serás protegido. Tu foste o escolhido para difundir a mensagem da Kriya Yoga no ocidente. Há muito tempo encontrei teu guru, Yukteswar e lhe disse então que te enviaria a ele para receber treinamento."

Era o que precisava para embarcar. Chegando aos Estados Unidos, seu discurso foi tão brilhante, que Yogananda foi convidado para proferir uma série de palestras sobre "A Ciência da Religião", tema sobre o qual palestrou entusiasmando a todos os presentes. Alguns meses depois, fundou a Self-Realization Fellowship – Fraternidade da Autorrealização –, com o objetivo de semear os conhecimentos da Kriya Yoga para todo o mundo. Essa instituição, sediada em Los Angeles, é a central espiritual e administrativa do trabalho de Yogananda até os dias de hoje.

Na década seguinte, seguiu palestrando nas maiores cidades por todo o país, chegando a lotar auditórios de três mil lugares, como o Carnegie Hall, em Nova Iorque, deixando muitas pessoas de fora, uma hora antes do evento. Sua postura universalista enfatizava a unidade e comunhão entre todas as filosofias religiosas do mundo, ensinando meios muito práticos para se obter um contato direto com Deus, sem "atravessadores". Aqueles que queriam aprofundar-se na espiritualidade, eram iniciados por Yogananda na Kriya Yoga, uma ciência espiritual desenvolvida na Índia há milênios, revivida na época moderna pela linhagem de mestres discípulos de Babaji, como Lahiri Mahasaya e Yukteswar, ao qual Yogananda pertencia.

Dentre seus seguidores, destacavam-se figuras de todas as áreas, entre elas, pessoas muito importantes, como Luther Burbank, Amelita Galli-Curci, George Eastman, Edwin Markham e Leopold Stokowski.

Em 1927, Yogananda foi recebido pelo presidente dos Estados Unidos, Calvin Coolidge, na Casa Branca, pois ele havia se interessado por seus feitos que, seguidamente, eram manchetes em jornais norte-americanos.

Aos 42 anos, em 1935, Yogananda partiu para uma viagem de 18 meses pela Índia e pela Europa, reunindo-se com Teresa Neumann, que possuía em sua pele as chagas de Cristo, revividas todas as sextas-feiras, e com o Mahatma Ghandi, que lhe pediu para ser iniciado na Kriya Yoga, e por quem desenvolveu grande amizade e respeito. Nesse mesmo ano, seu guru lhe concedeu o título espiritual mais elevado de toda a Índia: Paramahansa, que, traduzido literalmente, significa "Supremo Cisne".

Na Índia, o cisne é aquele que manifesta o estado maior de ligação com Deus e está vinculado diretamente a Brahma. Com esse novo título, podemos traduzir Paramahansa Yogananda como, *"O Supremo Cisne que através da Kriya Yoga traz bem aventurança ao mundo"*.

Após a viagem, o mestre retornou a Los Angeles para recolher-se e diminuir suas atividades externas com palestras e seminários, com um objetivo: escrever seus livros que ficariam para a posteridade. O mais famoso deles, o magnífico *Autobiografia de um Yogue*, foi publicado pela primeira vez em 1946 e, desde então, tornou-se um grande clássico da espiritualidade, sendo traduzido para muitos idiomas.

Sentindo que sua missão estava para ser concluída, Yogananda começou a se preparar para seu mahasamadhi[19], que aconteceria em 7 de março de 1952. Num banquete em homenagem ao embaixador da Índia, depois de um inspirado discurso e após recitar o poema "Minha Índia", o mestre ergueu seus olhos para o ponto entre as sobrancelhas e abandonou o corpo, entrando em mahasamadhi – última vez em que um yogue se projeta para fora do corpo, de forma consciente. Uma hora antes, uma fotografia

---

[19] Mahasamadhi: última vez em que o yogue deixa seu corpo físico, de forma consciente. A passagem para o Plano Superior atingindo a iluminação.

tinha sido feita. Essa fotografia, conhecida como "The Last Smile", pode ser encontrada facilmente nos livros e na internet.

Seu corpo ficou um mês sendo velado para que seus seguidores indianos pudessem participar das cerimônias de despedida. Vinte dias após sua morte, o corpo permanecia perfeito, sem nenhum sinal de decomposição, emanando aroma de rosas e com um leve sorriso, revelando todo o poder da Kriya Yoga.

Em 1977, no aniversário de 25 anos de sua passagem, o governo indiano elaborou um lindo selo comemorativo, honrando a história de Yogananda e sua devoção à espiritualidade. Juntamente com o selo foi publicado um folheto que dizia o seguinte texto:

"Os ideais do amor por Deus e de serviço à humanidade manifestaram-se plenamente na vida de Paramahansa Yogananda. Embora tenha passado a maior parte de sua vida fora da Índia, seu lugar é entre nossos grandes santos. Sua obra continua a crescer e a luzir cada vez mais, sempre com maior brilho, levando pessoas de todos os recantos para o caminho da peregrinação em busca do Espírito."

Palavras do Mestre Yogananda:

"O homem está empenhado na busca eterna de um 'algo mais' que ele espera que lhe traga felicidade, total e eterna. Para as almas individuais que procuraram e encontraram Deus, essa busca terminou. Deus é esse algo mais."

"A Kriya é uma ciência antiga. Lahiri Mahasaya recebeu-a de seu grande guru, Babaji, que redescobriu e esclareceu a técnica depois das Idades das trevas, época em que esteve perdida. Babaji batizou-a novamente, simplesmente de Kriya Yoga".

"Disse Babaji a Lahiri Mahasaya: A Kriya Yoga que estou transmitindo ao mundo por seu intermédio nesse século XIX é a revivescência da mesma ciência que Krishna deu à Arjuna; e que mais tarde foi conhecida por Patânjali e por Cristo, e por São João, São Paulo e outros discípulos. Duas vezes, o Senhor Krishna, o maior profeta da Índia, refere-se a Kriya Yoga no Baghavad Gita. Um dos versículos diz: 'Oferecendo o alento que se inala ao alento que se exala e oferecendo o alento que se exala ao alento que se inala, o iogue neutraliza ambos os alentos; assim, libera o prana do coração e coloca a força vital sob controle'. A interpretação é a seguinte: o iogue detém a degeneração

do corpo, garantindo um suprimento adicional de prana (energia vital) ao acalmar a ação dos pulmões e do coração; ele também detém as mutações do crescimento no corpo, pelo controle de apana (corrente eliminadora). Deste modo, neutralizando o crescimento e a degeneração, o iogue aprende o controle da força vital."

" Nos estados iniciais de comunhão com Deus (sabikalpa samadhi), a consciência do devoto funde-se com o Espírito Cósmico. A força vital é retirada do corpo, que parece morto, ou imóvel e rígido. O iogue possui plena consciência de seu estado físico de animação suspensa. Todavia, à medida que progride para estados espirituais mais elevados (nirbikalpa samadhi), comunga com Deus sem a imobilidade física; e o faz em sua consciência normal de vigília, até em meio a desgastantes deveres mundanos. 'Sri Yukteswar explicava que Os antigos iogues descobriram que o segredo da consciência cósmica está intimamente ligado ao domínio da respiração. Esta é a contribuição ímpar e imortal da Índia ao tesouro do conhecimento mundial. A força vital, que normalmente se dedica a manter a pulsação cardíaca, deve ser libertada para atividades superiores por meio de um método que acalme e detenha as demandas incessantes da respiração'. A Kriya Yoga é um instrumento que pode acelerar a evolução humana."

" O Kriya Yogi dirige mentalmente sua energia vital para cima e para baixo, em torno dos seis centros espinhais (plexos medular, cervical, dorsal, lombar, sacro e coccígeo), correspondentes aos doze signos astrais do Zodíaco, o Homem Cósmico Simbólico. Meio minuto de revolução da energia ao redor da sensível medula espinhal efetua progressos sutis na evolução do homem. O meio minuto de kriya equivale a um ano de desenvolvimento espiritual natural".

" O sistema astral de um ser humano, com seis constelações internas (doze, por polaridade) girando em torno do sol do olho espiritual onisciente, está inter-relacionado com o Sol físico e com os doze signos do Zodíaco. Todos os homens são assim afetados por um universo externo e outro interno. Os antigos sábios hindus descobriram que o ambiente terreno e celeste do homem, numa série de ciclos de doze anos, impulsiona-o adiante em sua senda natural. As Escrituras asseveram que o homem requer um milhão de anos de evolução normal, sem doenças, para aperfeiçoar seu cérebro e atingir a consciência cósmica. Mil kriyas, praticadas em oito horas e meia, dão ao iogue, em um dia, o equivalente a mil anos de evolução natural: 365 mil anos de evolução em um ano. Em três anos, o kriya yogi pode assim alcançar, por meio do autoesforço inteligente, o mesmo

resultado que a Natureza faz acontecer em um milhão de anos. Sem dúvida, o atalho da kriya só pode ser trilhado por iogues profundamente desenvolvidos. Com a orientação de um guru, tais iogues preparam cuidadosamente seu corpo e cérebro para suportar a força gerada pela prática intensiva. O principiante em kriya pratica esta técnica apenas de catorze a vinte e quatro vezes, duas vezes ao dia, Alguns iogues obtêm a emancipação em seis, doze, vinte e quatro, ou quarenta e oito anos. Um iogue que morre antes de atingir a completa realização, leva consigo o bom carma de seu esforço passado em kriya: na vida seguinte é impelido ao Objetivo Infinito."

Ramakrishna e o êxtase divino

Sri Ramakrishna foi um dos grandes santos indianos que viveu no século XIX (de 1836 até 1886), contemplando em êxtase a energia de Deus.

Seus seguidores eram universalistas, pois o Mestre assumiu uma postura firme contra os ideais rígidos e radicais das filosofias religiosas, acreditando que para buscar nossa natureza divina deveríamos estar apenas em sincronicidade com o universo, vivendo com amor e harmonia.

Dos grandes avatares que nasceram na Índia, Sri Ramakrishna é um dos mais admirados pelo povo indiano pela sabedoria e universalidade que sua mensagem propõe. Ele viveu cinquenta anos de inteira dedicação ao serviço espiritual, propondo uma era de paz e união entre os povos, culturas e religiões e não a separação que vemos até os dias de hoje.

O Mestre dizia que *"Muitos são os nomes de Deus e infinitas são as formas pelas quais podemos nos aproximar Dele. A forma e o nome que você escolher para adorá-Lo, através deles, você O encontrará".*

Já aos seis anos de idade, Ramakrishna experimentou o primeiro êxtase contemplativo diante da natureza, quando admirava um bando de pássaros voando no céu.

Quando adulto, os estados de êxtase continuaram manifestando-se, tanto que o Mestre experimentava situações em que se conectava diretamente ao Espírito de Deus. Em diversos momentos Ramakrishna refere que, ao meditar, as portas e janelas dos templos desapareciam e ele se via mergulhado no oceano espiritual da criação.

As visões foram acontecendo mais frequentemente e certa vez o mestre parou de respirar, perdendo a consciência. Ele diz: *"Não sei como passei aquele dia e o seguinte. Dentro de mim, movia-se um oceano de alegria indescritível, e a presença da Mãe Divina"*.

Os mergulhos conscienciais nesse oceano divino tornaram-se tão constantes que Ramakrishna chegou a pensar que estivesse enlouquecendo. O Mestre percorreu vários caminhos na companhia de diversos gurus para que pudesse atingir a absoluta realização de Deus em todos os aspectos. Sobre seu caminho espiritual, o próprio Ramakrishna diz que rapidamente conseguiu libertar sua mente de qualquer aprisionamento material, com exceção de uma forma: a Mãe Divina, que lhe trazia êxtase absoluto. Porém seu professor, Totapuri, exigia que a mente fosse libertada inclusive das formas, por mais divinas que se apresentassem. Ramakrishna conseguiu libertar sua mente completamente e atingir o estado absoluto após muitos exercícios, indo além, ao plano das coisas incondicionadas.

Seus êxtases eram, muitas vezes, incontrolados. Em algumas ocasiões, enquanto conversava com discípulos, o simples fato de pronunciar um dos nomes de Deus, lançava-o ao estado de suprema bem-aventurança, e começava a cantar e dançar como se não mais fizesse parte deste mundo – o que levou muitos a chamá-lo de "O Louco de Deus". Vários médicos chegaram a examiná-lo em estado de superconsciência, constatando que seu coração e pulmões haviam parado de funcionar completamente. Então, um discípulo cantava um mantra em seu ouvido e o mestre reassumia sua consciência mundana. Em certas ocasiões, Ramakrishna tentou descrever o que sentia quando a energia kundalini subia através de cada um de seus chakras, mas suas descrições jamais ultrapassaram o chakra laríngeo. Quando a kundalini chegava ao centro de força entre suas sobrancelhas, mergulhava na energia cósmica e não conseguia mais falar.

Ramakrsihna era tão universalista que assim se referia a Deus: *"Diferentes pessoas recorrem a Deus por diferentes nomes. Alguns usam Alá, outros Deus, outros Krishna, Shiva e Brahman. É como a água de um lago: alguns a bebem num local e a chamam de jal; outros, em outro lugar, chamam-na de pani; outros ainda, num terceiro local, chamam-na de água. Os hindus chamam de jal; os cristãos de água; e os muçulmanos de pani. Mas é tudo uma mesma coisa"*.

Essa ideia de Ramakrishna é advinda de sua participação em diversas filosofias religiosas. O Mestre experimentava várias formas de chegar ao mesmo Deus e conseguiu realizar isso através do hinduísmo, do islamismo, cristianismo, no budismo e na religião sikh. Depois dessas experiências voltou a seguir o hinduísmo, afirmando que mesmo que tenhamos disponíveis vários caminhos diferentes, devemos escolher um para trilhar, sob o risco de não conseguirmos chegar a lugar algum.

A mensagem que Ramakrishna nos deixa é a convivência harmoniosa entre todas as filosofias religiosas, pois cada ser humano encontra-se em um estágio evolutivo e possui livre-arbítrio para optar pelo caminho que mais lhe agrada para o encontro com Deus.

O grande iluminado tinha uma pequena sala no Templo Dakshineswar, nos subúrbios de Calcutá e, devido a sua postura universalista, o local tornou-se uma espécie de parlamento das religiões do planeta. Pessoas de todo o mundo iam até lá para lhe falar e voltavam abismadas com seu conhecimento, quando não totalmente modificadas em suas concepções ou em sua falta de fé.

Sri Ramakrishna deixou o corpo em 15 de agosto de 1886, e seu trabalho e busca continuam inspirando seguidores até os dias de hoje.

Curiosamente, seu primeiro discípulo foi Sarada Devi (1853-1920), a mulher que lhe havia sido prometida em casamento desde a infância, conforme o costume indiano da época. Ela se juntou a ele ao completar 18 anos, quando Ramakrishna já estava dedicado à busca espiritual, vivendo como monge. O principal discípulo de Ramakrishna foi Swami Vivekananda (1863-1902), considerado o porta-voz do Vedanta no mundo.

"Nasce em vão aquele que, tendo alcançado o nascimento humano, tão difícil de conseguir, não procura realizar Deus nessa mesma existência."

"O essencial é amar a Deus como a mãe ama o filho, a mulher casta ama o marido e o homem mundano ama sua riqueza. Junte essas três forças de amor, essas três forças de atração e ofereça o resultado a Deus. Então você certamente O verá."

"Não se pode realizar Deus quando há apego às coisas do mundo. Um fio não passa pelo buraco de uma agulha se uma única fibra, por minúscula que seja, oferece resistência."

"Cumpra todos os seus deveres, mas mantenha a mente em Deus. Viva com todos – com a mulher e os filhos, com o pai e a mãe, e sirva-os. Trate-os com todo o amor, mas saiba, no âmago do seu ser, que eles não lhe pertencem."

"Lembre-se de que o coração do devoto é a morada de Deus. Sem dúvida, Deus habita em todos os seres, mas Ele se manifesta especialmente no coração do devoto. O coração do devoto é a sala de visitas de Deus."

VIVEKANANDA

Swami Vivekananda, nasceu em 12 de janeiro de 1863, em Narendranath Dutta. Foi monge, iogue e filósofo hindu. É considerado um dos mais célebres e influentes líderes espirituais do hinduísmo moderno, sobretudo da filosofia Vedanta. Foi pioneiro em sua divulgação no Ocidente, e inspirador do movimento do espiritualismo universalista.

De mente extremamente lógica e racional, antes de tornar-se discípulo de Paramhansa Ramakrishna, Vivekananda o pôs a prova por cinco anos, duvidando dos poderes do Mestre.

Vivekananda buscava Deus de forma sincera e queria encontrar um Deus verdadeiro e não aquele Deus punitivo do Ocidente, ou imerso em fanatismo como no Oriente.

Um dia, Vivekananda perguntou a Ramakrishna se ele já havia visto Deus. E o Mestre respondeu: *"Sim, eu vi Deus. Eu O vejo como vejo você aqui; a diferença é que O vejo com mais nitidez. Podemos ver Deus; podemos falar com Ele. O problema todo, porém, é o que as pessoas querem com Deus. Elas derramam torrentes de lágrimas pelos seus cônjuges e filhos, pela riqueza e propriedade, mas quem chora por ter a visão de Deus? Se a pessoa chora sinceramente para ver Deus, ela seguramente O verá".*

Nesse momento, Vivekananda, ficando maravilhado, começou a abrir-se à sabedoria do Mestre Ramakrishna, tanto que começou a visitá-lo de vez em quando.

Numa dessas visitas, Ramakrishna tocou o corpo de Vivekananda, que entrou em samadhi instantaneamente e experimentou uma enorme sensação de êxtase. Ramakrishna dizia que Vivekananda havia alcançado a perfeição antes mesmo de nascer, e que o encontro deles na Terra já havia sido combinado muito tempo antes, no Plano Astral Superior. Depois dessas experiências, Vivekananda fundou a Ordem Ramakrishna e a organização monástica "Sri Ramakrishna Math".

Vivekananda era vinculado à escola brâmane "Vedanta Advaitista". Tal corrente de pensamento tem os Vedas como textos sagrados e enxergam a unicidade no Criador e na Criação.

Ídolo da juventude hindu do início do século XX, consagrou-se como defensor da tolerância religiosa, analista das questões sociais de sua época, propagador da filosofia Vedanta, assim como dos quatro principais ramos da Yoga: Karma Yoga, Bhakti Yoga, Jnana Yoga e Raja Yoga, além de inovador no esforço de examinar pontos de convergência do pensamento ocidental e oriental acerca de temas ligados à Ética e à espiritualidade.

Conquistou notoriedade na América do Norte a partir de 1893, em Chicago, EUA, ao proferir, na qualidade de representante do hinduísmo no Parlamento das Religiões, discurso marcado pela ausência de dogmas e pela apologia da coexistência fraterna entre religiões. Nesse momento, sacudiu o mundo com seus conceitos universalistas.

Suas obras e palestras se caracterizam pelo exame aprofundado acerca da importância da postura fraterna e solidária em pensamentos, sentimentos e ações, assim como pela convicção de que não se deve apregoar a prevalência de uma religião sobre a outra, nem se servir do discurso religioso para justificar ou incentivar atos de fanatismo e prepotência.

Para Vivekananda, a religião constitui instrumento de autoconhecimento e autossuperação e, para encontrar Deus, o ser humano deve ter discernimento e clareza consciencial diante de seus pensamentos, sentimentos e emoções.

Assistência anônima

No Livro *Karma Yoga: a educação da vontade*, Vivekananda considera que os maiores benfeitores da humanidade vivem e morrem no anonimato, sendo os grandes avatares que conhecemos – Budas e Cristos – expressões menores, comparados a esses heróis anônimos. Esse trecho de sua obra guarda ponto de convergência com o que mais de meio século depois defenderia Waldo Vieira em sua "teoria dos serenões", veiculada no âmbito da Conscienciologia e da Projeciologia, a vislumbrar, nos amparadores anônimos, os seres mais evoluídos do cosmos.

Vivekananda fez sua passagem para o Plano Superior em 4 de julho de 1902.

***

Algumas correntes filosóficas citam que ele esteja encarnado no Brasil, no momento atual (2008), já em sua fase adulta, desenvolvendo trabalhos dentro da espiritualidade universalista. Acredito ter estado junto dessa pessoa que, inclusive fisicamente, mostra muitos traços de Vivekananda, com sabedoria e inteligência semelhantes ao Grande Mestre.

Ensinamentos de Swami Vivekananda:

"Nunca discuta sobre religião. Todas as discussões ou desavenças relacionadas com religião simplesmente mostram que a espiritualidade está ausente. Os debates religiosos se dão sempre sobre a superfície, nunca sobre a essência. As discussões só começam quando a pureza, quando a espiritualidade desaparece, deixando a alma seca."

"Este é ponto essencial de toda devoção – ser puro e fazer o bem aos outros. Aquele que vê Shiva (Deus) no pobre, no fraco, no doente, adora Shiva realmente, mas é apenas incipiente a veneração daquele que vê Shiva só na estátua. Shiva fica mais satisfeito com quem ajuda e serve a um pobre vendo nele o próprio Shiva e sem pensar em sua casta, credo ou raça, do que com o homem que o vê somente na igreja ou nos templos."

"De que vale reconhecer em nossas orações que Deus é o Pai de todos nós e em nossa vida diária não tratarmos cada homem como nosso irmão?"

Parte III

As Manifestações da Mãe Divina

AS MANIFESTAÇÕES DA MÃE DIVINA

Muitos são os nomes da Grande Mãe: Maria, para os cristãos; Pacha Mama, para os Incas; Kuan Yin, para os orientais; Avalokiteshvara, para os zen-budistas; a Deusa, para os wiccas, isso sem mencionar as "Nossas Senhoras" que, em suas aparições, têm dezenas de nomes diferentes, como "Nossa Senhora de Fátima" ou "Nossa Senhora dos Navegantes".

O que a maioria de nós não percebe é que qualquer um desses nomes invoca a energia da Mãe, a polaridade Yin universal, a energia criadora, que dá colo e conforta.

Que acalenta e alimenta.

Que nos cerca com seus braços.

Que nos provê alimento.

Que nos ajuda e nos indica o caminho.

Essa é a energia da mãe.

Da Mãe Terra, nossa mãe natureza! É da Terra que extraímos nossa sobrevivência, nosso alimento e a energia que nos dá poder para enfrentar os desafios cotidianos. Essa Mãe é divina e piedosa, capaz de nos abrigar e confortar diante das maiores dificuldades.

***

Todos nós, filhos jovens e desatentos, só pensando em brincar, iludidos com nossos afazeres, muitas vezes nem prestamos atenção naquela que nos abriga e sustenta. Muitas vezes não dispomos de cinco minutos para contemplar sua beleza e sua força, agradecer e interagir com sua divindade. E, quando essa mãe nos impõe alguns limites com sua sabedoria, reclamamos. Assim como a mãe possui delicadeza para nos conduzir e amar, ela possui muita força para nos repreender. Esses limites nos são impostos muitas vezes através de cataclismas, enchentes, secas e outras respostas que a mãe Terra têm nos enviado de tempos em tempos, chamando-nos a atenção quando somos muito agressivos.

São sinais de doença e exaustão, de quem não está aguentando tanta agressão. De quem precisa de socorro imediato.

Se existe um aquecimento global, isso se deve ao nosso psiquismo denso, às nossas emoções desequilibradas que incendeiam nosso plexo solar[20], tornando nossas emoções incandescentes, toda a raiva, medo, mágoa e tristeza que paira pelo ar no planeta, a ponto de derreter geleiras. Essas emoções desenfreadas nos tornam seres infantis, de alma principiante, diríamos até primitiva, no sentido de levar-nos ao consumismo, ao ter, ao poder, ao comprar, à geração de tanto lixo, do comer mais que o necessário, à devastação desenfreada dos recursos naturais, à mídia formadora de opinião, que nos leva ao conhecimento pronto. E não deveria existir um conhecimento pronto, enlatado, industrializado, determinista. Não é porque saiu no jornal, que ali a verdade está. Não é porque o repórter falou na TV, que algo é...

O que é unicamente verdadeiro e real são as certezas que residem no interior de cada um. E é justamente para medir o que é bom ou ruim, o que é certo e errado, o que é verdadeiro ou não que fomos presenteados com dois mecanismos avançadíssimos: as emoções e a consciência. Elas são nossas bússolas internas para que possamos saber a direção correta, são nosso norte. Porém, é um pouco difícil escutar e discernir num mundo tão barulhento. Um dia, esse elo e esse respeito pela energia feminina se perderam e nos tornamos escravos de nosso próprio ego, dos nossos desejos e do materialismo.

A tranquilidade, a quietude, a não ação e o contato com nossa grande mãe natureza nos trazem de volta ao eixo divino e a nossa luz interna, que é o farol guia nos dias mais difíceis.

As mães humanas são como partículas da grande mãe. Acreditamos que a maternidade seja como um ritual iniciático na vida da mulher. Todo o período de gestação, de preparação do corpo, a mudança dos hormônios,

---

[20] Plexo Solar: Centro de energia (chacra) localizado na região abdominal.

as curiosidades e comemorações acerca de quem está por vir, são como a mãe Terra, que se preparou durante milhões de anos para receber a humanidade. Ela nos dá tudo aquilo que precisamos, é bondosa e amável. E o que lhe damos em troca? Agressão... Devastação... Desdém...

Durante esses anos trabalhando como terapeuta, foi se desenvolvendo em mim uma aptidão natural de atendimento com as crianças e suas mães, trabalhando os conflitos nos relacionamentos e laços de vidas passadas. Os olhos das mães, ao chegar ao consultório, são sempre os mesmos: de preocupação, de aflição e de muito, muito amor. A preocupação é sempre a mesma: será que foi culpa minha? Qual a minha participação no problema do meu filho? Ele tem cura? O que posso mudar para que ele seja melhor?

Normalmente, as crianças não têm problema algum, pois trazem consigo a personalidade congênita, onde as inferioridades e emoções que precisam curar já vêm com suas tendências e principais nuances definidas. Muitos sentimentos, emoções e até doenças foram adquiridas em vidas passadas e os pais, por não considerarem essa hipótese, sentem-se extremamente culpados por tudo o que os filhos sentem.

Na maioria das vezes, os pais é quem têm problemas.

Na busca da perfeição, talvez por excesso de amor e cuidados, os pais geram uma energia de preocupação e medo tão grande, que a criança capta essa energia; existindo normalmente dois caminhos: as crianças mais espertas utilizam essas situações para conseguirem tudo o que querem e as mais sábias e inocentes ou se compadecem dos pais ou ficam doentes. A conversa é quase sempre a mesma: não existem culpados ou vilões. Crianças são espíritos e vieram à Terra para que pudessem aprender. As situações vão acontecer, os pais estando presentes na hora do acontecimento ou não. Cada espírito precisa evoluir, cumprir seu carma e viver sua vida. Se uma criança tiver que torcer o pé ou pegar uma gripe, ela vai se gripar, mesmo estando bem agasalhada. Muitas vezes o que observo é que, em vez de brincar com os filhos e aproveitar uma fase de tanto afeto e aprendizado, a maioria dos pais se culpam – principalmente as mães –, porque queriam ser melhores. Não entendem que justamente essa aflição, angústia e preocupação é uma energia que traz a doença ao filho.

Que um filho deve ser amado e cuidado? Não há a menor dúvida! Quando se assume o compromisso de ser pai ou mãe, não é uma brincadeira de bonecas, mas o ensinamento de um espírito que Deus confiou aos seus cuidados. Porém isso deve ser leve, natural e muito, muito divertido. Muitas vezes não há como prever o que vai acontecer, pois o futuro depende de infinitas possibilidades. E tudo é impermanente, tudo é cíclico. Faça o melhor que puder e com amor, aproveite os momentos junto ao seu filho sem torturar-se achando que podia ser melhor. Pergunte a uma criança se ela prefere brinquedos importados ou os pais mais presentes na vida dela. Você já sabe qual é a resposta, não é mesmo?

Se você tem curiosidade de saber como se trata uma criança de maneira sábia, aprenda com os povos nativos antigos, ou com os índios. Tenho estudado esse assunto já há algum tempo e fico cada vez mais encantada com a maneira sábia e com o respeito que se dá aos pequenos. Eles são deixados à vontade, na natureza, jamais escutam a palavra não, nunca recebem conhecimento pronto, não são obrigados a nada e vão construindo seu caráter e desenvolvendo aptidões naturais que determinam sua posição dentro da tribo. Isso tudo através da experimentação, vivendo as situações, que lhes são plenamente permitidas. Alguns têm aptidão para a função de guerreiro, outros para a caça, alguns para xamã e outros para cacique.

Caro leitor, não concordo com determinismos nem dogmas e sou a favor da evolução tecnológica, mas também defensora da evolução do espírito e do discernimento humano. Não estou dizendo aqui que teremos de voltar a morar em aldeias ou criar os filhos como os aborígenes australianos, nada disso... Estou apenas sugerindo que você pense mais sobre a vida e encontre um ponto de equilíbrio em tudo isso!

Deixaram você livre desde criança para que descobrisse naturalmente suas aptidões para ciências humanas, exatas, para a saúde ou para o direito? Ou seus pais lhe diziam: "Não seja professor porque isso não dá dinheiro? Ser jogador de futebol é muito difícil...". Ou talvez aquela frase: "...ah, isso não, isso aí não é legal...".

Então, se hoje você tem um filho, pense no que você está passando para ele e, se pretende ter, pense também... Lembre-se que a maioria das nossas preocupações são acerca daquilo que nunca poderemos controlar. Se não podemos controlar, para que se preocupar?

Deixo aqui uma sugestão: em vez de se preocupar tanto, aja com muito "parjna". "Parjna" é uma palavra do idioma sânscrito que significa "sabedoria para amar". Amor verdadeiro é aquele que ensina, que prevê evolução espiritual, que deixa a energia fluir, mesmo que isso traga consequências desagradáveis, pois é nesses casos que o aprendizado vem mais forte e jamais é esquecido. Muitas vezes, o crescimento só é possível através do sofrimento e da dor. Entender a dor e o momento evolutivo do outro é a maior demonstração de carinho e amor puro.

As crianças da Nova Era

Os maiores aprendizados de minha vida obtive na sala do consultório. É ali, olho no olho, frente a frente que nós, terapeutas, conseguimos mergulhar no maravilhoso universo de cada ser humano. Cada espírito é um mundo de possibilidades, de situações magníficas, de mistérios e surpresas. É uma delícia poder participar dessa aventura que é a vida, partilhar das experiências de cada consultante e também de conhecer e aprender. No consultório, fui presenteada com grandes amizades, principalmente por parte das crianças. No olhar doce, compassivo e no espírito evoluído de cada uma, descobri respostas para muitos questionamentos. Existe uma menina em especial, de dez anos, que sempre vinha consultar porque a família dela toda estava em tratamento, e claro, ela não poderia ficar de fora, pois a mãe acreditava que todos deviam tratar-se. Era a caçula, muito estável emocionalmente e com olhos que me lembravam os monges tibetanos de outrora. Espírito antiquíssimo, elevado, altivo. Expressão curiosa e desafiadora que me testava nas primeiras consultas. Na verdade, nem poderia chamar de consultas, pois parecíamos velhas amigas falando sobre a evolução espiritual da humanidade. Assuntos como vidas passadas, reencarnação e escrituras hindus já não eram novidade. Ela sabia. Sentia com o coração. Para ela, uma verdade!

E dentre suas principais inquietações sobre o mundo e sobre a vida, uma não saía de sua cabeça, então certo dia ela questionou:

— *Será que os professores vão dar aula de forma mecânica porque não gostam do que fazem? Será que eles vão trabalhar somente pelo dinheiro? Por que eles parecem uns robôs? E quando fazemos perguntas que os desafiam, por que reagem com tanta violência? Será que eles nos detestam tanto assim? Se não estão felizes dando aula, então por que não procuram outro trabalho? Será que eles ainda não encontraram a missão da alma?*

Essas eram as dúvidas que intrigavam aquela jovem mente numa tarde de quarta-feira, em meu consultório. Essa conversa surgiu porque ela, interessadíssima no budismo e outras filosofias da Antiguidade, esperava ansiosamente por essa aula dentro da matéria de Ensino Religioso em sua escola. Quando o dia chegou, o professor foi relatando que Budha (Sidarta Gautama), chegou a meditar por trinta dias seguidos, alimentando-se das gotas de orvalho que caíam das árvores e comendo larvas que estavam ao seu redor. Com essa explanação, ela imediatamente perguntou ao professor: então por que o Buda era gordo, por que ele aparece assim em alguns lugares e imagens? Como alguém que não come ou bebe por trinta dias pode ser gordo? E o professor perdeu-se, não sabendo responder.

Então ela mesma me disse, com suas palavras, que estava triste com a falta de profundidade do professor, de ele não saber responder algo tão simples. É como se ele estivesse dando aula de forma mecânica, só pedindo para decorar textos e palavras vazias para passar de ano, de forma superficial. A menina disse que não estudava só para passar de ano e que estudava porque gostava de pensar!

Em um momento desses, o professor responde com violência ou agressividade porque se sente desafiado por alguém bem menor e mais frágil, mas que raciocina com uma cabeça bem diferente daquelas educadas em uma época repressiva e militar, onde tínhamos que, obrigatoriamente, concordar com tudo de cabeça baixa. Os professores eram autoridades severas e punitivas, como o exército da época, ou como o Deus judaico-cristão que conhecemos tão bem aqui no Ocidente. Inclusive lembro de meus pais me dizendo: – "Obedeça à professora, comporte-se na aula. Se você não se comportar, Deus vai lhe castigar". Uma criança pequena acaba entendendo que é obrigada a concordar com tudo, para não ser castigada.

Mas, felizmente, as coisas mudaram!!!

O ensino tradicional não desperta mais o interesse das crianças. Uma criança que possui a tecnologia da informática em sua casa não pode interessar-se por esquemas engessados e retrógrados, por uma simples questão: tudo evolui, e o ensino precisa evoluir!

É dentro das escolas que está presente o futuro da humanidade e é lá que devem ser desenvolvidos trabalhos integrativos que unam mente, corpo, emoção e espírito. Assim como existe a educação física, deveria existir a educação espiritual, de forma universalista e holística, profunda e abrangente, proporcionando às crianças uma compreensão acerca de sua energia, da anatomia sutil e mostrando que pensamentos, sentimentos e emoções densas levam ao desequilíbrio e, em seguida, à doença. Sonho com um tempo em que as aulas aqui no Plano Terra sejam parecidas às aulas do Astral Superior, onde os espíritos jovens aprendem os assuntos que realmente são essenciais: aqueles que tratam da evolução da essência. Obviamente que o conhecimento científico é de extrema importância, mas nunca sozinho e sim equilibrado com o conhecimento espiritual, porque conhecimento sozinho não gera sabedoria. A sabedoria vem do espírito e da profundidade. Temas profundos não cabem em mentes bloqueadas!

É notável um movimento dos professores e pais em busca da espiritualização, tanto que nos cursos de terapias vibracionais, Reiki, Radiestesia, Cromoterapia, Yoga etc. o número de interessados vem aumentando cada vez mais, mas é algo que se move ainda muito devagar, visto a necessidade em que o mundo se apresenta.

Precisamos multiplicar os pontos de luz em nosso Planeta.

Em alguns momentos vejo pais e professores desesperados e despreparados para sanar tantos questionamentos dos filhos e alunos. Outro dia uma menina pré-adolescente mencionou comigo que achava sua religião meio "infantil". Ela, recentemente, tinha passado por uma iniciação em sua religião, mas sentia que estava faltando algo. Tudo aquilo que ela aprendera em dois anos, pareceu pouco para seu espírito. Ela precisava de "mais", então comentou comigo:

— *Olha, lá dizem que é pecado seguir duas filosofias ao mesmo tempo, mas sinto vontade de ler outras coisas, experimentar.*

Então eu disse a ela:

— *Viva a experiência!*

O próprio Allan Kardec menciona, no *Livro dos Espíritos*, que um espírito jamais evolui sem experienciar. O experimento é necessário para que tenhamos parâmetros para decidir, e nenhum ser pode ser considerado um "pecador" por ter achado uma filosofia "infantil" e ir em busca de uma outra que alimente e satisfaça seu espírito.

Nossas crianças não estão à frente. Nós é que ficamos para trás!!!

As crianças sempre trazem as perguntas mais incríveis e encantadoras, porque para elas todos os sonhos são possíveis, não existindo limites.

Elas amam o Reiki.

Amam a energia.

Amam as terapias vibracionais.

Amam os mestres e seres de luz e detestam os dogmas. Detestam tudo que as aprisione, que tome delas aquilo que mais valorizam: a liberdade. As crianças da Nova Era não concordam com as religiões, contemplam a religiosidade, com a espiritualidade e a simplicidade de Deus.

Peço todos os dias em minhas orações para que eu seja exatamente como elas: que minha religião seja meu coração, que meu Deus seja o voo da borboleta, que meu dogma seja o amor, que minha ascensão se dê pela alegria e pela pureza, que minha arma seja a compaixão, que meu anjo seja o meu melhor amigo e que minha paz seja um estado de consciência tão forte e inabalável quanto meus sonhos!

Kuan Yin – A Mãe do Oriente

Existem muitas lendas a respeito de Kuan Yin, todas com grandes lições compassivas e misericordiosas. De acordo com escrituras sagradas encontradas no Oriente, acredita-se que a Mestra Kuan Yin tenha vivido aproximadamente no ano 700 a.C., no norte da China. Para compartilhar com você, caro leitor, selecionamos as duas histórias que mais se aproximam da verdade que reside em nosso coração...

Diz a lenda que o pai de Kuan Yin, o imperador Miao Chuang, desejava muito ter um filho homem para lhe suceder no trono de uma província no Oriente. Porém, devido ao seu carma e à tirania de sua alma que apreciava as guerras e a morte de milhares de pessoas, seu pedido foi negado e sua esposa, Pao-Yin, deu a luz a três filhas mulheres, das quais Kuan Yin era a mais jovem. Antes de Kuan Yin nascer, sua mãe sonhou que havia engolido a lua. No dia do nascimento, a Terra estremeceu e um agradável perfume de flores celestes foi liberado no ar de todo o reino. A menina nasceu com o corpo envolto em nuvens multicoloridas, o que no oriente significa que um ser de alma pura e límpida havia nascido. Com o nascimento de mais uma menina, o rei enfureceu-se, pois já estava chegando à meia-idade e sentia que se aproximava o fim de sua dinastia, pois não havia um filho homem que o sucedesse. Então seu ministro Chao Chên sugeriu que o imperador casasse suas filhas e nomeasse um dos genros como seu substituto. Um dia, quando brincava no jardim com suas irmãs, Kuan Yin disse a seguinte frase a elas:

"Riquezas e glórias são como a chuva na primavera, ou como o orvalho pela manhã: duram apenas pouco tempo, e logo passam. Reis e imperadores pensam em desfrutar até o final da boa fortuna que os coloca em um nível separado dos demais seres humanos; mas a enfermidade os faz descansar em seus caixões, e tudo se acaba. Onde estão agora todas as poderosas dinastias que estabeleceram a lei do mundo? Com relação a mim, desejo nada mais do que um retiro pacífico em uma montanha isolada, na tentativa de atingir a perfeição. Se algum dia conseguir alcançar um grau elevado de bondade, então, carregada nas nuvens do céu, viajarei por todo o universo, passando do Oriente ao Ocidente, em um piscar de olhos. Resgatarei meu pai e minha mãe, e os levarei ao céu, salvarei os miseráveis e aflitos da Terra, converterei os Espíritos que praticam o mal, e os farei praticar o bem. Essa é a minha única ambição."

Mas seu pai a mantinha na mais rígida vigilância, pois, desde cedo, ela demonstrava uma rara habilidade de ver o mundo muito além dos muros do palácio. De vez em quando, observava de sua janela o alto de uma colina, onde havia um mosteiro e ali ficava imaginando as atividades dos monges. Sabendo que sua família não concordaria com uma visita sua naquele lugar, ela fugiu e conseguiu entrar no templo, chegando ao grande santuário. Percebendo o sumiço de Kuan Yin, seu pai enviou todos os soldados da guarda imperial para que procurassem a filha, mas não tiveram sucesso. Sabendo que ela estava no mosteiro, Miao Chuan, furioso, deu ordens para que os soldados incendiassem o templo, queimando todos os que ali estivessem.

Ao amanhecer, o rei, triste pelo destino de sua filha, teve, diante de si, a materialização de Kuan Yin que lhe disse:

"Papai, embora o senhor não tenha tido piedade de uma menina inocente que por pouco não foi violentada, não posso deixar de me entristecer por você. Por isso, vim tentar consolá-lo. Saiba que o céu, às vezes aparentemente tão impiedoso como o senhor, comoveu-se com o meu imerecido sofrimento. Quando as chamas avançavam, fui envolvida num arco-íris e levada por sobre as nuvens até a morada dos deuses e dos imortais. Ali, como compensação por meu fardo cruel, vi-me promovida à condição de deusa. Minha missão será confortar os aflitos e socorrer as pessoas em perigo – tarefa para a qual me sinto particularmente qualificada, tendo há pouco experimentado as profundezas do medo e da dor. Hei de ser conhecida como Kuan Yin – aquela que ouve os prantos do mundo."

Na segunda lenda, temos elementos um pouco diferentes. Nesta história, o rei conseguira casar suas duas filhas mais velhas, com exceção de Kuan Yin, que rejeitou o casamento, dizendo ao seu pai: *"É um crime eu não cumprir com os desejos de meu pai; porém tens de me perdoar se minhas ideias são diferentes das suas"*.

Seu pai lhe respondeu: *"Conte-me quais são as suas ideias."*

Ela lhe respondeu: *"Não desejo casar-me. Desejo atingir a perfeição e a budicidade. Então, prometo não ser ingrata com o senhor"*.

Kuan Yin expressou seu desejo de se tornar monja e auxiliar na cura de todos os males da humanidade, desde enfermidades até sentimentos densos, como luxúria, raiva, mágoas e tristezas.

O pai, furioso pelo fato de a filha ter-lhe desafiado, ordenou que a guarda imperial a expulsasse do palácio. Ali, ela começou sua vida de eremita. Estava contente por ter a natureza ao seu redor e por estar trilhando no caminho da autodescoberta, sem ter de cumprir todo o roteiro de formalidades de uma vida de princesa.

Kuan Yin chegou ao templo Ju Chou, na região de Lung-shu Hsien, conhecido como o Convento do Pássaro Branco. Descobrindo o paradeiro da filha, o Pai ordenou à direção do convento que desse as mais árduas tarefas para que ela desistisse do seu propósito. Kuan Yin aceitou todas as tarefas com alegria, colocando-se aos pés do Buda, dizendo:

"Grande Buda, cheio de bondade e misericórdia, sua humilde serva deseja abandonar o mundo. Conceda-me a nunca ceder às tentações que me serão enviadas para que minha fé seja testada."

Assim prometeu observar as regras do mosteiro e obedecer a todas.

Comovido com a retidão de caráter de Kuan Yin, o mundo espiritual lhe enviou o Espírito da Estrela Polar, que designou um tigre para trazer-lhe madeira, um dragão marinho para trazer-lhe água, os pássaros para trazer-lhe legumes e os espíritos do céu para lhe ajudarem nas tarefas do mosteiro. Desse modo, ela pôde se dedicar, sem perturbações, à busca da perfeição.

Seu pai, muito bravo pela determinação da filha diante de seu propósito espiritual, ordenou aos soldados que incendiassem o mosteiro, matando todos que lá estivessem. Nesse instante, Kuan Yin ajoelhou-se e, retirando um grampo de bambu dos seus cabelos, perfurou o céu de sua boca e cuspiu sangue para cima. Imediatamente, enormes nuvens se formaram sobre o convento e uma forte chuva apagou o incêndio que havia começado. As monjas ajoelharam-se diante de Kuan Yin, agradecendo pelo milagre.

O rei ordenou que sua filha fosse trazida ao palácio para ser decapitada. Nem sob o pedido de sua esposa, implorando, ele desistiu. Estava cego de ódio e ira.

Mesmo diante dessa tarefa árdua, Kuan Yin demonstrava paz e alegria por cumprir seus deveres como bodisatva[21]. Na hora da cerimônia de decapitação, o céu tornou-se negro e uma enorme escuridão caiu sobre a Terra. Quando o soldado posicionou a espada para o golpe derradeiro, esta se partiu em dois pedaços ao entrar em contato com uma grande luz que envolvia a garganta de Kuan Yin. O pai, ainda mais furioso, ordenou as mais terríveis formas de morte, porém todas fracassaram.

Kuan Yin, já cansada de tanto sofrimento e de testemunhar a decadência espiritual do pai, permitiu que os soldados a estrangulassem com um cordão de seda. Na hora de sua morte, o plano espiritual pôs em sua boca uma pílula extrafísica, para impedir a decomposição de seu corpo. Nesse momento, um grande tigre saltou no local, dispersou os soldados e colocou-a nas costas, já morta, e desapareceu na floresta.

---

[21] Bodisatva: aquele que segue o caminho de Buda. Candidato à iluminação. Tradução literal: "herdeiro dos vitoriosos".

Ela foi levada para as regiões infernais, e os seres que ali habitavam aceitaram suas orações para que pudessem se libertar e evoluir. Em seguida, esses seres se iluminaram e o lugar se transformou em um maravilhoso jardim de luz, um paraíso de alegria, decorado com flores de lótus.

Depois dessas orações, a alma de Kuan Yin voltou a habitar seu corpo e, recebendo orientação do Buda Amitabha, foi morar em um convento situado no mar durante os próximos nove anos para elevar-se ao máximo de perfeição.

As leis do carma foram cumpridas e o rei, que ainda viveria por vinte anos, foi acometido por todo o tipo de úlceras, febres e doenças graves. As doenças pioravam e mesmo tendo consultado com todos os médicos e curandeiros da região, cada vez o seu estado de saúde piorava.

Ao saber do fato, Kuan Yin disfarçou-se de sacerdote-médico e foi até o palácio, para auxiliar na cura daquele que lhe dispensou tanto ódio.

Ao chegar até o rei, examinou-o cuidadosamente, com muito amor e disse que o remédio seria difícil de encontrar, pois precisaria da ajuda de alguém que se dispusesse a doar uma mão e um olho para que uma pomada fosse feita. O rei gritou indignado, dizendo que o sacerdote estava louco e que ninguém seria capaz de fazer isso por ele. O sacerdote respondeu dizendo que seria o único remédio eficaz para a sua cura. Ele também lhe disse que conhecia uma pessoa de coração puro que seria capaz de fazer tal sacrifício e onde essa pessoa estaria naquele momento. Em seguida o rei enviou dois ministros ao mosteiro onde estava Kuan Yin. Ela deu ordem para que sua mão e seu olho fossem cortados e levados ao rei em uma bandeja. Com a chegada dos ministros ao palácio, a rainha chorou muito emocionada ao reconhecer a mão de sua filha. Ao lado do rei, Kuan Yin, materializada como sacerdote, falou que a pomada seria suficiente para curar somente um lado do corpo. Para curar o outro lado, precisariam da outra mão e do outro olho. Da mesma maneira, Kuan Yin doou sua outra mão e seu outro olho, dispondo-se ao que fosse preciso para curar quem quer que seja, não importando o sacrifício, mesmo que fosse para a cura do seu pior inimigo.

O rei, já curado, concedeu um título de nobreza ao sacerdote que lhe trouxe a cura e perguntou aos seus ministros como era a mulher que tinha se sacrificado por ele. Eles responderam que a mulher era idêntica a sua filha.

Em seguida, o rei e todos os seus familiares partiram para o mosteiro. Quando lá chegaram, ele se ajoelhou no chão e reverenciou a natureza, o céu, a terra, o sol e a lua. Estava muito arrependido e sentindo-se muito mal por todas as suas maldades e desejava profundamente a redenção de sua alma. Nesse momento, Kuan Yin apareceu em plena forma, perfeita, com suas mãos e seus olhos. Todos choraram de alegria. O rei renunciou ao seu trono e, nesse momento, Kuan Yin recebeu o título de Misericordiosa e Compassiva, Salvadora dos Aflitos, Milagrosa e Protetora Auxiliadora dos Mortais - tornando-se Kuan Yin – a Deusa da Misericórdia e da Compaixão.

Desde então, ela é considerada a protetora das mulheres, dos marinheiros, dos comerciantes, dos artesãos e daqueles que se encontram sob perseguição criminal e é invocada particularmente por aqueles que desejam ter filhos. Amada como a figura da Mãe e mediadora divina que está muito próxima dos negócios diários de seus devotos, o papel de Kuan Yin, como madona budista, tem sido comparado ao de Maria, a mãe de Jesus, no Ocidente.

Mensagem extraída do Livro *Kuan Yin – A Deusa dos Milagres*, de Anngela Marcondes Jabor (Angel Mystic Editora) p. 39:

"A humanidade tem uma vida muito agitada e quase nunca para afim de olhar realmente para o que a cerca. Diariamente, muitas coisas passam ante vossos olhos sem que presteis a devida atenção. Por acaso reparastes no irmão que sentou hoje ao vosso lado no trem ou no ônibus? Reparastes se ele ou ela estava triste ou alegre, se era carente de amor ou de compreensão?

Conheceis realmente vossos vizinhos, que por anos a fio, habitam do outro lado das paredes de vosso lar? Quantas pessoas realmente conheceis a fundo e quantas podeis considerar amigos de verdade?

O ser humano tende a se isolar a fim de não ter que mostrar abertamente seus defeitos e fraquezas; nesse intuito, afasta-se dos demais, porque dando-lhes oportunidade para que se desnudem, o mesmo deverá ele fazer. E isso ele teme. Seu orgulho é ainda muito grande.

Por outro lado, a pessoa isolando-se cria maiores problemas para si, pois não dá nem recebe amor, que é o tempero da vida e, sem ele, nada em sua existência pode funcionar perfeitamente. Além disso, criando um mundo solitário, também acaba desenvolvendo o egocentrismo e o egoísmo; e toda vez que alguém mais comunicativo e fraterno se aproximar, ela fugirá, para proteger dos olhos e do coração alheios a sua enorme insegurança.

Há muitos seres assim, incapazes de manifestar amor e compreensão. Deveis tratá-los com tolerância e compaixão oferecendo-lhes amor abundante, para que se habituem ao sentimento pelo qual, na verdade, tanto anseiam.

Conheceis alguém assim? Então, sabeis o que fazer; só resta que tomeis a iniciativa de fazê-lo.

Que a misericórdia por vossos irmãos vos guie naquilo que decidirdes realizar.

Eu Sou sempre na Luz." Kuan Yin

"...As crianças são como os pássaros: delicadas e gentis como eles; enquanto não sabem voar, ficam à espera de alguém que os ensine. Vós as recebeis em vossos jardins, por vontade de Deus Pai-Mãe, mas, muitas vezes, não lhes dais a devida atenção.

Muitos irmãos se importam mais com a posse do jardim do que com o bem-estar daqueles que ali habitam. Alguns pagam a outros para que cuidem dos seus filhos, mas não se preocupam em escolher alguém realmente qualificado, capaz de lhes proporcionar boas bases educacionais e afetivas.

Vossos pequeninos dependem de vós e necessitam de vosso amor e dedicação a fim de que um dia possam abrir as asas corretamente e voar até o infinito rumo à Consciência Cósmica.

Tendes o dever de ensinar-lhes – por meio do amor, da tolerância e da paciência – qual o melhor caminho e como voar nele.

Aprendei a voar cada vez mais alto, elevando-vos bem acima das massas. Nesse vôo, levai convosco vossos irmãozinhos que vos foram entregues em confiança.

Que a misericórdia e a compaixão por esses pequeninos vos façam meditar sobre o verdadeiro Caminho.

Eu Sou sempre convosco."
Kuan Yin

Madre Teresa de Calcutá
A Manifestação da Paz

Em 26 de agosto de 1910, nasceu a menina Agnes Gonxha Bojaxhiu, em Skoplje (Albânia). Irmã mais nova de Ágata e de Lázaro, filha de Nicolau e de Rosa. A sua família pertencia à minoria albanesa que vivia no sul da antiga Iugoslávia. Pouco se sabe da sua infância, adolescência e juventude porque a Madre preferia não falar de si. Foi educada numa escola estatal da atual Croácia, durante os tristes anos da Primeira Guerra Mundial. Tinha uma voz muito bonita e logo se converteu na solista do coro da igreja da sua aldeia e até dirigiu o coro, lá pelos anos 1920. Ingressou na Congregação Mariana onde foi aperfeiçoando a formação cristã ao mesmo tempo em que tomava conhecimento da vida da Igreja e abria o coração às necessidades do mundo. Particular impressão lhe faziam as cartas que os missionários jesuítas da Índia escreviam e que eram comentadas em grupo. A miséria material e espiritual de tanta gente tocava o seu coração.

Aos dezoito anos, em 1928, surge-lhe o pensamento da consagração total a Deus na vida religiosa. Obteve o consentimento dos pais e, por indicação do sacerdote que a orientava, entrou no dia 29 de Setembro de 1928 para a Casa Mãe das Irmãs de Nossa Senhora de Loreto, em Rathfarnham, perto de Dublin, na Irlanda.

O seu sonho era ir à Índia para desenvolver o trabalho missionário junto aos pobres. Por isso, após algum tempo de estada na Irlanda, Agnes partiu para a Índia, em 24 de maio de 1931.

O ideal que brilhara pela primeira vez na sua vida aos doze anos começava a concretizar-se. Foi enviada para Darjeeling, local onde as Irmãs de Loreto possuíam um colégio. Ali fez o noviciado. Ainda em 1931, faz a profissão religiosa, emite os votos temporários de pobreza, castidade e obediência, tomando o nome de Teresa. Houve uma intenção na escolha desse nome, como ela própria diz: a de se parecer com Teresa de Jesus, não com a grande santa espanhola, mas com a humilde carmelita de Lisieux, que ensinou aos homens do nosso tempo o caminho da infância espiritual.

De Darjeeling passou a Irmã Teresa para Calcutá. Tendo frequentado uma carreira docente, passa a ensinar Geografia no Colégio de Santa Maria, da Congregação de Nossa Senhora do Loreto, em Calcutá. Mais tarde, foi nomeada Diretora. Irmã Teresa gostava de ensinar. As alunas estimavam-na porque era uma excelente professora, sempre dedicada e atenta a todos os problemas. Havia muito humanismo nas suas palavras e atitudes. Embora cercada de meninas filhas das melhores famílias de Calcutá, impressionava-se com o que via quando saía à rua: os bairros de "lata" com cheiros nauseabundos, crianças, mulheres e velhos famélicos. O dia 10 de setembro de 1946 ficou marcado na história das Missionárias da Caridade e, obviamente, no livro da vida de Madre Teresa como o "dia da inspiração". Numa viagem de trem ao noviciado do Himalaia, recebe uma claríssima iluminação interior: dedicar a sua vida aos mais pobres dos pobres. Relatou-o assim:

"Em 1946, ia de Calcutá a Darjeeling, de trem, para fazer o meu retiro. Nunca é fácil dormir nos trens, mas tentar fazê-lo num trem da Índia é impossível: tudo range, há um penetrante odor de sujidade pelo amontoamento de homens e animais, todo um detrito de humanidade, cestos, galinhas cacarejando... Naquele trem, aos meus trinta e seis anos, percebi no meu interior uma chamada para que renunciasse a tudo e seguisse Cristo nos subúrbios, a fim de servi-lo entre os mais pobres dos pobres. Compreendi que Deus desejava isso de mim..."

Irmã Teresa pensava nos pobres de Calcutá que todas noites morrem pelas ruas e que, na manhã seguinte, eram lançados para o carro da limpeza como se fossem lixo. Não! Ela não conseguia habituar-se a esse terrível espetáculo de pessoas esqueléticas morrendo de fome ou pedindo esmola pelas ruas.

A longa e dolorosa meditação que fizera terminou com uma pergunta muito concreta: *"O que poderei fazer por estes infelizes?"*.

Aqui a angústia da sua alma cresceu. Amava a Congregação, gostava de ensinar... quase nada poderia fazer dentro dos regulamentos a que, amorosamente, sujeitara-se e que cumprira com toda a fidelidade. Mas Deus não pediria mais? Não seria talvez necessário ir ter com as superioras e com as autoridades eclesiásticas e expor-lhes frontalmente o problema, pedir-lhes autorização para fazer a experiência de se colocar totalmente ao serviço dos mais pobres?

Foi assim, com todas essas interrogações, que a Irmã Teresa viveu o seu retiro daquele ano. Na oração e na meditação daqueles dias, mais se confirmou que a aspiração que lhe brotava do fundo da alma não era um capricho, mas manifestação da vontade de Deus.

Tendo regressado a Calcutá, foi conversar com o arcebispo Mons. Fernando Périer a quem expôs o seu plano. Ele ouviu atentamente e, no fim, calmo, frio, disse um não absoluto que não deixou hipóteses para qualquer dúvida.

A Irmã Teresa aceitou humildemente a recusa. Mais tarde, ela comentou assim: *"Não podia ter sido outra a sua resposta. Um bispo não pode autorizar a primeira religiosa que se lhe apresenta com projetos raros sob pretexto de que essa parece ser a vontade de Deus"*.

Voltou às lides diárias que cumpria cada vez com maior dedicação e entusiasmo. O carinho das alunas, demonstrado de tantas maneiras e a amizade das companheiras não lhe fizeram esquecer a imagem horrorosa dos doentes e dos famintos que morriam pelas ruas de Calcutá. Mas por vezes, um questionamento surgia em sua mente: não será tudo isto uma tentação do demônio?

Um ano depois, foi conversar novamente com o arcebispo. Levava nos lábios o mesmo pedido e no coração a mesma disposição para aceitar, com humildade e alegria, a resposta, qualquer que ela fosse. Mons. Périer escutou, mais uma vez, as razões da Irmã Teresa. A sua simplicidade, fervor e persistência convenceram-no de que estava perante uma manifestação da vontade de Deus. Por isso, desta vez, mais afável, aconselhou-lhe: "– Peça, primeiro, autorização à Madre Superiora".

A Irmã Teresa escreveu prontamente uma carta, expondo o seu plano. A Superiora viu, nessas linhas, a expressão da vontade de Deus. O que aquela religiosa pedia era algo muito sério e exigente. Por isso, respondeu-lhe nestes termos: *"Se essa é a vontade de Deus, autorizo-te de todo o coração. De qualquer maneira, lembra-te sempre da amizade que todas nós te consagramos. Se algum dia, por qualquer razão, quiseres voltar para o meio de nós, fica sabendo que te receberemos com amor de irmãs".*

Mons. Périer pediu autorização a Roma para Irmã Teresa deixar as Irmãs de Loreto, *"para viver só, fora do claustro tendo Deus como único protetor e guia, no meio dos mais pobres de Calcutá".*

A resposta de Pio XII chegou no dia 12 de abril de 1948. Nela se concedia a desejada autorização sublinhando-se que, embora deixando a congregação de Nossa Senhora de Loreto, a Irmã Teresa continuava religiosa sob obediência ao arcebispo de Calcutá.

Só em 8 de agosto de 1948, ela deixou o colégio de Santa Maria. Custo imenso: a ela, às companheiras, às alunas. Depois, dirigiu-se para Patna, para fazer um breve curso de enfermagem, que julgava de imensa utilidade para a sua atividade futura.

Em 21 de dezembro de 1948, obtém a nacionalidade indiana. Data que reunia um grupo de cinco crianças, num bairro imundo, a quem começou a dar escola. Com o tempo, o grupo foi aumentando, dez dias depois, eram cerca de cinquenta.

Tendo abandonado o hábito da Congregação de Loreto, a Irmã Teresa comprou um sari branco, debruado de azul e colocou-lhe no ombro uma pequena cruz, transformando essa roupa em seu novo hábito, o vestido de uma modesta mulher indiana.

Com o alfabeto, a irmã dava lições de higiene e de moral. Depois ia de abrigo em abrigo, levando, mais que donativos, palavras amigas e as mãos sempre prestáveis para qualquer trabalho. Não foi preciso muito tempo para que todos a conhecessem. Quando ela passava, crianças famintas e sujas, deficientes, enfermos de toda espécie gritavam por ela com os olhos inundados de esperança: Madre Teresa! Madre Teresa!

Mas o início foi duro. Ela sentiu a angústia terrível da solidão. *"Um dia, depois de dar voltas e mais voltas, à procura de uma casa, era preciso encontrar um teto para acolher os abandonados, então pus-me a caminho para achá-lo. Caminhei e caminhei ininterruptamente, até que já não pude mais. Então compreendi até que ponto de esgotamento têm que chegar os verdadeiros pobres, sempre em busca de um pouco de alimento, de remédio, de tudo".*

Há fatos curiosos na vida de Madre Teresa em que podemos ver um sinal da aprovação de Deus à sua obra. Ela mesma conta:

"Era a minha primeira volta pelas ruas de Calcutá depois de ter recebido autorização para meu novo trabalho com os pobres. A certa altura aproximou-se de mim um sacerdote pedindo-me um donativo para uma coleta que estava a realizar-se a favor da boa imprensa. Tinha saído de casa com cinco rúpias (moeda indiana). Já tinha dado quatro aos pobres. Entreguei-lhe a única rúpia que me restava. Ao entardecer, o mesmo sacerdote veio ao meu encontro com um envelope. Disse-me que lhe tinha sido dado por um senhor desconhecido que ouvira falar dos meus projetos e queria me ajudar. No envelope havia cinquenta rúpias. Naquele momento tive a sensação de que Deus começava a abençoar a minha obra e que nunca me abandonaria."

Outra bênção de Deus foram as vocações que começaram a surgir precisamente entre as antigas alunas de Madre Teresa. A primeira foi Shubashini Das. Era uma linda jovem, dotada de bastante inteligência, filha de uma boa família. Disse ela à Madre: *"– Madre Teresa, se me aceitar, estou disposta a ficar consigo e a colocar a minha vida a serviço dos pobres"*.

Respondeu-lhe a Madre: *"– Minha filha, pensa melhor, reza mais e, daqui há algum tempo, vem ter novamente comigo"*.

Era quase o mesmo conselho que Mons. Périer lhe tinha dado, tempos atrás. A jovem foi, pensou, rezou e, no dia 19 de março de 1949, dia de São José, era aceita na nova Congregação, que começava a surgir, escolhendo como nome para vida religiosa o nome de batismo da sua antiga professora: Agnes. A esta, outras se seguiram, sem qualquer propaganda. Apenas atraídas pelo testemunho daquelas que se chamariam, mais tarde, Missionárias da Caridade.

Madre Teresa conta assim o início da congregação:

"Uma a uma, a partir de 1949, vi chegar jovens que tinham sido minhas alunas. Vinham com o desejo de dar tudo a Deus e tinham pressa em fazê-lo. Despojavam-se, com íntima satisfação, dos seus saris luxuosos para revestir-se do nosso humilde sari de algodão.

Vinham sabendo que se tratava de algo difícil. Quando uma filha das velhas castas se coloca ao serviço dos párias, trata-se de uma revolução. A maior. A mais difícil de todas: a revolução do amor!

Uma vida mais regular começou então para a nossa pequena comunidade. Abrimos escolas enquanto continuávamos a visita aos bairros pobres. As vocações afluíam e a nossa casa tornou-se muito pequena."

Ainda em 1949, Madre Teresa começou a escrever as constituições das Missionárias da Caridade, nome que dá à sua Congregação.

O primeiro trabalho com os doentes e moribundos recolhidos na rua era lavar-lhes o rosto e o corpo. A maior parte não conhecia sequer o sabão e a espuma lhes causava medo. Se as Irmãs não vissem nesses infelizes o rosto de Cristo, o trabalho seria impossível.

"Nós queremos que eles saibam que há pessoas que os amam verdadeiramente. Aqui eles encontram a sua dignidade de homens e morrem num silêncio impressionante... Deus ama o silêncio. Os pobres não merecem só que os sirvamos, merecem também a alegria e as Irmãs oferecem-na em abundância. O próprio espírito da nossa congregação é de abandono total, de amor confiante e de alegria... É a nossa regra, para procurarmos fazer alguma coisa de belo por Deus!"

A lista dos bens das Irmãs era pequena: um prato esmaltado e coberto, dois saris baratíssimos, um jogo de roupa interior grosseira, um par de sandálias, um pedaço de sabão, um travesseiro e um colchão extremamente delgado, acompanhado de um par de lençóis e, para completar tudo, um balde metálico com o respectivo número.

Assim, com o colchão enrolado debaixo do braço e as restantes coisas colocadas no balde, a Irmã que viajava levava todos os bens consigo.

Ao menor sinal, as Irmãs estavam preparadas para partir: *"Com um pouco de treino, consigo estar pronta para partir em trinta minutos"*, dizia a Madre.

A Congregação de Madre Teresa foi aprovada pela Santa Sé e em agosto de 1952, abriu o lar infantil "Sishi Bavan" – Casa da Esperança – e inaugurou o seu famoso "Lar para Moribundos", em Kalighat, ao qual dedicava as suas melhores energias físicas e espirituais. A partir dessa data, a sua Congregação começou a expandir-se de maneira irresistível pela Índia e por todo o mundo. A obra de Madre Teresa cresceu rapidamente. Não trazia esquemas pré-fabricados. O ritmo e as iniciativas eram marcadas pelo inesperado de cada dia.

No ano de 1952, percorria, como de costume, as ruas prestando ajuda aos mais necessitados. De repente, parou diante de um espetáculo horripilante: uma mulher agonizava no meio de escombros, roída pelos ratos e pelas formigas.

Madre Teresa aproximou-se e ouviu um queixume em voz muito tênue: *"E dizer que foi o meu próprio filho que me jogou aqui!"*.

Recolheu-a e levou-a ao hospital mais próximo. Quando viram aquele semicadáver, responderam a Madre Teresa:

"– Aqui não há lugar para estes casos! Não podemos aceitar essa mulher!"

Então a Madre respondeu:

"– Pois eu não sairei daqui enquanto vós a não receberdes."

A mulher entrou, mas morreu pouco depois.

De regresso a casa, Madre Teresa pensou na sorte dos moribundos que, todos dias, morriam pelas ruas de Calcutá sem ninguém lhes prestar assistência. A imprensa tinha abordado esse problema precisamente naqueles dias. Madre Teresa aproveitou a oportunidade e disse à autoridade:

"– Deem-me um local que eu encarrego-me de tratar dos moribundos."

Deram-lhe duas grandes salas de um edifício contíguo ao templo da deusa Kali, denominado "Casa do Peregrino" porque servia de dormitório aos peregrinos. Ela lhe mudou o nome para "Casa do Moribundo."

Os hindus não simpatizaram com a doação de um espaço sagrado hindu a uma mulher católica. Consideraram uma profanação. Resolveram, por isso, encarregar uma pessoa de espionar todos os movimentos da religiosa e de, no momento oportuno, desfazer-se dela. Tendo conhecimento desse plano, Madre Teresa apresentou-se ao chefe e disse-lhe:

"– Se querem matar-me, matem-me agora mesmo, mas não façam mal aos meus pobres moribundos."

Ele ficou surpreendido com a atitude valorosa dessa mulher que veio confirmar as boas informações já dadas pelo espião:

"– Observei com todo o cuidado a ação daquela mulher e a minha impressão foi de que, ao olhar para ela, me pareceu ver a própria deusa Kali em ação. Não façais, portanto, mal a essa mulher."

Pouco a pouco, os hindus tornaram-se seus amigos. Para isso, contribuiu muito um fato que a própria Madre Teresa contou assim:

"Um desses hindus contraiu a tuberculose. Nenhum hospital o teria recebido. Nós fizemos todo o possível para curá-lo."

Os seus companheiros vinham vê-lo. Ao princípio blasfemava contra Deus levado pelo desespero da sua doença. Da nossa parte não nos poupávamos a esforços para lhe sermos agradáveis e minorar as suas dores.

Pouco a pouco, a sua atitude foi mudando. Chegou até a pedir a bênção antes da morte que foi muito serena. Os seus companheiros não conseguiam explicar o que tinha acontecido.

Depois disto, os sacerdotes da deusa Kali nunca deixaram de demonstrar-nos a sua amizade e até de dar-nos a sua colaboração, em muitos casos..."

Em 1965, fundou, no dia 26 de Julho, a sua primeira casa na América Latina, concretamente na Venezuela, na Arquidiocese de Barquisimeto. Em 1967, abriu outra no próprio coração da cristandade, em Roma, por desejo expresso de Paulo VI; mais adiante, João Paulo II lhe deu de presente uma casa dentro do próprio Vaticano.

A partir de 22 de agosto de 1968, a Congregação estendeu-se por outras regiões: Ceilão, Itália, Austrália, Bangladesh, Ilhas Maurícias, Peru, Canadá etc. Em 8 de dezembro de 1970, as Missionárias da Caridade abriram a sua primeira casa em Londres e fixam o noviciado para a Europa e América.

Em 1973, abriu uma casa em Gaza, na Palestina, para atender aos refugiados, e celebrou a primeira Assembleia Internacional dos Colaboradores das Missionárias da Caridade, instituição cujos estatutos tinham sido aprovados em 1969, e que reuniu centenas de milhares de pessoas de todo o mundo: 50.000 leigos, aos quais era preciso acrescentar todos os doentes e todos os que sofriam e ofereciam a sua dor pelas intenções da Madre Teresa.

Em 15 de junho de 1976, em Nova York, que era para a Madre o lugar mais necessitado de oração, fundou o ramo contemplativo das Missionárias da Caridade. Em dezembro de 1976, inaugurou centros de assistência no México e Guatemala. Em 17 de outubro de 1979, Madre Teresa recebeu o Prêmio Nobel da Paz. Ainda nesse ano, João Paulo II recebeu-a em audiência privada e ela se converteu, sem nunca ter estudado diplomacia, na melhor "embaixadora" do papa em todas as nações, fóruns e assembleias do Planeta.

Em 28 de Junho de 1980, sua cidade natal, Skoplje nomeou-a "Cidadã Ilustre". Muitas universidades lhe conferiram o título *Honoris Causa*.

Ainda em 1980, recebeu a Ordem "Distinguished Public Service Award" nos EUA.

Em 1981, inaugurou, em Berlim Oriental, a primeira das suas fundações em países submetidos ao marxismo. Anos mais tarde, foi recebida por Mikhail Gorbachov e abriu uma casa na Rússia. O mesmo aconteceu em Cuba.

Em 1983, estando em Roma, sofreu o primeiro grave ataque de coração. Tinha 73 anos. Foi muito bem atendida e o médico disse-lhe: *"A senhora tem coração para mais trinta anos"*. Tomou isso ao pé da letra e nem febre alta a fazia descansar.

Em setembro de 1985, foi reeleita Superiora das Missionárias da Caridade pelo Capítulo geral da Congregação. Só outra Irmã, Josepha Michael, viu o seu nome escrito num dos votos: o que fora depositado na urna eleitoral pela Madre Teresa... Os outros 66 foram unânimes. No mesmo ano, recebeu do presidente Reagan, na Casa Branca, a Medalha Presidencial da Liberdade, a mais alta condecoração dos Estados Unidos. Participou de Sínodos, como o de 1986, e dos atos do Ano Mariano, de 1987 e do Ano Santo da Redenção, bem como das viagens papais.

Em agosto de 1987, na União Soviética, foi condecorada com a Medalha de ouro do Comitê Soviético da Paz. Pouco depois, visitou a China e a Coreia.

Em agosto de 1989, realizou um dos seus sonhos: abrir uma casa na sua Albânia natal que, apesar de ser um dos países mais pobres, injustos e atrasados do planeta, até há pouco fazia gala de ser o país mais ateu do mundo, o único em cuja Constituição figurava, paradoxalmente, o ateísmo como "religião do estado".

Em setembro de 1989, sofreu o seu segundo ataque de coração e correu sério risco de vida, mas recuperou-se e retomou o seu incrível trabalho com mais ardor e vigor do que antes, apesar do marca-passo.

Em 1990, pediu a João Paulo II para ser substituída no seu cargo, mas voltou a ser reeleita por outros seis anos, até 1996. O papa tornou a confirmá-la como Superiora das Missionárias da Caridade.

Em 5 de setembro de 1997, depois de sofrer uma última parada cardíaca, foi a vez dela se encontrar, definitivamente, com o Dono e Senhor da sua alma.

Uma fila de quilômetros formou-se durante dias a fio, diante da Igreja de São Tomé, em Calcutá, onde o seu corpo estava sendo velado. O mesmo veículo que, em 1948, transportara o corpo do Mahatma Gandhi, foi utilizado para realizar o cortejo fúnebre da Mãe dos Pobres.

Entre os 124 reconhecimentos recebidos pelas nações, estavam o Prêmio Padmashree – do Presidente da Índia – em Agosto de 1962, o Prêmio pela Paz do papa João XXIII, em janeiro de 1971, o Prêmio Internacional John F. Kennedy, em setembro de 1971, o Prêmio Jawahalal Nehru pelo acordo Internacional, em novembro de 1972, o Prêmio Templeton pelo "Progresso em Religião", em abril de 1973, o Prêmio Nobel da Paz, em dezembro de 1979, o Harat Ratna (Joia da Índia), em março de 1980, a Ordem do Mérito (da Rainha Elizabeth), em novembro de 1983, a Medalha de Ouro do Comitê Soviético pela Paz, em agosto de 1987, e a Medalha de Ouro do Congresso dos Estados Unidos, em junho de 1997. Em 19 de outubro de 2003, o papa João Paulo II proclamou "Beata" a Madre Teresa de Calcutá. Nesse dia, no ano dedicado ao Rosário, a Igreja também celebrou o 25º aniversário de pontificado do Santo Padre e a Jornada Missionária Mundial. O chamado dirigido por Jesus à Madre Teresa, em 1946, *"Venha, seja a minha Luz"*, ressoou novamente na Praça São Pedro, e fomos convidados a irradiar a luz de Cristo nas trevas da pobreza e da dor humana.

O MILAGRE PARA A BEATIFICAÇÃO DA MADRE TERESA

Para que alguém seja nomeado beato na Igreja Católica, é necessário que um milagre seja comprovado. Como se não bastasse tudo o que a Madre havia feito.

Diante de muitos relatos de bênçãos recebidas por Madre Teresa e enviadas ao Vaticano, o milagre escolhido foi a cura milagrosa de Monika Besra, uma mulher indiana de 30 anos, casada e com filhos, com um abscesso no abdômen.

Os médicos pensavam que a moça era muito fraca para enfrentar uma cirurgia. Enquanto isso, a situação piorava com o passar das horas. Algumas Missionárias da Caridade que a assistiam, iniciaram a rezar e lhe colocaram sobre a barriga uma "medalha milagrosa" que esteve em contato com o corpo de Madre Teresa antes de ela ser sepultada. À noite, a doente acordou e percebeu que o abscesso tinha desaparecido sem nenhuma intervenção cirúrgica. As visitas médicas seguintes verificaram que a mulher tinha voltado a ter uma saúde normal.

Os ensinamentos de Madre Teresa:

"Muitas vezes as pessoas são egocêntricas, ilógicas e insensatas. Perdoe-as assim mesmo.

Se você é gentil, as pessoas podem acusá-lo de egoísta, interesseiro. Seja gentil, assim mesmo.

Se você é um vencedor, terá alguns falsos amigos e alguns inimigos verdadeiros.

Vença assim mesmo.

Se você é honesto e franco as pessoas podem enganá-lo. Seja honesto assim mesmo.

O que você levou anos para construir, alguém pode destruir de uma hora para outra. Construa assim mesmo.

Se você tem paz e é feliz, as pessoas podem sentir inveja. Seja Feliz assim mesmo.

Dê ao mundo o melhor de você, mas isso pode nunca ser o bastante. Dê o melhor de você assim mesmo.

Veja você que no final das contas, é entre você e Deus.

Nunca foi entre você e as outras pessoas!"

Maria – A portadora da luz divina

O nome Maria significa "Senhora da Luz".

Muitos são os mistérios que envolvem a mulher que concebeu o menino Jesus. Maria é a única mulher citada em dois livros sagrados: a Bíblia e o Alcorão. Dotada de uma personalidade tranquila, serena e muito corajosa, a Senhora da Luz é um dos maiores símbolos da energia feminina em nosso planeta.

Nos últimos dois séculos de nossa era, as aparições de Nossa Senhora têm se tornado muito frequentes, numa tentativa de trazer paz, luz e compaixão aos corações humanos.

Maria nasceu em Jerusalém, ou Nazaré, no dia 8 de setembro do ano 15 a.C., sob o signo de Virgem, num sábado. Nessa data, a Igreja Católica festeja seu aniversário.

Seu pai era São Joaquim, descendente de Davi, e sua mãe, Sant'Ana, descendente do Sacerdote Aarão. Aos três anos, Maria foi apresentada no Templo de Jerusalém e ali permaneceu até os doze anos no serviço do Senhor, quando, então, teria morrido seu pai. Durante esse retiro espiritual, Maria preparou-se, espiritualmente, para conceber Jesus Cristo.

Com a morte do pai, Maria foi para Nazaré, onde São José morava. Três anos depois, eles se casaram. Nas escrituras judaicas, consta que São Joaquim era irmão de São José, o que caracterizara um caso de endogamia[22], fato comum entre os judeus naquela época.

---

[22] Endogamia: Matrimônio exclusivo entre os membros de um grupo específico de uma tribo ou povo (casta, nobreza ou outra camada), exigido por lei ou costume. Reprodução sexual entre parentes próximos.

O papel que Maria ocupa na Bíblia é mais discreto, se comparado ao da tradição católica. Os dados biográficos derivados dos Evangelhos dizem-nos que era uma jovem donzela virgem, quando concebeu Jesus, o Cristo. Era uma mulher verdadeiramente devota e corajosa que jamais duvidou de seu leme interior. Seguiu, estritamente, as instruções do Arcanjo Gabriel, demonstrando uma fé inabalável. O Evangelho de João menciona que, antes de Jesus morrer, Maria foi confiada aos cuidados do apóstolo João. A Igreja Católica viu aí que nela estava representada toda a humanidade, filha da Nova Era.

Foi dezenove vezes citada no Novo Testamento, entre elas:

"A virgem engravidará e dará à luz um filho ... Mas José não teve relações com ela enquanto ela não deu à luz um filho. E ele lhe pôs o nome de Jesus." (Mateus 1:23-25)·

"Você ficará grávida e dará à luz um filho, e lhe porá o nome de Jesus. ... será chamado Filho do Altíssimo."

Maria pergunta ao Arcanjo Gabriel:

"– Como acontecerá isso, se não conheço homem?"

O Arcanjo respondeu:

"– O Espírito Santo virá sobre você, e o poder do Altíssimo a cobrirá com a sua sombra. Assim, aquele que nascer será chamado santo, Filho de Deus." (Lucas 1:26-35)·

A MORTE DE MARIA

Não há registros históricos do momento da morte de Maria. Diz uma tradição cristã que ela teria "adormecido", por isso a Igreja fala sobre a "Dormição da Virgem Maria" (expressão que particularmente não simpatizo), no ano 42 d.C., e seu corpo depositado no Getsêmani.

Desde os primeiros séculos, usou-se a expressão "dormitação", do lat. "dormitare", em vez de morte. Alguns teólogos e mesmo santos da Igreja Católica, por devoção, sustentam que Maria não teria morrido, mas teria "dormido" e, assim, levada aos céus. Outra corrente, diversamente, sustenta que não teria tido esse privilégio, uma vez que o próprio Jesus passou pela morte.

Na liturgia bizantina, a festa da dormição ocorre no dia 31 de agosto, é a Dormição da SS. Mãe de Deus, "Kóimesis", em grego, e "Uspénie", em língua eslava eclesiástica, termos que se referem ao ato de dormir. A partir de 1 de agosto, na Igreja oriental e bizantina, ortodoxos e greco-católicos, inicia-se a preparação para celebração. O dia 15 de agosto foi estabelecido pelo imperador Maurício (582-602), do Império Romano do Oriente, mantendo, assim, uma antiga tradição. No Ocidente, foi introduzida pelo Papa Sérgio I.

Do ponto de vista oficial do magistério, entretanto, a Igreja Católica nunca se pronunciou sobre essa matéria, o que coloca o tema na livre devoção dos fiéis. Reservou-se ao dogma apenas o tema da Assunção em si. Sobre a dormição de Maria, entretanto, João Paulo II assim se manifestou:

"(...) O Novo Testamento não dá nenhuma informação sobre as circunstâncias da morte de Maria. Este silêncio induz supor que se produziu normalmente, sem nenhum fato digno de menção. Se não tivesse sido assim, como teria podido passar despercebida essa notícia a seus contemporâneos sem que chegasse, de alguma maneira, até nós?

No que diz respeito às causas da morte de Maria, não parecem fundadas as opiniões que querem excluir as causas naturais. Mais importante é investigar a atitude espiritual da Virgem no momento de deixar este mundo. A este propósito, São Francisco de Sales considera que a morte de Maria se produziu como efeito de um ímpeto de amor. Fala de uma morte 'no amor, por causa do amor e por amor' e por isso chega a afirmar que a Mãe de Deus morreu de amor por seu filho Jesus". (Tratado do Amor de Deus, Liv. 7, cc. XIII-XIV).

Qualquer que tenha sido o fato orgânico ou biológico que, do ponto de vista físico, tenha-lhe produzido a morte, pode-se dizer que o trânsito desta vida para a outra foi, para Maria, um amadurecimento da graça na glória.

Dogmas

Segundo a doutrina da Igreja Católica, Maria está associada aos seguintes dogmas de fé:

Maternidade Divina: Proclamado pelo Concílio de Éfeso, em 431, como sendo a "Mãe de Deus", em grego, "Theotokos" e, em latim, " Mater

Dei". O mesmo Concílio proclamou que "*se alguém não confessa que o Emmanuel é verdadeiramente Deus, e que por isso a Santíssima Virgem é Mãe de Deus, já que engendrou segundo a carne o Verbo de Deus encarnado, seja anátema*"(...). Segundo São Tomás de Aquino *"A Santíssima Virgem, por ser Mãe de Deus, possui uma dignidade, de certo modo infinita, derivada do bem infinito que é Deus".*

Virgindade Perpétua: Virgem antes, durante e depois do parto.

Santidade absoluta: Cheia de graça – gratia plena – por toda a sua existência.

Imaculada Conceição: Concebida sem a mancha do pecado original. O papa Pio IX, na Bula Ineffabilis Deus, fez a definição oficial do dogma da Imaculada Conceição, aos 8 de dezembro de 1854.

Assunção aos Céus: Refere-se à elevação de Maria em corpo e alma ao céu. Esse dogma foi proclamado pelo papa Pio XII, em 1 de novembro de 1950, na Encíclica Munificentissimus Deus.

As igrejas ortodoxas, na sua maioria, aceitam esses mesmos dogmas.

Títulos

A profunda devoção dos católicos por todo o mundo encobriu-a de títulos como: Nossa Senhora de Nazaré, Nossa Senhora da Conceição Aparecida, Nossa Senhora da Conceição, Nossa Senhora do Rosário, Nossa Senhora de Guadalupe, Nossa Senhora de Lourdes, Nossa Senhora do Perpétuo Socorro, Nossa Senhora do Carmo e Nossa Senhora de Fátima, dentre outros.

Na "Ladainha de Nossa Senhora" estão enumerados os títulos com que os católicos a homenageiam numa tradição milenar. O mais recente destes títulos – Regina Familiae, Rainha das Famílias – foi mandado acrescentar pelo papa João Paulo II, que já havia antes acrescentado ao Rosário o de Regina Pacis – Rainha da Paz.

Padroeira do Brasil

Nossa Senhora Aparecida, ou Nossa Senhora da Imaculada Conceição Aparecida, é considerada a Padroeira do Brasil. O seu santuário localiza-se em Aparecida do Norte, no atual Estado de São Paulo, e a sua festa é comemorada, anualmente, no dia 12 de outubro.

No Brasil, na revolução de 1930, o culto à Nossa Senhora da Conceição Aparecida foi proclamado oficialmente, recebendo ela o título de "Rainha e Padroeira do Brasil", na presença de autoridades eclesiásticas e do então presidente Getúlio Vargas. Para incentivar a devoção à Virgem, na década de 1950, foi inaugurada a Rádio Aparecida. Em 1999, foi instituída a Campanha dos Devotos e, no dia 8 de setembro de 2005, inaugurou-se a TV Aparecida.

Padroeira de Portugal

Nas Cortes de Lisboa de 1645-1646, em 25 de março de 1646, declarou El-Rei D. João IV que tomava a Virgem Nossa Senhora da Conceição por padroeira do Reino de Portugal, prometendo-lhe, em seu nome, e dos seus sucessores, o tributo anual de 50 cruzados de ouro. Ordenou o mesmo soberano que os estudantes na Universidade de Coimbra, antes de tomarem algum grau, jurassem defender a Imaculada Conceição da Mãe de Deus.

D. João IV não foi o primeiro monarca português que colocou o reino sob a proteção da Virgem Maria, apenas tornou permanente uma devoção à que os reis portugueses recorriam em momentos críticos para o reino: D. João I já tinha deixado, nas portas da capital, uma inscrição louvando a Virgem e mandado construir o "Convento da Batalha", na Batalha. Seu companheiro, D. Nuno Álvares Pereira, mandou construir o "Convento do Carmo", em Lisboa.

Representação nas artes

A devoção e o culto à Virgem Maria têm sido expressos nas artes, em especial na arte sacra e na arte religiosa, desde os tempos dos Padres da Igreja até os tempos modernos, ressaltando-se sobre o tema os grandes mestres do Renascentismo e do Barroco.

No barroco mineiro, as obras do Aleijadinho, tanto os afrescos como as esculturas são também obras notáveis de representação da Virgem.

No Protestantismo

Para os protestantes, Maria é vista como uma mulher de alto mérito respeitoso por ter vivido uma vida exemplar, segundo os propósitos de Deus; porém, sendo ela cheia da Graça, era uma mulher comum, escolhida d'entre outras para dar à luz ao Messias. Não se acredita que Maria seja a Mãe de Deus, no sentido estrito do termo, pois a natureza divina de Cristo é anterior à existência de Maria. Pelo fato de que ela foi criada por Deus, era uma mulher limitada às condições humanas, sem nada de diferente em sua essência.

Pelo ponto de vista dos protestantes, não cabe discutir se Maria teve ou não relacionamentos sexuais com seu esposo, José. Crê-se somente que ela não as teve antes do nascimento de Cristo, para que seja afirmável que Jesus é o Filho de Deus, não proveniente de homens ou mulheres quaisquer que sejam. O pensamento protestante não acredita que Maria tenha sido levada aos Céus, como Cristo, e não acredita que ela intermedeia o relacionamento do homem com Deus. Isso acontece porque, para os protestantes, apenas o que a Bíblia declara é norma de fé e doutrina, e não existe qualquer referência a uma possível mediação de Maria entre Deus e os homens. Nas Igrejas protestantes, Maria é vista como exemplo de fé e vida cristã.

Marias modernas

Quando pensamos em Maria, normalmente temos a ideia de uma mulher tranquila, compassiva, resignada e fiel aos princípios divinos. Alguém de aparência frágil, mas com uma força interior capaz de mover o universo, manifestando-se através do poder fundamental da mulher: a maternidade.

Maria foi preparada desde criança para conceber o Mestre que marcaria profundamente a história da humanidade através dos seus ensinamentos.

Ainda criança, no templo de Jerusalém, Maria estudou e preparou-se espiritualmente para a chegada do Espírito Santo em seu ventre. Preparou-se para ser mãe, para conceber o avatar.

Imaginemos a sabedoria dessa mulher ao educar e preparar o menino Jesus. Mesmo com suas aptidões divinas e naturais, em sua infância, o menino precisou receber as instruções e repreensões de forma muito clara e sem erros para tornar-se quem foi: um grande Rei.

Todas as mulheres nascem com a divindade de Maria. Porém, o medo, a falta de autoestima e os fatores cármicos somados à maneira como somos educadas, esconde a divindade existente em cada uma de nós.

Ao longo dos séculos, fomos perdendo a referência do que é ser uma mulher de verdade e esquecemos o papel da energia yin: alimentar a fé, a compaixão e as virtudes existentes no Planeta Terra.

Convenceram-nos de que a intuição não existe porque não pode ser comprovada cientificamente. E como Maria acreditou na Anunciação do Arcanjo Gabriel? Como ela sabia que não se tratava de alucinação? Porque tinha fé. Desde criança, Maria sentia-se especial, com uma grande missão em sua vida. Com sua autoestima elevada, a Santa Mãe acreditava em seu potencial de trazer ao mundo o Filho de Deus.

E você, sente-se assim?

Maria vigiava constantemente seu coração para manter a pureza de sua alma.

Como está seu coração? E a sua mente? Quais os sentimentos que os habitam?

Imagine quantas Anunciações os anjos já nos deram de presente e, por estarmos imersas em sentimentos densos como raiva, angústia, medo, tristeza, não conseguimos perceber...

Será que através de uma intuição conseguiremos abandonar nosso lar como Maria e José partindo para o Egito, ou somos muito apegados para fazer as mudanças necessárias?

Será que uma manjedoura nos basta, ou precisamos de castelos para satisfazer nossas necessidades arrogantes?

Um manto nos é suficiente, ou precisamos das roupas da moda para sermos felizes?

Compreenderíamos o processo de crucificação de um filho nosso como um degrau necessário para o desenvolvimento humano? Ou acreditaríamos que uma grande desgraça caiu sobre nossos ombros e ficaríamos nos lamentando como vítimas para sempre?

Quantas vezes nos vitimizamos diante de coisas bem menores do que um processo de crucificação...

Pensemos em nossas reclamações diárias...

Pensemos em nossas futilidades...

Pensemos nos venenos produzidos todos os dias por nossa mente que, aos poucos, vão minando e até destruindo a "Maria" existente em cada uma de nós.

É importante pensar, vigiar-se para agir e mudar, transformando esses venenos em antídotos como o amor, a fé, a compaixão, a criatividade, o riso, a felicidade e a alegria do sorriso feminino que é capaz de sanar todos os males da humanidade.

Reflita e encontre a Sabedoria de Maria que nasceu com você.

Maria Madalena

Maria Madalena ou Miryan de Magdala é descrita no Novo Testamento como uma das discípulas mais devotas de Jesus Cristo. É considerada "Santa" pelas igrejas católica, ortodoxa e anglicana, sendo celebrada no dia 22 de julho. O nome de Maria Madalena a descreve como sendo natural de Magdala, cidade localizada na costa ocidental do mar da Galiléia.

De acordo com o Novo Testamento, Jesus Cristo expulsou sete demônios de Maria Madalena, argumento suficiente para que ela acreditasse que Ele realmente era o Messias (Lucas 8:2; 11:26); (Marcos 16:9).

Madalena esteve presente na crucificação e no funeral de Cristo, juntamente com Maria, mãe de Jesus, e outras mulheres (Mateus 27:56; Marcos 15:40; Lucas 23:49; João 19.25; Mateus 27:61; Marcos 15.47; Lucas 23:55). No sábado após a crucificação, saiu do Calvário rumo a Jerusalém com outros crentes para poder comprar certos perfumes, a fim de preparar o corpo de Cristo da forma como era de costume funerário. Permaneceu na cidade durante todo o sábado e, no dia seguinte, muito cedo de manhã, "quando ainda estava escuro", foi ao sepulcro, achou-o vazio e recebeu, de um Anjo, a notícia de que Cristo havia ressuscitado e que devia informar tal fato aos apóstolos (Mateus 28:1-10; Marcos 16:1-5,10,11; Lucas 24:1-10; João 20:1,2; compare com João 20:11-18). Nada mais se sabe sobre ela a partir da leitura dos Evangelhos Canônicos.

Em Lucas 8:2, faz-se menção, pela primeira vez, de "Maria, chamada Madalena, da qual saíram sete demônios". Não há qualquer fundamento para considerá-la como a prostituta arrependida de seus pecados que pediu perdão a Cristo. Esse episódio é frequentemente identificado com o relato de Lucas 7:36-50, ainda que não seja referido o nome da mulher em causa.

Alguns escritores contemporâneos, principalmente Henry Lincoln, Michael Baigent e Richard Leigh, autores do livro *O Sangue de Cristo e o Santo Graal* (1982), e Dan Brown, autor do romance *O Código da Vinci* (2003), narram Maria Madalena como uma apóstola, mulher de Cristo que teve com ele, inclusive, filhos. Nessas narrações, tais fatos teriam sido escondidos por revisionistas cristãos, alterando, assim, os Evangelhos.

Esses escritores teriam baseado suas afirmações nos Evangelhos Canônicos e nos livros apócrifos[23] do Novo Testamento, além dos escritos gnósticos. Segundo os evangelhos aceitos pela Igreja Católica, Jesus Cristo, o suposto filho de Deus, não veio à Terra para se casar com uma humana e muito menos ter filhos. Portanto, para os preceitos dessa Igreja, Maria Madalena não foi e nem poderia ter sido a esposa de Jesus Cristo.

Tornou-se muito célebre, com a divulgação do livro de Dan Brown, *O Código da Vinci*, o argumento de que na tela *A Última Ceia*, de Leonardo da Vinci, a personagem que está à sua direita, com traços femininos, seja Maria Madalena e não o apóstolo João, como outros defendem. O fato de Jesus não envergar nenhum cálice – o Graal – poderá levar a interpretações como acreditar que Maria Madalena é, de fato, o "cálice sagrado" onde repousa o "sangue de Cristo", ou seja, que ela estaria grávida de Jesus Cristo.

Alguns teólogos consideram inaceitável a história narrada no romance de Dan Brown. Argumentam que Leonardo da Vinci se inspirou no Evangelho de João (no texto João 21:20), em que se fala do discípulo amado

---

[23] Apócrifos: neste contexto, são escrituras sagradas de autoria desconhecida ou suposta, sem comprovações documentais.

– que seria o próprio apóstolo João – e não propriamente nas passagens referentes à instituição da Última Ceia.

O Evangelho de Maria Madalena traz uma nova interpretação de quem teria sido Miryam de Magdala. Segundo esse evangelho, ela teria sido uma discípula de suma importância à qual Jesus teria confidenciado informações que não passou aos outros discípulos, sendo, por isso, questionada por São Pedro e Santo André. Ela surge ali como confidente de Jesus, alguém, portanto, mais próximo de Jesus do que os demais.

A CORAJOSA MARIA MADALENA

O Evangelho de Maria Madalena fala da liberdade de um ser espiritualizado: o poder de atravessar mundos e conhecer outras dimensões. Imaginemos alguém falando aos apóstolos sobre projeção astral (saídas do corpo/viagens astrais) há mais de dois mil anos atrás, sendo que hoje, muitos acham que isso é impossível de acontecer.

Os apóstolos rejeitaram as ideias de Maria Madalena acreditando que Jesus não revelaria a ela segredos que não teria revelado a eles mesmos, simplesmente pelo fato de ela ser uma mulher. Eles questionavam-se o tempo inteiro sobre o porquê de Jesus ter confiado a ela os segredos ocultos que transcendem a matéria.

Maria Madalena conseguiu comprovar que em uma única vida podemos evoluir muito, desde que estejamos dispostos e dedicados;

Sua inteligência e sabedoria eram tão enigmáticas que Jesus dividia com ela suas aspirações mais íntimas;

Existem teorias trazendo a ideia de que um tempo após a crucificação de Jesus, Maria Madalena havia saído de Jerusalém em um barco no mar da Galiléia rumo a Gália (hoje França), carregando em seu ventre um bebê, filho de Jesus.

Essa teoria parte da investigação de diversos historiadores que acreditam que o Santo Graal (traduzindo significa Sangue Real) seria o útero de Maria Madalena, que guardava o herdeiro de Jesus. Essas pesquisas sugerem que Jesus era carente da companhia de pessoas sábias e esclarecidas que pudessem compartilhar de todas as verdades do universo, até pelo nível de consciência da época.

Portanto, torna-se provável que houvesse um escolhido – nesse caso Maria Madalena – para que as verdades espirituais fossem transmitidas ao longo dos séculos, conservando no Santo Graal de Maria o DNA de Cristo, mantendo-o de geração a geração até os dias de hoje na Terra.

Hoje, os moradores da costa francesa não têm a menor dúvida de que lá ela chegou no século I, inclusive existindo comprovações históricas no interior de Provença, em Saint Bon, onde frades dominicanos guardam a tumba de Maria Madalena. A Igreja Católica não concorda com a ideia da gravidez, porém defende a sua vinda até Marselha, uma cidade próspera para a época, um importante porto onde circulavam as riquezas da França. Maria Madalena teria vindo para ensinar o evangelho aos habitantes, que estariam perdidos em vícios e ausência de espiritualidade.

Algumas pessoas a protegeram nessa viagem e acredita-se que daí surgiram os primeiros templários (que nessa época se chamaria de Ordem do Priorado de Sião), os cavaleiros que depois de muito tempo começariam a proteger os peregrinos à Terra Santa em suas viagens, cobrando taxas para a manutenção da Ordem dos Cavaleiros do Templo de Salomão em Jerusalém – Os Templários. Era uma ordem próspera que perdurou durante muitos séculos, defendendo todos aqueles que contratavam sua proteção. Os cavaleiros eram extremamente religiosos, faziam votos específicos ao entrar para a Ordem, como, por exemplo, a doação de todos os seus bens materiais, que ficava sob domínio da Sociedade Templária, o que os tornava muito ricos e fortes, visto que, numa época obscura de guerra, ignorância e disputa por poder, nada mais havia a fazer além de associar-se a grupos e sociedades com interesses afins.

Quando Maria Madalena chegou ao sul da França, acredita-se que tenha sido recebida por um povo descendente dos celtas e druidas que a manteve em segurança nas cavernas da região. Acredita-se que alguns escolhidos por ela para aprender seus ensinamentos seriam integrantes das antigas sociedades de gnosticismo.

A gnose tem como ideia central os ensinamentos ocultos e esotéricos de Jesus e Maria Madalena, que deveriam ser guardados até que a humanidade estivesse pronta para recebê-los; tanto que o Evangelho de Miryan de Magdala, ou Maria Madalena, teria sido guardado até o século passado, quando foi descoberto no mar Morto. Um dos pilares do gnosticismo revela que nosso universo foi criado por forças maléficas e que o mundo onde habitamos é um lugar involuído e que só podemos libertarmo-nos quando estamos em conexão com o Deus verdadeiro. A gnose defende a ideia de que o fato de estarmos presos a um corpo físico já é uma comprovação do mal: a falta de liberdade de irmos aonde quisermos, ou seja, a qualquer lugar do universo. Uma das ideias mais semelhantes entre a gnose e o evangelho de Maria Madalena é a de que os homens estão divididos em três tipos: os materiais/emocionais, os psíquicos e os espirituais, e que somente estes últimos estariam prontos para conhecer a verdade, já que para se tornarem espirituais teriam de transcender a matéria, a emoção, a psique e o espírito. Os gnósticos acreditavam que se conhecendo o verdadeiro Deus, qualquer prática ritualística torna-se desnecessária. Essa aspiração trouxe uma ameaça para a Igreja Católica, o que pode ter resultado em perseguições e ameaças aos gnósticos durante muito tempo, tanto que ao longo dos séculos as comunidades foram desaparecendo ou se ocultando no mistério das sociedades secretas. Sabe-se que hoje, os mandeus, uma comunidade que vive ao sul do Iraque, perpetua a herança de Maria Madalena com a maior discrição.

O Evangelho de Maria Madalena é de uma delicadeza incrível e fala basicamente sobre liberdade espiritual, universalismo, projeciologia, princípios herméticos e conscienciologia.

O maior legado de Maria Madalena foi exercer livremente seu papel, num mundo tão dominado pela brutalidade daquela época, em que as mulheres jamais poderiam exercer um papel de sacerdotisa ou mencionar sua sabedoria intelectual. O papel da mulher era simplesmente curvar-se e aceitar as imposições da sociedade da época. De forma discreta e sábia, Maria Madalena foi fundamental na construção da liberdade feminina dos dias de hoje.

Trechos do Evangelho de Maria Madalena

"O apego à matéria gera uma paixão contra a natureza. É então que nasce a perturbação em todo o corpo; é por isso que eu vos digo: Estejais em harmonia... Se sois desregrados, inspirai-vos em representações de vossa verdadeira natureza. Que aquele que tem ouvidos para ouvir, ouça".

"Após ter dito aquilo, o Bem-aventurado saudou-os a todos dizendo: Paz a vós – que minha Paz seja gerada e se complete em vós! Velai para que ninguém vos engane dizendo: Ei-lo aqui. Ei-lo lá. Porque é em vosso interior que está o Filho do Homem; ide a Ele: aqueles que o procuram o encontram. Em marcha! Anunciai o Evangelho do Reino".

"Pedro disse: 'O Salvador realmente falou com uma mulher sem nosso conhecimento? Devemos nos voltar e escutar essa mulher? Ele a preferiu a nós?'. E Levi respondeu: 'Pedro, você sempre foi precipitado. Agora te vejo lutando contra a mulher como a um adversário. Se o Salvador a tornou digna, quem és tu para rejeitá-la? Certamente o Salvador a conhece muito bem. Foi por isso que a amou mais que ama a nós".

LAKSHMI
A PRESERVAÇÃO DO UNIVERSO

Dentro das tradições hindus, Lakshmi é considerada a Deusa do amor, da beleza, da sorte, da prosperidade e do sucesso.

É a consorte do Deus Vishnu e por isso é eterna e onipresente, estando ligada a preservação universal. Na Índia, as manifestações da energia feminina são muito importantes, pois delas provém a energia que alimenta as criações dos deuses Brahma, Vishnu e Shiva.

A lenda sobre a origem de Lakshmi diz que numa era difícil, os deuses e devas[24] que habitavam o mundo estavam com seus poderes comprometidos devido aos feitiços dos demônios. Então um dos deuses foi conversar com Vishnu para encontrar uma solução. Vishnu os aconselhou a buscar o "amrita", um elixir que lhes recuperaria a força, os poderes e a juventude.

---

[24] Deva: espírito sagrado da natureza quem tem como desígnio materializar as aspirações divinas através da forma no plano material.

Para conseguir o elixir, os devas teriam que agitar o oceano e para isso contaram com a ajuda da serpente Vasuki, que seria utilizada como cabo e da Montanha Mandara, que seria usada como eixo rotativo. Diante da grandeza dos elementos envolvidos, essa seria uma tarefa muito difícil de ser cumprida, então Vishnu assumiu a forma do avatar Kurma – A Tartaruga Gigante que apoiou em suas costas a montanha, conseguindo agitar o oceano para produzir o amrita. Da agitação do mar, surgiram catorze presentes para a humanidade:

1) **Surabhi:** a vaca divina;

2) **Varuni:** a deusa do vinho;

3) **Parijaat:** a árvore celestial;

4) **Rambha:** a dançarina celestial;

5) **Chandra:** a meia lua que Shiva pegou para enfeitar sua cabeça;

6) **Vish:** o veneno consumido por Shiva;

7) **Kastubha:** a pedra preciosa reivindicada por Vishnu;

8) **Airawat:** o elefante com asas;

9) **Uchchaisravas:** o cavalo branco;

10) **Panchjanya:** a concha de Vishnu;

11) **Saranga:** o arco de Vishnu;

12) **Kaumodaki:** a clava (gada) de Vishnu;

13) **Dhanvantri:** o deus médico, segurando um jarro de medicamentos e amrita, o elixir.

14) **Lakshmi:** a deusa da fortuna, da beleza e da sorte, esposa de Vishnu.

Nesse momento, Vishnu a carregou do oceano até o céu e, cada vez que ele desce à Terra como um avatar, é acompanhado por um avatar de Lakshmi.

As representações de Lakshmi

Lakshmi é frequentemente representada como uma jovem morena de cabelos compridos, vestindo um sari vermelho com dourado e usando colares, braceletes e pingentes de pedras preciosas. Em sua cabeça há uma coroa (Mitra) que representa o Monte Meru, a "Morada dos Deuses", circundada por um aro de luz que simboliza a Luz Solar.

Na maioria das representações, a deusa aparece com quatro braços, os dois posteriores carregam flores de lótus (conhecimento desenvolvido); os braços anteriores mostram suas mãos doadoras de pepitas de ouro, símbolos da fortuna que entrega aos homens. As quatro mãos significam as finalidades da vida humana: dharma (atos de justiça e dever), karma (experiências materiais), artha (riqueza) e moksha (libertação espiritual final). As mãos da frente representam a atividade de mundo físico, e as de trás indicam as atividades espirituais que conduzem à perfeição espiritual.

O assento de lótus, onde a Deusa se posiciona em cima, sugere que devemos apreciar a riqueza, mas não devemos nos tornar obsessivos por ela. Nossa vida deve ser semelhante a flor de lótus que quando mostrada em vários estágios de florescimento, representa os mundos e os seres em vários estágios de evolução. A flor de lótus sustentada pela mão direita posterior nos dá a ideia de que devemos executar todos os nossos deveres de acordo com o dharma, que são as ações tomadas pra o benefício de todos os seres. Isso nos conduzirá ao moksha, que é a libertação espiritual final que está simbolizado por um lótus na mão esquerda posterior.

As moedas de ouro que caem na terra da mão anterior de Lakshmi ilustram o seu poder de doar riqueza e prosperidade para seus devotos. A companhia dos dois elefantes simboliza o nome e a fama, associados a riqueza temporal. A ideia é de que o devoto que obtiver a graça da riqueza não é tão somente para adquirir nome e fama ou para satisfazer seu próprio desejo material, mas deve compartilhar com o outro a fim de também propiciar-lhe felicidade. As trombas dos elefantes que sustentam guirlandas das quais jorram água, representam as águas do Sagrado Rio Ganges ou também o Amrita obtido através do "Batimento ou Agitamento" do oceano de leite do qual Lakshmi surgiu esplendorosa, com uma beleza sem par.

O Festival de Luzes de Lakshmi

O festival de luzes de Lakshmi, ou Diwalli é comemorado em 25 outubro e tem duração de uma semana. Na noite de abertura desse festival, as esposas hindus dançam para seus maridos. Lanternas de óleo são acesas por toda parte e pratos típicos são servidos. Esse é o Natal hindu, um período de boa sorte e prosperidade. Um dos costumes associados com o Diwalli é o jogo, especialmente ao Norte da Índia. Comenta-se que nesse dia a Deusa Parvati jogou os dados com seu marido Shiva e declarou que quem jogasse na noite de Diwalli, prosperaria durante todo o ano seguinte. Até os dias de hoje, os hindus conservam a tradição do jogo de cartas.

A comemoração é de grande importância para a comunidade dos negócios. As casas e locais de trabalho se renovam e se decoram. As entradas são enfeitadas com lindos desenhos para receber a Deusa da riqueza e da prosperidade. Para indicar sua tão esperada chegada, se desenha por toda a casa pequenas pisadas com farinha de arroz. As lamparinas e velas devem ser mantidas acesas por toda a noite. As mulheres compram algo de ouro ou de prata, ou algum utensílio novo para ser usado nessa noite.

Ao entardecer, quando se acendem as velas e lâmpadas de azeite, Laksmi é venerada com canções de devoção e oferendas de doces tradicionais.

Lakshmi representa a prosperidade mundana, é a abundância e riqueza, em particular nos aspectos domésticos. Ela é uma Deusa da fartura no lar e também muito popular entre empresários e comerciantes, os quais a adoram todos os dias antes de abrirem seus negócios. Em Nova Delhi há o famoso templo de Lakshmi-Narayan, que foi construído por um milionário hindu em agradecimento à riqueza que já conseguiu.

Mas, segundo os grandes sábios hindus, não existindo pureza interior, não poderemos desfrutar do dom de Lakshmi: o tesouro espiritual da iluminação. Por isso, são usadas muitas lanternas em suas festas, pois só a luz divina dissipa a obscuridade da ignorância, só a luz ilumina o caminho até a autorrealização, que é a maior fortuna que podemos aspirar: a paz interior, ou shanti.

Ísis – A filha da luz

Assim como no cristianismo existem os três princípios divinos que são reverenciados como Pai, Filho e Espírito Santo, no Egito Antigo a divindade sustentava-se em três pilares: a Deusa Ísis, o seu marido Osíris e o filho Hórus.

As antigas lendas egípcias referenciam Ísis como uma rainha poderosa, filha do Deus da Terra Geb, e da deusa do Céu, Nut. Como filha do Céu e da Terra, Ísis tem a atribuição de unir os dois mundos como intermediária, tornando-se a deusa-mãe do Egito, representando também o amor, o poder e a magia.

Conta a lenda que Ísis governou sabiamente o Alto e Baixo Egito ao lado de Osíris, introduzindo o trabalho e diversas atividades festivas e rituais no reino, como o conceito do casamento por exemplo. Enquanto Ísis permanecia no Egito, Osíris viajava pelo mundo, difundindo os costumes da civilização egípcia.

Certa vez, o irmão de Osíris, Set, organizou um banquete ao qual todos foram convidados. Porém o jantar tratava-se de uma cilada, uma vez que Set tinha a intenção de assassinar o rei Osíris e tomar seu lugar. Na festa, Set fez a seguinte brincadeira: ele havia encomendado um lindo sarcófago, incrustado de pedras preciosas, e prometeu dar de presente a quem coubesse nele. Osíris foi experimentar e, nesse momento, Set e seus comparsas, pregaram a tampa do caixão, tornando Osíris escravo da morte.

Quando Ísis percebeu o ocorrido, pôs-se a chorar, e de suas lágrimas surgiu o rio Nilo, que em sua forte correnteza levou embora o sarcófago de Osíris até o mar.

Após o incidente, Ísis, inconsolável, decidiu peregrinar pelo mundo até encontrar a urna com o corpo de seu amado, que havia se perdido no mar.

Segundo a lenda, o sarcófago chegou até uma praia na costa do Líbano e entrelaçou-se a uma árvore, que cresceu exuberante, demonstrando grande beleza, tanto que o rei pediu que a árvore fosse cortada e levada até o palácio, para ser utilizada como pilar.

Enquanto isso, Ísis continuava a buscar o cadáver de seu marido e, ao ouvir as histórias sobre a árvore, decidiu ir em busca da verdade.

Chegando em seu destino, sua beleza causou tanto impacto nas pessoas da região que logo Ísis foi levada até o rei e a rainha para que a conhecessem.

Os monarcas ficaram tão enfeitiçados com sua beleza que a convidaram para morar no palácio e tomar conta do pequeno príncipe, um bebê recém-nascido. Muito apegada à criança, Ísis decidiu conceder-lhe a imortalidade, através de um ritual de invocação do fogo. Certa vez, durante o ritual, Ísis assumiu a forma de uma andorinha, cantando suas lamentações. Encantada pela melodia, a rainha foi até os aposentos do bebê onde se deparou com um ritual hediondo, o que a fez expulsar Ísis do palácio. Porém, antes de partir, Ísis levou consigo o sarcófago com os restos mortais do marido e retornou ao Egito, escondendo a urna no Delta do Rio Nilo.

O irmão de Osíris, Set, descobriu onde a urna se encontrava e mais uma vez apoderou-se dela, partindo o corpo do rei em catorze pedaços e jogando-os no rio Nilo novamente. Desesperada, Ísis, com a ajuda de sua irmã, Néftis, conseguiu recuperar todas as partes do corpo de Osíris para então concretizar seu sonho: trazê-lo de volta do mundo dos mortos.

Então Ísis e Néftis organizaram uma vigília fúnebre, na qual suspirou ao cadáver do marido: *"Sou eu, sua amada. Não te afastes de mim, clamo por ti! Não ouves a minha voz! Venho ao teu encontro e de ti nada me separará!"*.

Durante muitas horas, Ísis e Néftis, com o corpo purificado, inteiramente depiladas, com perucas perfumadas e boca purificada por natrão (carbono de soda), pronunciaram encantamentos numa câmara funerária, impregnada por incenso. Ísis invocou todas as divindades egípcias para que a alma de seu amado conseguisse retornar do além. Todos os seus esforços foram vãos, então, a rainha assumiu a forma de um falcão, cujo esvoaçar restituiu a vida de Osíris, ressuscitando-o.

Em seguida, Ísis uniu-se a Osíris, mantendo-o vivo através da magia por tempo suficiente para que conseguisse engravidar. Alguns pesquisadores afirmam que nesse momento nasceu a dança do ventre, o encantamento mágico que Ísis teria utilizado para ressuscitar e seduzir Osíris. Após, ela ajudou a embalsamá-lo, preparando-o para a vida após a morte, surgindo daí os rituais egípcios de enterro.

Ísis então, encontrava-se grávida concebendo assim Hórus, filho da vida e da morte, a quem protegeria até que este se encontrasse capaz de enfrentar o seu tio Set, para restituir o trono que era seu por direito.

Quando Hórus nasceu, Ísis o manteve em segredo até a idade adulta para que ele pudesse buscar vingança em uma longa batalha que seria o fim de Set.

A magia de Ísis evoluiu ainda mais quando Rá lhe concedeu um pouco de seu poder. Ísis é frequentemente representada como uma mulher com asas de falcão, também amamentando seu filho Hórus.

Quando representada em forma de serpente, se ergue na fronte do rei para destruir os inimigos da Luz e ainda existe a simbologia de Ísis sob a forma da estrela Sótis, que anuncia e desencadeia as cheias do Nilo.

O QUE PODEMOS APRENDER COM A HISTÓRIA DE ÍSIS

Como em todas as lendas, existe um sentido metafórico que pode ser trazido e comparado com nosso comportamento, então aqui ficam algumas considerações:

O quanto sofremos pela dor da perda quando somos apegados a alguém?

O quanto acreditamos que as pessoas nos pertencem?

Por mais que nosso amor pelos entes queridos seja grande, existem algumas imposições da natureza e limites da matéria que precisam ser respeitados. Nessa lenda, temos como exemplo a própria morte, que é uma lei da vida, o encerramento de um ciclo natural para que um outro ciclo recomece, não importando se foi uma morte acidental, injusta (quem somos nós para julgarmos se foi ou não justo?), por doença ou não.

Quantos de nós já fizemos um papel semelhante ao de Ísis, torturando-nos em cemitérios em dias de finados, rezando, sofrendo, chorando e se lamentando por algo que não pode ser mudado. Toda essa ritualística de pensamentos nocivos são como venenos para nosso sistema imunológico, pois, além de causar perturbação ao espírito da pessoa que já partiu desse mundo e densificar o psiquismo do planeta, gera uma camada densa de emoções obscuras, atrapalhando a evolução espiritual de todos os seres humanos e do Planeta Terra.

É evidente que a morte causa dor e sofrimento e que não ficamos felizes quando alguém se vai, mas isso ocorre mais por uma questão cultural do que pela morte em si. Naturalmente, acreditamos que exista algo após, seja uma outra vida, seja uma outra dimensão livre de forma. Porém, nossa cultura individualista e baseada no apego, na dor, no medo e no sofrimento, faz com que sintamos falta do ente querido, pois gostaríamos de tê-lo por perto para desfrutar de sua companhia, ou seja, para nosso prazer pessoal. Esse comportamento é tremendamente egoísta, porque estamos pensando somente em nós mesmos. Muitas vezes nem pensamos se o ser que partiu estava com consciência elevada para que fosse acolhido nos planos superiores. Muitas vezes nem nos atentamos a fazer uma oração para que seu espírito se liberte do corpo físico, mas ficamos por horas, meses, anos, pensando na falta que esse ser "nos" faz.

Já adianta-se a hora dessa mudança começar.

Vamos iniciar por nós mesmos.

Meditemos sobre esses aspectos para que possamos iluminar nossas mentes e corações, e então a verdadeira Ísis surgirá dentro de nós, manifestando a magia do amor divino, que transcende a matéria e ilumina o espírito.

Parte IV

Arcanjos e Mestres de Outros Mundos

ARCTURUS

Arcturus é a estrela maior da constelação de Boöttes, que fica aproximadamente a 36 anos-luz do Planeta Terra. Lá, nessa estrela de quinta dimensão, viveriam os arcturianos, seres extremamente evoluídos que desenvolvem suas missões na vibração do amor universal.

Alguns colegas e eu ouvimos falar nos seres arcturianos alguns anos atrás, em um seminário, através do querido Mestre Nelson Theston, por quem tenho muito respeito e admiração. Imediatamente me afinizei com o nome "Arcturus" e, mesmo com poucas informações a respeito da Civilização Arcturiana, já na meditação, senti uma enorme ligação com a energia verde dos processos de cura por eles realizados.

Fiquei intrigada e me pus a pesquisar sobre esses seres maravilhosos, que de tão longe nos abençoam com sua luz divina. O melhor material que encontrei foi no livro *Mistérios Ocultos – ET´s, Antigas Escolas de Mistério e Ascensão*, do Dr. Joshua David Stone (Editora Pensamento), que, inclusive, recomendo a todos aqueles que gostam de uma boa leitura, sempre com temas novos, encantadores e incrivelmente bem embasados!

Abaixo, algumas informações sobre os Irmãos Arcturianos:

Os arcturianos consideram que o amor é o elemento fundamental para a sobrevivência, seja na Terra, em Arcturus ou qualquer lugar do universo;

Trabalham em comunhão com os Mestres Ascensionados, que eles chamam de "Fraternidade de Todos";

Esses seres abençoados viajam em suas naves estelares, que são as mais avançadas do universo e auxiliam na proteção energética do Planeta Terra;

Os arcturianos são esbeltos, de pequena estatura física e muito parecidos entre si, o que os deixa muito felizes, porque assim não existem competições acerca da beleza;

São seres amáveis e bem humorados, de pele esverdeada, olhos grandes e amendoados e possuem três dedos. Têm uma incrível capacidade telepática, capazes de mover objetos com a mente. Vivem em média de trezentos e cinquenta a quatrocentos anos terrestres;

As doenças inexistem no Planeta Arcturus, pois foram eliminadas há muitos séculos;

As profissões são determinadas pela frequência vibratória de cada um;

Os arcturianos recebem permissão para gerar seus filhos de acordo com a cor de sua aura. A reprodução se dá de forma energética, sem um ato físico e somente se o pai e a mãe estiverem em absoluta condição elevada, então o clone se faz;

Em Arcturus é uma grande honra ser escolhido para procriar, pois isso é sinônimo de alma elevada;

Os arcturianos desenvolvem muito bem a consciência de grupo, pois compreendem que a queda energética de um afetará todos os demais. Cada um é guardião do seu irmão e está sempre pronto para ajudá-lo. Cada um cresce no ritmo que lhe é confortável;

Em Arcturus não existem lagos, rios ou mares. Isso faz com que nossos irmãos arcturianos fiquem encantados com a nossa água e principalmente com a utilização que damos a ela, como o uso para diversão e recreação. Em Arcturus existe uma espécie de luz líquida que é a sua forma básica de energia;

Os arcturianos se alimentam de energia. Dormem uma vez por semana, somente para que suas almas viajem e se conectem a reinos mais elevados da consciência;

As bases arcturianas na Terra se encontram muitas vezes dentro de montanhas. Nossos irmãos arcturianos podem se materializar de forma física e também de forma etérica. A matéria física não apresenta obstáculos a eles;

Muitas almas são levadas até suas naves à noite, onde são trabalhadas e ajudadas, embora os arcturianos nunca invadam o livre-arbítrio de qualquer pessoa;

Os arcturianos se comunicam conosco através de telepatia, sonhos e projeções astrais;

Nossas orações e pedidos aos arcturianos podem ser feitas para que suas bênçãos venham acelerar nosso processo evolutivo aqui na Terra.

Experiência pessoal com o Senhor de Arcturus

Depois de várias pesquisas em livros e sites, os arcturianos passaram a fazer parte da minha vida. Nas orações, comecei a invocar a Divina Presença do Senhor de Arcturus e dos seres arcturianos, principalmente durante as terapias em consultório. Ainda intrigados, tanto eu quanto meus colegas, começamos a pedir o auxílio desses seres de luz durante os tratamentos de Reiki, durante as terapias de regressão, processos curativos e, num momento crítico de nossas vidas, recebemos muita ajuda desses amigos repletos de amor!

Um tempo passou e meu colega, também terapeuta, mencionou que gostaria de fazer uma terapia de regressão, pois estava se sentindo estranho e acreditava que pudesse ser influência de uma sintonia em vidas passadas. Gosto muito de atender esse amigo, porque, após as consultas, sempre recebemos muitos "presentes" e informações dos Mestres. Nessas ocasiões, inclusive, inspirações para livros e textos são afloradas.

Após a regressão terapêutica, num processo meditativo, muito real, nós dois juntos acessamos com a mente um cenário extrafísico, onde havia muitas pessoas trabalhando, inclusive seres arcturianos. Esse lugar ficava na escuridão do universo, como se fosse uma nave e era tão real como se estivéssemos nos teletransportado para lá, onde existia uma enorme abóbada envidraçada e se enxergavam estrelas, meteoros e a vastidão do universo de Deus. Entre as pessoas que lá estavam, havia uma mesa de reuniões com alguns mestres ascensionados conversando de forma muito divertida, como se estivessem contando histórias engraçadas e lembrando coisas boas. Existia muita alegria por lá e também um amor e paz profundos. Nesse momento, reconheci alguns professores aqui da Terra e alguns colegas escritores que lá estavam recebendo informações e inspiração para novos livros. De repente, surgiu um enorme ser, com aparência de formiga e com uma risada amorosa que emanava uma luz verde compassiva. Naquele instante, meu coração sentiu que esse Mestre era o Senhor de Arcturus. Seu olhar era tão doce que até hoje me emociono somente de lembrar. Ele veio muito feliz nos receber e disse:

"– Amados! Sejam bem-vindos ao Centro de Controle do Psiquismo Terrestre". Ele sorria muito.

Nós nem sabíamos o que fazer, tal era a grandeza de tudo! Então, esse ser iluminado começou a nos mostrar um enorme painel onde, através de mecanismos muito evoluídos, todos os dias, o psiquismo do Planeta Terra era medido e transmutado. Esse ser iluminado mostrou-se em formato de uma formiga e nos disse que não importava quem ele era, mas sim o trabalho espiritual. O Mestre parecia ser extremamente importante no contexto, como um ancião daquele local, inclusive aconselhando os Mestres Ascensionados que lá estavam. Ele nos mostrou inúmeras coisas, mas o que realmente importa é o que ele mencionou sobre algumas atitudes nossas (seres humanos) enquanto olhava o painel:

"Amados! Vocês não sabem rezar. Em vez de as orações ajudarem no psiquismo da Terra elas acabam atrapalhando, porque muitas pessoas pensam que rezar é se lamentar. A lamentação destrói a energia do Planeta, enquanto a verdadeira oração, eleva a energia de quem reza e do Planeta inteiro. Existe uma rede de orações no Planeta e vocês devem se conectar a ela antes de rezar para quem está mal. É preciso entrar na rede para se fortalecer, assim a oração ganha mais força e, quando direcionada para quem precisa, pode resolver as piores situações, até aquilo que vocês julgam impossível. Mas para ter mérito espiritual de se conectar à rede, é necessário eliminar totalmente qualquer forma de crítica e reclamação por pelo menos dez dias terrenos. Eliminando a crítica, vocês conseguirão entrar na rede e, assim, emanando orações ao Planeta, vocês podem nos ajudar a transmutar o psiquismo nefasto que está destruindo a Terra. Se vocês conseguissem reunir diariamente um estádio de futebol inteiro conectando-se à Rede Planetária de Orações, poderiam reverter completamente a situação precária em que a Terra se encontra. Porém, de nada adianta rezar com o coração cheio de crítica. Primeiro, é preciso vencer essa barreira."

E tudo isso era transmitido de maneira doce, alegre, sempre com um sorriso que emanava uma névoa verde amorosa. O Mestre também nos falou sobre vegetarianismo, mecanismos de obsessão como chips, implantes extrafísicos e também sobre auto-ignorância.

Quando acordamos desse lindo estado meditativo, meu colega e eu nos abraçamos, emocionados e agradecidos por tudo o que havia acontecido. Um tempo depois, uma aluna da instituição onde trabalho, o Luz da Serra, enviou-me um e-mail dizendo que, havia já uma semana, ela estava acordando às três horas da manhã, pontualmente, e que precisava de ajuda, pois não sabia o que estava acontecendo com ela e não queria recorrer às medicações alopáticas para dormir. Então respondi, sugerindo algumas plantas que pudessem ajudá-la, mas fiquei intrigada com aquele assunto. No dia seguinte, foram cinco e-mails com o mesmo tema. Na semana seguinte, dezenas de e-mails de alunos de várias partes do mundo, através de nosso site, referindo que estavam acordando às três horas da manhã, pontualmente, e que não conseguindo dormir, punham-se a rezar até conseguir pegar no sono. Aproveitei para enviar um único e-mail:

"Queridos amigos, alunos e colaboradores do Luz da Serra:

Muitos de vocês (de vários países diferentes) têm enviado e-mails questionando os motivos de estarem acordando pontualmente às três horas da manhã e perdendo o sono sem nenhum motivo, sentindo-se angustiados e inquietos.

Como temos recebido muitos e-mails de toda parte, resolvemos escrever para todos, pois o número de pessoas está aumentando muito e de repente alguém se sente constrangido em perguntar ou nem se deu conta de que o fato de acordar durante a noite pode ser um fator energético.

Conforme informações que recebemos, o padrão psíquico do Planeta Terra está cada vez mais complicado e denso devido a grande quantidade de sentimentos, pensamentos e emoções negativas que nós, seres humanos, disparamos a cada instante.

Os seres de luz do astral superior têm como meta amanhecer o dia com esse padrão psíquico transmutado e leve, e para isso precisam contar com a ajuda de pessoas especiais que estejam dispostas a auxiliar nesse processo de transmutação (pessoas espiritualizadas, que oram, reikianos, etc).

Então, quando você acordar de madrugada, faça uma meditação bem simples, imaginando o Planeta Terra envolvido em luz violeta ou verde e deseje profundamente, com todo o seu coração, que uma nova consciência de luz seja despertada no coração de todos os seres que aqui vivem, e visualize todos em harmonia (incluindo você, sua família, seus amigos). Visualize vários países do mundo, com as pessoas sorrindo, felizes e em paz. As crianças normalmente se imaginam abraçando o Planeta.

Segundo informações do Plano Astral Superior, se umas cinquenta mil pessoas simultaneamente fizerem esse processo meditativo, muuuuuitas coisas podem mudar.

Só nós, da egrégora do Luz da Serra, já somamos trinta mil!

Você não precisa acordar de madrugada para fazer. Provavelmente, se você fizer sua parte antes de dormir, não precisará meditar no meio da noite, e também é muito importante que você esteja atento ao seu padrão psíquico. Vigie seus pensamentos, sentimentos, emoções...

Se você conhecer alguém que esteja passando por isso, envie esse e-mail e peça a ajuda dessa pessoa.

É muito importante!!!!

Abraço de Luz a Todos!

Namaste."

Acordar todos às três da manhã foi a maneira que o mundo espiritual encontrou para fazer com que deixássemos de lado nossas preocupações mundanas para que pudéssemos dedicar um pouco de nossa atenção ao psiquismo que está destruindo nosso Planeta. Do contrário, a única maneira de transmutar essa energia densa que produzimos seria através das catarses da Mãe Terra, como enchentes, inundações, tsunâmis e terremotos, para que as descargas elétricas necessárias sejam feitas. Assim ocorreriam os desbloqueios das massas de energia densa por nós criadas. O aquecimento global está vinculado aos poluentes, ao desmatamento e ao consumo desenfreado de carne e outros produtos, mas também está associado ao aumento de nossas emoções inferiores, que nos levam ao desequilíbrio, à crítica, à reclamação, à insatisfação, aos desejos e, em seguida, ao psiquismo denso. Precisamos ajudar os Mestres na limpeza diária da energia terrestre, ou melhor, na prevenção para que chegue o dia, quem sabe, em que só teremos pensamentos bons e essa transmutação diária se torne até desnecessária.

Você pode, por direito e livre-arbítrio, contestar o que foi escrito neste capítulo. Tudo bem. Mas só peço uma coisa, caro leitor: invoque a presença dos arcturianos e sua vida nunca mais será a mesma. Modificar-se-á completamente, tornando-se abençoada, próspera e feliz! Faça o teste!

A HIERARQUIA ANGÉLICA

Atualmente, existem milhares de crenças religiosas em todo o planeta, divergindo em vários pontos de vista. A forma de ver Deus, o comportamento e as ações humanas são diversas até porque os sistemas de crenças foram estruturados por seres humanos, com falhas de caráter e sentimentos confusos, faltando clareza espiritual suficiente para disseminar a verdade divina.

Porém, existe um assunto em que a maioria das religiões concorda sem muitas discussões: a existência dos Anjos.

A palavra anjo tem origem no latim ângelus e significa celestial; em grego a palavra Àngelos traz a ideia de mensageiro. Estando presentes na vida humana desde os primórdios, os anjos são seres puramente espirituais com a missão de cumprir os desígnios do Criador.

Alguns pesquisadores acreditam que os Anjos trabalham puramente pela obra espiritual, cumprindo as ordens vindas da hierarquia celeste, não possuindo livre-arbítrio como os seres humanos. Sendo manifestações de luz do próprio criador, não poderiam exercer uma vontade separada de sua fonte de origem, pois trabalham unidos pelas causas divinas.

Seguindo o critério mais tradicional, são nove os Coros ou Ordens Angélicas: Serafins, Querubins, Tronos, Dominações, Potestades, Virtudes, Principados, Arcanjos e Anjos, distribuídas em três esferas.

1ª Esfera: É formada pelos Santos Anjos que estão em íntimo contato com o Criador. Dedicam-se a amar, adorar e glorificar a Deus numa constante e permanente frequência, em grau bem mais elevado que os outros Coros.

Os Santos Anjos da **1ª esfera** são:

• **Serafins:** O nome "seraph" deriva do hebreu e significa "queimar completamente". Segundo o conceito hebraico, o Serafim não é apenas um ser que "queima", mas "que se consome" no amor ao Sumo Bem, que é o nosso Deus Altíssimo. Segundo o livro *The Urantia Book*, existem os serafins cósmicos e também os celestes. Os celestes são os anjos que cercam o trono de Deus, subdivididos em: serafins de época, do progresso, os guardiães religiosos, os serafins da vida nacional, das raças, do futuro, da iluminação, da saúde, do lar, da indústria, da diversão e da pregação sobre-humana. Os serafins cósmicos seriam os responsáveis pela ordem do universo e são divididos em: serafim supremo, superior, supervisor, administrador, ajudantes planetários, pregadores de transição e serafins do futuro.

• **Querubins:** São considerados guardas e mensageiros dos Mistérios Divinos, com a missão especial de transmitir Sabedoria. No início da criação, foram colocados pelo Criador para guardar o caminho da Árvore da Vida. Na Bíblia, o nome dos Querubins é o mais citado, aparecendo cerca de oitenta vezes nos diversos livros. São também os Querubins os seres misteriosos que Ezequiel descreve na visão que teve, no momento de sua vocação: (Ez 10,12) Estas considerações atestam que os Querubins são conhecedores dos Mistérios Divinos.

• **Tronos:** Acolhem em si a Grandeza do Criador e a transmitem aos Santos Anjos de graus inferiores. São chamados "Sedes Dei" (Sede de Deus). Em síntese, os Tronos são aqueles Santos Anjos que apresentam aos Coros inferiores, o esplendor da Divina Onipotência.

2ª Esfera: São os Santos Anjos que dirigem os Planos da Eterna Sabedoria, comunicando-se com os Anjos da Terceira Hierarquia, que vigiam o comportamento da humanidade. Eles são responsáveis pelos acontecimentos no Universo. Esta Hierarquia é formada pelos seguintes Coros de Anjos:

• **Dominações:** São aqueles da alta nobreza celeste. Para caracterizá-los com ênfase, São Gregório escreveu: *"Algumas fileiras do exército angélico chamam-se Dominações, porque os restantes lhe são submissos, ou seja, lhe são obedientes"*. São enviados por Deus a missões mais relevantes e, também, são incluídos entre os Santos Anjos que exercem a "função de Ministros de Deus".

• **Potestades:** É o Coro Angélico formado pelos Santos Anjos que transmitem aquilo que deve ser feito, cuidando de modo especial da "forma" ou "maneira" como devem ser feitas as coisas. Também são os Condutores da ordem sagrada. Pelo fato de transmitirem o poder que recebem de Deus, são espíritos de alta concentração, alcançando um grau elevado de contemplação ao Criador.

• **Virtudes:** As atribuições dos Santos Anjos deste Coro, é o auxílio no sentido de que as coisas sejam realizadas de modo perfeito, removendo os obstáculos que querem interferir no perfeito cumprimento das ordens do Criador. São considerados Anjos fortes e perfeitos. Quem sofre de fraquezas físicas ou espirituais, deve invocar por meio de orações, o auxílio e a proteção de um Santo Anjo do Coro das Virtudes.

3ª Esfera: É formada pelos anjos que executam as ordens do Altíssimo. Eles estão mais próximos de nós e conhecem a fundo a natureza de cada pessoa que devem assistir, a fim de poderem cumprir com exatidão a vontade divina: insinuando, avisando ou socorrendo, conforme o caso. Esta hierarquia é formada pelos: Principados, Arcanjos e Anjos.

• **Principados:** São anjos enviados a príncipes, reis, presidentes, e órgãos como a ONU, pois atuam na formação de ideais coletivos. Na Bíblia, livro de Daniel, são também apresentados como protetores de povos: (Dn 10,13). São os anjos que levam as instruções e os avisos Divinos ao conhecimento dos povos que lhe são confiados. Porém, quando esses mesmos povos desviam-se do caminho divino, os Principados transformam-se em executores das leis do carma, de forma a reconduzi-los muitas vezes através do caminho da dor, de volta a Deus.

• **Anjos:** Os Anjos recebem as ordens das hierarquias superiores e as executam. Outro aspecto que precisa ser considerado, é o fato de que os Anjos, guardadas as devidas proporções, estão mais perto da humanidade e por assim dizer, convivendo conosco e prestando um serviço silencioso mas de valor inestimável à cada pessoa. Abaixo, um trecho do Livro Êxodo, da Bíblia: *"Eis que envio um Anjo diante de ti, para que te guarde pelo caminho e te conduza ao lugar que tenho preparado para ti. Respeita a sua presença e observa a sua voz, e não lhe sejas rebelde, porque não perdoará a vossa transgressão, pois nele está o Meu Nome. Mas se escutares fielmente a sua voz e fizeres o que te disser, então serei inimigo dos teus inimigos e adversário dos teus adversários"*. (Ex 23,20-22).

Os Arcanjos

Os arcanjos fazem parte de uma categoria angelical muito especial. Eles são considerados protetores e estão acima dos anjos na hierarquia divina, como se exercessem uma espécie de chefia sobre os anjos. Isto não significa que eles sejam mais importantes do que outros seres divinos, mas que possuem grandes poderes.

Os arcanjos têm a função de cuidar de vários aspectos da vida humana e, principalmente, trabalhar para o bem de todos. Fazem isso, por exemplo, iluminando o pensamento de governantes, cientistas, de médicos e pessoas ligadas à área da saúde. Eles também são os responsáveis pela transmissão das mensagens divinas. A seguir, algumas informações sobre os arcanjos mais conhecidos:

Arcanjo Gabriel

O nome Gabriel possui origem hebraica (Gabar'el) e frequentemente é traduzido como "Força de Deus" ou "Homem vigoroso de Deus".

É o Arcanjo associado a esperança, a anunciação, a revelação, sendo comumente associado a uma trombeta – é a Voz de Deus, o transmissor das notícias divinas. É citado diversas vezes na Bíblia. Ao Arcanjo Gabriel foi confiada a nobre missão de anunciar a vinda de Jesus Cristo. Segundo o profeta: *"Apareceu Gabriel da parte de Deus e me falou: dentro de setenta semanas de anos (ou seja 490 anos) aparecerá o Santo dos Santos"* (Daniel 9).

Por isso é muito venerado desde a Antiguidade. O termo de apresentação quando apareceu a Zacarias para anunciar-lhe que ia ter por filho João Batista foi: *"Eu sou Gabriel, o que está na presença de Deus"* (Luc. 1, 19).

São Lucas disse: *"Foi enviado por Deus o anjo Gabriel a uma cidade da Galiléia, a uma virgem chamada Maria, e chegando junto a ela, disse-lhe: "Salve Maria, cheia de graça, o Senhor está contigo". Ela ficou confusa, mas disse-lhe o anjo: "Não tenhas medo, Maria, porque estais na graça do Senhor. Conceberás um filho a quem porás o nome de Jesus. Ele será filho do Altíssimo e seu Reino não terá fim"*.

Segundo a tradição, o Arcanjo Gabriel é o mensageiro de Deus das Boas Novas, nos ajuda a dar bom rumo e direção à nossa vida, nos dá compreensão e sabedoria. É a ele que recorrem os que necessitam desses dons.

Segundo a religião islâmica, foi ao Arcanjo Gabriel que foi atribuída a revelação do Alcorão ao profeta Maomé.

Gabriel está vinculado a chama da Ascensão e à libertação do carma da humanidade.

Arcanjo Miguel

São Miguel Arcanjo, cujo nome significa "o que é um com Deus", é considerado o chefe dos exércitos celestiais e o padroeiro da Igreja Católica. É o anjo do associado à justiça. Seu nome é citado três vezes na Bíblia Sagrada:

No capítulo 12 do livro de Daniel: *"Ao final dos tempos aparecerá Miguel, o grande Príncipe que defende os filhos do povo de Deus. E então os mortos ressuscitarão. Os que fizeram o bem, para a Vida Eterna, e os que fizeram o mal, para o horror eterno"*.

No capítulo 12 do Livro do Apocalipse: *"Houve uma grande batalha no céu. Miguel e seus anjos lutaram contra Satanás e suas legiões, que foram derrotadas, e não houve lugar para eles no céu. Foi precipitada a antiga serpente, o diabo, o sedutor do mundo. Ai da terra e do mar, porque o demônio desceu a vós com grande ira, sabendo que lhe resta pouco tempo"*.

– Na carta de São Judas, lê-se: *"O Arcanjo Miguel, quando enfrentou o diabo, disse: – Que o Senhor o condene"*. Por isso São Miguel é mostrado atacando o dragão infernal.

Um grande número de pessoas tem devoção pelo Arcanjo Miguel, especialmente para pedir-lhe proteção contra as ciladas das energias densas. O Arcanjo Miguel pode ser invocado em situações de perigo, ou em qualquer situação que precisarmos de proteção. Porém, tem-se observado um grande número de devotos do Arcanjo direcionando todas as coisas aos cuidados de Miguel, inclusive futilidades. Fica aqui a dica de utilizar o discernimento em todos os casos, inclusive ao invocar a presença dos Arcanjos.

Miguel está associado à chama da fé, justiça, poder, coragem e força de vontade.

Arcanjo Rafael

Rafael significa "Deus te cura". Este Arcanjo tem como sua principal característica ajudar na cura dos doentes e, por isso, é o guardião da saúde. Ele age principalmente nas instituições sociais, nos hospitais e até mesmo em casas que estejam precisando de sua ajuda.

Além de influenciar na saúde física dos seres humanos, este Arcanjo também age sobre a saúde do espírito, ou seja, está sempre procurando confortar as pessoas nas horas de desespero e acalmar os sofrimentos interiores. Além disso, também é o responsável e guardião dos talentos criativos.

Na Bíblia Sagrada, o Arcanjo Rafael é citado no Livro de Tobias, que faz parte do Antigo Testamento. Foi o Arcanjo enviado por Deus para curar a cegueira de Tobias e acompanhá-lo numa longa e perigosa viagem para conseguir uma esposa. Está associado à chama da cura através da verdade.

Rafael, junto a Miguel e Gabriel, simbolizam a fidelidade, o poder e a glória dos anjos.

Façamos uma oração bem intencionada invocando a presença dos arcanjos em nossa vida, nosso lar, no trabalho, nos relacionamentos, na prosperidade, no planeta e em todas as ocasiões. A melhor oração é aquela que brota do nosso coração. Não nos preocupemos em decorar orações prontas. Os anjos reconhecem a vibração, a luz; portanto, é através de nossa energia que a oração será identificada. A grande missão dos anjos é o auxílio em nosso desenvolvimento espiritual, bastando que sejam invocados. Como respeitam as leis do universo e jamais interferem em nosso livre-arbítrio, só se aproximarão se assim desejarmos, através de nosso amor. É só chamar.

Ashtar Sheran
O Grande Comandante

Segundo pesquisadores do esoterismo, Ashtar Sheran é um ser etérico que comanda uma patrulha de naves estelares que circulam a Terra, protegendo-a de ataques de seres negativos de outras galáxias.

O "Grande Comandante", como também é conhecido, já estabeleceu muitos contatos com diversas pessoas em muitas partes do mundo. As descrições são idênticas, um rapaz com altura superior a dois metros, louro, com porte de anjo e com uma energia muito sutil e iluminada, o que faz muitos pesquisadores acreditarem que ele não possui um corpo físico, somente um corpo etérico.

A primeira pessoa a receber um contato do Comandante Ashtar foi George van Tassel, em 18 de julho de 1952. George recebeu uma mensagem telepática de uma mente espacial chamada Portia, avisando que seu chefe estaria para entrar neste sistema solar pela primeira vez. Aqui transcrevo algumas partes da primeira mensagem:

"Saudações seres de Shan (Terra). Eu os saúdo no amor e na paz. Minha identidade é Ashtar, comandante do setor Quadra, Estação de Patrulha Scare... O propósito desta organização é, em certo sentido, salvar a humanidade de si própria.

Há alguns anos, físicos nucleares penetraram o Livro do Conhecimento. Eles descobriram como explodir o átomo. Por mais abomináveis que os resultados tenham sido, pois essa força foi usada para a destruição, não se compara o que pode ainda ser...

Estamos preocupados, entretanto, com sua tentativa de explodir o elemento hidrogênio.

Quando explodirem o átomo de hidrogênio, eles extinguirão a vida neste planeta. Estão trabalhando com uma fórmula que não compreendem. Não estamos preocupados com o desejo do homem de continuar a guerra neste planeta Shan. Estamos preocupados com sua determinação deliberada de extinguir a humanidade e transformar este planeta em cinzas."

Essa mensagem ainda é muito atual.

Algumas pessoas duvidam da existência do Comando, do Comandante, da Patrulha Estelar em torno da Terra. Porém acreditamos que essa mensagem é verdadeira, não importando se foi canalizada do Grande Comandante ou de um Mestre Ascensionado. Pode até ter vindo do inconsciente de George van Tassel. O mais importante é a essência dessa mensagem dizendo que se os seres humanos continuarem se comportando de forma infantil, fazendo experiências grotescas com armas nucleares, não só o Planeta Terra correrá riscos, mas todos os Planetas do Sistema Solar, que o Universo levou milhões de anos para construir, podem ficar em desequilíbrio.

Da década de 1950 para cá, muitas outras mensagens do Comandante Ashtar já chegaram, através de canais mais e menos confiáveis. Acredito que a primeira mensagem é a que deve ficar mais impressa como pedido de ajuda e alerta desses seres que nos abençoam com sua presença.

Segundo alguns pesquisadores, o Comando Ashtar é a Divisão aérea da Grande Fraternidade Branca e trabalha junto aos Mestres Ascensionados, protegendo a humanidade e promovendo uma maior expansão de nossa consciência espiritual.

O Comandante é associado ao Arcanjo Miguel, e, juntamente com os Arcturianos, promove a proteção de nosso Planeta contra a invasão de seres de energia densa.

As canalizações de mensagens de Ashtar são tão comuns para algumas pessoas, que elas sabem com detalhes o que ocorre nas Naves-Mãe que, segundo os canalizadores, são milhares orbitando ao nosso redor.

Abaixo, uma das canalizações que descreve uma Nave-Mãe:

"As naves-mãe do Comando Ashtar, ou cidades do espaço, usualmente têm doze níveis. O primeiro é o da entrada e saída da tripulação. O segundo é um vasto almoxarifado de suprimentos para todos os outros níveis da nave. O terceiro é um zoológico, com animais de muitos mundos. O quarto é usado

para pesquisa agrícola, terra de cultivo, hortas e pomares. O quinto é o centro de moradia dos técnicos e de outras pessoas que trabalham nos quatro primeiros níveis. O sexto é o de recreação, com vastos parques e paisagens. O sétimo é o complexo médico. O oitavo é o da moradia para os evacuados, em caso de necessidade. O nono é o conjunto universitário, completo, com bibliotecas, salas de sabedoria, salas de concertos e áreas para outras atividades culturais. O décimo é onde os dignatários em visita se acomodam. O décimo primeiro é o Quartel general e a Grande Cúpula do Salão de Encontros. O último nível é referido como o domo. É o centro de controle piloto e a plataforma de observação dos oficiais. Visitantes têm a permissão de observar, com hora marcada e em grupos. Descendo, através do centro da nave-mãe, há um eixo circular que nada mais é do que um reator de força para toda a embarcação. Ashtar descreveu uma nave-mãe particular chamada Shan Chea como sendo a maior das cidades em órbita que circula no sistema solar. Aparentemente, é a nave onde o comandante Ashtar vive a maior parte do tempo."

O Resgate

Na década de 1950, de acordo com previsões e profecias da época, a vida da Terra seria exterminada na virada do último século, ou seja, no ano 2000. Então muitas pessoas ficaram aguardando um resgate em massa que seria efetuado pelas Naves do Comando Ashtar.

Como todas as profecias, essa existiu para trazer uma mensagem de alerta e consciência e, portanto, nenhuma catástrofe nuclear aconteceu no ano 2000, e por consequência, nenhum resgate.

Isso gerou muita discussão, porque alguns fanáticos estavam tão convictos de que a profecia iria ocorrer, que, acredito, prefeririam que o mundo tivesse acabado para não passar pela vergonha e desilusão de mudar de ideia quanto ao "Grande Resgate".

Imagine o que essas pessoas ouviram de seus familiares e amigos que discordavam de suas ideias.

Por isso o radicalismo não é saudável. Gera muito desconforto.

Nós, seres humanos, somos muito orgulhosos e temos muito a aprender. A verdade é relativa e depende do ponto de vista e observação de cada um.

O Comando Ashtar pode ser sentido nos nossos corações e é bom poder agradecer a esses seres maravilhosos por nos protegerem, mas sem radicalismos e sem querer convencer ninguém a nada. Todos os processos evolutivos devem ocorrer de forma natural.

A melhor nave para evoluirmos e resgatarmos nossa essência é a nossa Merkabah[25], nosso próprio veículo de luz, que transporta nossa alma imortal.

---

[25] Merkabah: A palavra Merkabah é composta por três palavras menores:
1. MER refere-se a um tipo muito especial de luz – um campo de luz induzido (ou eletromagnético), cuja descoberta remonta ao antigo Egito, durante a Décima Oitava Dinastia, com o estabelecimento de novas orientações da religião voltada ao culto do Deus Único. "Mer" era vista como campos de luz rotatórios girando em sentidos opostos no mesmo espaço. Estes campos são gerados através de técnicas específicas.
2. KA refere-se ao espírito individual.
3. BAH refere-se à interpretação espiritual de uma determinada realidade particular. Na realidade humana terrestre, "Bah" está normalmente associado ao corpo físico, alma ou realidade física. Em realidades em que os espíritos não têm corpos, "Bah" refere-se aos conceitos ou interpretações da realidade nos reinos específicos em que vivem.
Merkabah é o veículo de luz que transporta o espírito, a mente e o corpo para acessar e experimentar outros planos de realidade ou de potenciais de vida mais elevados. Podemos classificá-lo como um veículo interdimensional. Os antigos cabalistas conheciam-no como "a carruagem de Deus", sendo uma referência ao veículo de luz ao qual o ser humano tem acesso, capaz de transportar o espírito (e, em estágios mais avançados, até o corpo físico) para outras dimensões. Com a ativação da Merkabah, as pessoas passam a aprender mais sobre si mesmas e a conectar-se com seu Eu Superior. Assim, com a Merkabah ativada, começamos a vivenciar níveis de consciência mais elevados. A Merkabah é uma ferramenta que ajuda os seres humanos a expressarem todo o seu potencial. É um campo de energia cristalina que alinha simultaneamente o corpo, a mente e o espírito. Este campo estende-se em torno do corpo humano a distâncias variadas, podendo chegar até aproximadamente 15m, girando a velocidades às vezes maiores que a velocidade da luz. Na maioria das pessoas, este campo funciona muito lentamente ou então se encontra inteiramente parado devido à falta de uso. A Merkabah completamente ativada assemelha-se à estrutura de uma galáxia ou um OVNI. Através do AMOR DIVINO e do uso de certas técnicas, podemos reativar esse campo vital de luz em torno de nossos corpos. Sem AMOR INCONDICIONAL, a Merkabah é apenas uma máquina que não chega a permitir que o espírito criador retorne para casa e alcance altos níveis de consciência. Através de estudos dos ensinamentos sagrados de Lemúria, Atlântida e antigo Egito, unificados aos conhecimentos e estudos da Física Quântica e da Geometria Sagrada, foi possível a descoberta deste poderoso conjunto de técnicas que possibilitam alcançar a ativação completa do corpo ou veículo de luz., juntamente com a abertura do chacra cardíaco e o ancoramento das vibrações do AMOR INCONDICIONAL. Com isto adquirimos a capacidade de fazer uma limpeza dos canais energéticos sutis de nossos corpos, ampliando e expandindo nossa consciência. Pela geometria sagrada, trazemos à consciência a existência de vários campos magnéticos que circundam nossos corpos (um deles é o campo formado pela estrela tetraédrica), e através da ativação da Merkabah conseguimos acessar estes campos e projetar nosso ser para outras dimensões. A Merkabah capacita-nos a experimentar plenamente a expansão consciencial, conectando-nos com nossos potenciais mais elevados e restaurando o acesso e a memória das infinitas possibilidades do nosso ser.

Maitreya – O Cristo do Futuro

Em cada etapa da evolução humana, uma nova peça do quebra-cabeça se revela, firmando-se na Terra. Cada degrau produz uma maior expansão do Plano Divino e somos levados a um próximo nível de evolução consciencial. A cada avatar do Cristo que esteve sobre a Terra aprendemos um novo princípio, que durante milênios vai se instalando em nossos corações.

Talvez a peça do quebra-cabeça que esteja mais latente na memória humana seja o amor que Jesus veio semear e que, lentamente, germina dentro de nós.

Traduzindo do sânscrito, a palavra Maitreya nos traz a ideia de "amistoso" e "benevolente". É o nome esotérico para expressar o espírito iluminado de Cristo. Aqui, Maitreya será referenciado a "ele" no masculino, porém o Mestre é yin e yang, um ser completo.

É também chamado de "Buda do futuro". E muitos outros nomes. Poderíamos ficar aqui nomeando o Espírito Crístico por muitas páginas, mas não é essa a intenção, aqui os rótulos tornam-se desnecessários. Muitos são seus nomes e as formas de interpretá-lo.

Aqui falaremos de "Cristo" porque estamos no Ocidente e, para elucidar, ao mencionar Cristo não estaremos falando em Jesus, mas na alma crística e superior que habitou o corpo de Jesus a partir de seus trinta anos, após o batismo no rio Jordão.

Habitou também outras moradas, como Krishna, Hermes, Melquisedeque, Rama, Enoch, Gautama Buda e outros que se dispuseram a amar incondicionalmente todos os seres em sua missão como avatares. Maitreya/Cristo/Buda está no meio de nós e nossos corações estão Nele!

Atualmente, existem muitas versões sobre a próxima vinda do Cristo. Inclusive, algumas pessoas discutem sobre isso de forma ferrenha.

Particularmente, percebemos que o Espírito de Cristo está voltando como uma linda energia, que brota dos nossos corações na Nova Era de Luz que se aproxima.

Abaixo, algumas versões para que você possa comparar e discernir:

INTERPRETAÇÕES ESOTÉRICAS

A filosofia esotérica afirma que Maitreya é o mestre esperado pelas principais religiões, sob diversos nomes. Os cristãos conhecem-no como Cristo. Os judeus esperam-no como Messias. Os hindus aguardam a chegada de Kalki. Os budistas esperam Buda Maitreya e os muçulmanos chamam-no Cristo ou Messias.

Segundo os ensinamentos da Sabedoria Eterna, Maitreya é o irmão mais velho da família humana, tendo aperfeiçoado e manifestado dentro de si a divindade que é latente em cada pessoa.

VISÃO BUDISTA

Maitreya é como o budismo designa seu renovador, o próximo, que reiniciará o atual ciclo iniciado por Sidarta Gautama, quando os ensinamentos deste tiverem sido esquecidos neste mundo. Muitos cálculos têm sido apresentados para quando esse renovador do Budismo deverá renascer, como daqui a 3.000 anos.

O termo "Buda", o "Iluminado", refere-se a um ser que passou pela experiência do nirvana[26] e, em consequência, nunca mais passará pelo ciclo dos nascimentos e das mortes. A palavra é reservada aos seres que alcançaram esse estado por conta própria, num mundo que não conhecia ainda o budismo como religião, e que ensinaram aos outros a sua descoberta. A religião budista acredita na existência de vários budas: alguns existiram antes do Buda histórico, Sidarta Gautama, e outros surgirão num futuro distante.

A tradição Theravada[27] elaborou uma lista de cinco budas, quatro do passado e um do futuro (o Maitreya).

---

[26] Nirvana: a iluminação búdica, extinção de todas as aflições, representa o nascimento da liberdade. Libertação da roda de renascimentos.

[27] Theravada: é uma escola budista, considerada a mais antiga dentre as linhagens de budismo atualmente existentes.

Os budistas acreditam que o Maitreya vive no céu, onde aguarda renascer num futuro distante, quando os ensinamentos do Buda histórico tiverem sido esquecidos. Segundo alguns cálculos tradicionais, este Buda surgiria dentro de 5,6 bilhões de anos a partir da era atual ou 560 milhões de anos (igualmente a partir da era atual).

No Extremo Oriente, a chegada do Maitreya está associada ao início de uma nova era, na qual o mundo será transformado num paraíso. Na Índia desenvolveu-se, desde cedo, um culto em torno dele, que se deslocou nos séculos V e VI d.C., para a Ásia Central e China.

Antes da chegada do budismo ao Japão, as práticas religiosas desse arquipélago caracterizavam-se pela sacralização de determinados locais, como as montanhas ou os mares. As várias seitas do budismo japonês, apoiando-se nesse fenômeno, passaram a considerar certas montanhas como moradas do Maitreya. Uma tradição japonesa afirma que ele chegará num barco carregado com arroz.

As representações do Maitreya na pintura e na escultura tendem a retratá-lo sentado, com as pernas e tornozelos ligeiramente cruzados. Outro traço distintivo das suas representações é a presença de uma pequena stupa[28] na cabeça, que se relaciona com uma lenda segundo a qual Mahakasyapa, um discípulo do Buda histórico, aguarda em meditação perto de uma stupa a chegada do Maitreya, a quem ele entregará a veste e a tigela de Siddhartha Gautama, representando assim a passagem da autoridade de um Buda para outro. Na China é muito comum a representação do Maitreya como "Buda sorridente", aparentemente influenciada pela figura do monge Putai, conhecido pela sua afeição pelas crianças.

Versões atuais

Ao longo do século XX, surgiram inúmeras pessoas que se diziam ser Maitreya ou que recebiam mensagens suas. Um exemplo é Samael Aun Weor, que se autoproclamava o Avatar da Nova Era.

---

[28] Stupa: monumento espiritual. A Stupa representa o corpo, fala e mente de um buda, mais especificamente sua mente, e estágios da iluminação.

De acordo com uma tradição esotérica, baseada em canalizações de especialistas no assunto, Cristo não é um indivíduo, mas um cargo ou função da Hierarquia Cósmica.

Maitreya tem sido a alma do Cristo nos últimos 2.600 anos e ainda seguirá nessa função durante toda a Era de Aquário. Ele é o guia da Hierarquia Espiritual, ocupando, na atualidade, a função do Cristo. Na Palestina, há cerca de dois mil anos, o Cristo (Maitreya) trabalhou através de seu então discípulo Jesus. Desde o seu batismo no rio Jordão até sua crucificação, a consciência de Maitreya se fez presente, adentrando o corpo físico de Jesus durante três anos (dos trinta aos trinta e três anos de Jesus). Dessa forma, Maitreya revelou ao mundo a grande força espiritual chamada de "Amor".

Em 1948, o iminente reaparecimento de Maitreya foi revelado no livro de Alice Bailey, *A Reaparição do Cristo*. Nos últimos anos, a maior parte das informações sobre o retorno de Maitreya deve-se, principalmente, a Benjamim Creme, artista e autor britânico, que tem falado e escrito sobre esse acontecimento desde 1974.

Segundo Creme, Maitreya desceu de seu retiro no Himalaia em julho de 1977, passando a morar junto a uma comunidade indu-paquistanesa, em Londres. Ali tem vivido e trabalhado, aparentemente, como um homem normal. Sua mensagem pode ser resumida no compartilhamento dos recursos por todos. "*Não vim para criar seguidores*", diz Maitreya. "*Cada um de vocês deveria continuar desenvolvendo-se dentro de sua própria tradição religiosa*", diz Creme.

Segundo Creme, Maitreya está pronto a falar abertamente ao público desde 1982, mas espera um convite para fazê-lo. Do contrário, estaria infringindo o livre-arbítrio das pessoas.

A VISÃO DE RAMATÍS

O Arcanjo Planetário não pode estar presente, pois seu grau iniciático é muito alto e o impede de efetuar uma ligação direta com a matéria, pois já abandonou, em definitivo, todos os veículos intermediários que possibilitariam sua vinda.

Jesus Cristo, uma manifestação de Maitreya, teve que reconstituir as matrizes perispirituais usadas em outros mundos materiais extintos, para poder encarnar-se na Terra.

Jesus não é o Cristo, mas a "Consciência Angélica" mais capacitada para recepcionar e cumprir sua vontade em cada plano descendente do reino angélico até a Terra.

O Arcanjo Planetário possui sua Luz e Essência Vital em perfeita sintonia com a vontade e o plano de Deus, então alimenta a alma da humanidade. É a direção que nos orienta no caminho da evolução. É a voz interior que se manifesta em todas as coisas.

Na época de Jesus, o Arcanjo Planetário não podia reduzir-se ao ponto de vibrar a nível da mentalidade humana, ou habitar a precariedade de um corpo de carne. Alguém poderia colocar toda a luz do sol dentro de uma garrafa?

De acordo com a teosofia, os Arcanjos são seres de uma linhagem superior que evoluíram passando por todas as etapas ascensionais: pela sensação, quando animais; pela emoção, quando homens; pela sabedoria quando Anjos e pelo poder e glória quando Arcanjos.

Até o mais humilde átomo criado pela consciência espiritual voltará para a Casa do Pai e será acionado para sua angelitude e sua condição arcangélica, até que toda a lei do karma seja cumprida.

Todos podemos nos tornar Cristos quando a evolução do espírito atingir a absoluta perfeição e vibrar na frequência do amor universal.

O Cristo da Terra é a entidade espiritual que, atuando na consciência global de toda a humanidade terrícola, alimenta, nutre e atende a todos os sonhos e ideais dos homens. É a "Fonte Sublime", o "Legado Sideral de Deus", doando a Luz da Vida; o "Caminho", a "Verdade" e a "Vida", em ação incessante através da via interna de nossa alma.

Jesus codificou em linguagem simples e de execução fácil, o Pensamento e a Glória do próprio Arcanjo Planetário.

Cada planeta de nossa orbe tem seu Cristo Planetário e o Sistema Solar, por sua vez, tem um Logos Solar que rege todos os Cristos.

A segunda vinda de Cristo será exclusivamente pela via interna do espírito do homem e não conforme descreve a mitologia religiosa, pois, quanto mais se sensibiliza o ser, mais ele poderá absorver a luz espiritual do seu Cristo.

Sanat Kumara
O Logos Planetário

Segundo o Dicionário Michaelis da Língua Portuguesa, a palavra "logos" possui três significados:

1) Na filosofia de Platão, a razão como manifestação ou emanação do ser supremo;

2) Na filosofia de Heráclito, o princípio racional que governa e desenvolve o universo;

3) Na teologia cristã, o verbo de Deus, Cristo, segunda pessoa da Santíssima Trindade.

De acordo com uma antiga lenda tibetana, há milhões de anos, o Planeta Terra estava correndo perigo de extinção. Em seu infinito amor, Deus, o Todo, o Grande Espírito, na intenção de evitar uma catástrofe, enviou-nos um ser, uma alma iluminada que seria o Logos Planetário.

A tarefa de um Logos Planetário é ser a alma de todo um planeta. A diferença é que o Logos tem um corpo muito maior e é responsável pela evolução de todas as almas e formas de vida do planeta que ele habita. Todos os seres e todas as coisas vivem dentro de sua aura. Ele só ascensiona e deixa seu corpo físico, a Terra, depois que todas as vidas ascensionam juntas. Um Logos Planetário não é responsável por nenhum indivíduo em particular, mas por todas as formas de vida, simultaneamente.

Sanat Kumara, para tornar-se o Logos da Terra, teve que passar por um grande teste: dividir sua consciência em novecentos mil fragmentos, todos individuais e cada um deles encarnou em um local diferente. O objetivo dessa testagem era avaliar a capacidade que ele possuía de resgatar todos os fragmentos conscienciais de volta à Fonte, à sua própria mente.

Depois de alguns outros testes, ele estava pronto para, junto com seus irmãos Kumaras, aprender a estruturar um sistema de consciência amoroso e amparador para um planeta inteiro: a Terra.

De acordo com a lenda, Sanat já teria sido humano e foi graduando na hierarquia cósmica até atingir um alto nível iniciático que lhe permitiu a condição de Regente da Vida no Planeta Terra.

O trabalho de um Logos Planetário é montar uma estrutura no nível físico para todas as formas de vida em evolução (materializar), o que propicia a todas elas a possibilidade de evoluir e crescer.

Sanat Kumara alojou o Planeta Terra dentro do seu chacra cardíaco. Dentro de seu corpo, nós – enquanto seres humanos –, representaríamos o centro do livre-arbítrio e do amor. O discernimento de seu coração, pois é lá que estamos.

De acordo com a história tibetana, os Kumaras hoje habitam Shamballa: um lugar extrafísico para alguns e um estado de consciência para outros. De acordo com a lenda tradicional, Shamballa estaria situada perto das Montanhas do Himalaia e é de lá que recebemos toda a alimentação da vida do planeta. Existem histórias mais recentes que relatam uma mudança de Shamballa para outro lugar e que isso ocorre de vez em quando, desde que o Segredo de Shamballa foi revelado aos profanos (não iniciados).

A visão Hindu

Para o hinduísmo, Sanat Kumara é um dos Quatro Kumaras, mencionados em textos purânicos (Puranas-Literatura Sagrada Hindu) como nascidos da mente de Brahma e descritos como grandes sábios. Os Kumaras fizeram votos perpétuos de castidade contra a vontade de seu pai, negando-se a procriar sua espécie e permanecendo yogis, a fim de auxiliar na evolução do espírito humano e deixando que a evolução das formas materiais fosse auxiliada por seres com menor graduação iniciática.

Nas escrituras sagradas hindus, os Kumaras estão entre os doze grandes devotos que, embora livres da existência cíclica (roda de renascimentos ou samsara), realizam um trabalho espiritual para Vishnu pela sua condição iluminada.

Eles desempenham um papel significativo em várias tradições Hindus, especialmente nas associadas aos cultos de Krishna e Vishnu.

Nos Upanishads (escrituras sagradas hindus), Sanat Kumara aparece como um rishi (santo), e é uma das deidades do Jainismo[29]. Na cidade de Kataragama, em Sri Lanka, existe um santuário ecumênico a ele dedicado, que reúne pessoas de diversos credos.

Algumas fontes o identificam como Karttikeya, o deus da guerra e comandante-chefe do exército celeste (como o Arcanjo Miguel no Ocidente), cuja função é exterminar o demônio Taraka, símbolo da ignorância e da mente inferior.

Na Teosofia

Sanat Kumara é um misterioso personagem das tradições religiosas do Oriente, que foi apresentado ao Ocidente primeiro pelos escritos teosóficos de Helena Blavatsky, tornando-se hoje um nome familiar em círculos esotéricos. Segundo ela, Sanat Kumara pode ser entendido tanto como um ser real, como um símbolo para certas qualidades do intelecto superior, mas não fornece detalhes sobre este último aspecto.

Considerado um homem objetivo, é o mais virtuoso dos Kumaras, que afirma serem sete ao todo. É chamado variavelmente de "O Vigilante Solitário", o "Ancião dos Dias", o "Maha-Guru", o "Iniciador Único" e o "Eterno Donzelo de Dezesseis Anos" – uma vez que seu nome significa "sempre jovem". Esse personagem exerce a função de Senhor do Mundo, líder supremo de toda a hierarquia espiritual invisível que rege, auxilia e sustenta o nosso planeta.

Charles Leadbeater (Sociedade Teosófica) diz que Sanat Kumara representa o Logos na Terra, presidindo toda a evolução deste planeta ao longo de um extenso período de tempo. Leadbeater reitera a posição de Sanat Kumara como Senhor do Mundo e Iniciador Único, dizendo que todo aspirante, em determinado ponto de sua trajetória, é apresentado a este ser e que seu aspecto é tão extraordinariamente belo e majestoso, e emana tamanha aura de poder, antiguidade e onisciência, ainda que aparentando ser um jovem, que muitos não suportam a visão, como teria acontecido com a própria Helena Blavatsky.

---

[29] Jainismo: O jainismo ou jinismo é uma das religiões mais antigas da Índia, juntamente com o hinduísmo e o budismo, compartilhando com este último a ausência da necessidade de Deus como criador ou figura central.

Ainda segundo a Teosofia, o corpo físico de Sanat Kumara e o de seus auxiliares diretos, ainda que tenham forma humana, não são corpos naturais, como o são os corpos humanos, mas sim foram criados voluntariamente através de seu poder espiritual para habitarem neste planeta, e não sofrem corrupção, não necessitam de alimento e nem envelhecem.

Sanat Kumara seria originário de Vênus e, assim, não faz parte da raça humana, mas teria vindo para a Terra para acelerar nossa evolução, junto com outros três Kumaras, seus irmãos, e uma corte de seres iluminados, fixando-se em Shamballa, um oásis no Deserto de Gobi. Sua chegada teria acontecido há 6,5 milhões de anos atrás, num período crítico da evolução do planeta, quando a humanidade, ainda animalesca, não poderia progredir mais em seu caminho ascendente sem um estímulo superior que só poderia ser proporcionado pelos Senhores da Chama, como são chamados os Kumaras, despertando a inteligência humana (o fogo divino interior), tornando possível para os homens trilhar a senda oculta de desenvolvimento espiritual.

Por isso, os Kumaras são considerados os verdadeiros progenitores da humanidade e foram eles que teriam dado à humanidade as primeiras noções de arte, ciência e conhecimento espiritual, e seriam os fundadores de toda a vasta dinastia de santos e sábios iluminados, de todos os credos e épocas que já viveram sobre a Terra.

Outras fontes

A maior parte das escolas de esoterismo contemporâneas derivaram em maior ou menor grau da Teosofia, como apresentada por Helena Blavatsky e, em linhas gerais, elas têm Sanat Kumara na mais alta consideração.

Na corrente dos Ensinamentos dos Mestres Ascensionados, do Templo da Presença EU SOU, da Ponte para a Liberdade e escolas similares, Sanat Kumara também é considerado um grande ser, Regente do Mundo, embora alguns tenham opiniões ligeiramente diferentes acerca de seu status e funções, da época de sua vinda para a Terra e do número de seus auxiliares.

Benjamim Creme, um dos líderes do movimento New Age, em grande parte subscreve o que ensina a Teosofia, acrescentando que os Kumaras vieram para cá em veículos que, densificando sua estrutura atômica, tornaram-se visíveis e são o que hoje se conhece como os discos voadores, afirmando que ainda existe contínua comunicação desta forma entre a Terra e Vênus.

***

O nome de Sanat Kumara chegou recentemente à cultura popular do ocidente, causando muitas vezes estranheza, como tudo aquilo que é novo. E, muitas vezes, resistimos ao próximo passo evolucionário porque temos de quebrar muitos conceitos que estão enraizados desde as eras mais primitivas.

A verdade nunca é estática e está eternamente em movimento.

Também precisamos movimentar nossa consciência em outras direções e novos rumos para nunca corrermos o risco de tornarmo-nos seres em estagnação.

Parte V

A Grande Fraternidade Branca e os Mestres Ascensionados

A Grande Fraternidade Branca

No século XIX, a humanidade atravessava uma época difícil, de enorme ignorância espiritual. Crise essa que perdura até os dias de hoje. Assim, os Grandes Mestres, lá do Plano Superior, sempre muito atentos a nossa evolução, elaboraram um Plano Divino para que recuperássemos nosso caminho de volta à consciência divina.

Quando ocorreu a primeira fase de implantação do plano celeste, tomamos conhecimento da Grande Fraternidade Branca, um movimento silencioso para conduzir a humanidade na senda da espiritualidade e para que nos libertássemos de milênios vivendo no medo. Esse plano também previa a libertação daquele Deus de quem tínhamos medo, que era fragmentado, distante e separado de nós.

Acredita-se que o principal papel da Grande Fraternidade Branca foi o resgate do Deus interno que mora em nosso coração.

Nesse movimento, foi criada a Sociedade Teosófica, fundada por Helena Blavatsky (ver capítulo), para unir os conceitos espirituais do Oriente e do Ocidente e também para trazer aos seres humanos a universalidade das religiões.

A Grande Fraternidade Branca também é conhecida por outros nomes, como "Hierarquia dos Iluminados", "Governo Oculto", "Ponte para a Liberdade" etc.. A Hierarquia Espiritual é uma cadeia universal de seres de grande evolução que constitui o meio pelo qual Deus promove a descida da presença e do poder de Sua consciência. O nível de realização espiritual de cada um é o critério que estabelece a posição nesta escala chamada "Hierarquia".

A Grande Fraternidade Branca é composta de Anjos, Arcanjos, Elohim e Mestres Ascensionados. Todos os seres estão em processo de evolução e o trabalho desta Fraternidade da Luz é lembrar-nos que somos seres espirituais e com nossa consciência superior nos libertar da frequência vibratória que nos limita ao planeta Terra, e assim termos a chance de voltar a viver com nossas famílias cósmicas. Estamos sendo convidados a evoluir; por isso estamos nesta escola chamada Terra.

Quem são os Mestres Ascensionados

Os Mestres Ascensionados são seres que já viveram neste planeta em algum momento de suas evoluções e atingiram a supremacia, o completo domínio sobre o tempo, espaço e sobre as energias cósmicas. O mestre acumula todas as virtudes, talentos, conhecimentos e poderes que a alma adquiriu durante as várias encarnações.

Embora muitos mestres tenham alcançado a liberdade absoluta ao ascenderem na luz, resolveram não abandonar os seus irmãos e irmãs na Terra e passaram a ajudá-los. Esta é uma demonstração de extremo amor e dedicação ao próximo.

Os Anjos e Arcanjos

Todos nós já ouvimos histórias sobre os Anjos. Pessoas que foram "misteriosamente" auxiliadas quando estavam em perigo iminente. Eles nos avisam de modo a evitarmos situações de perigo. Guiam aqueles que têm de tomar decisões difíceis. Oferecem conforto, iluminação e cura. Os Anjos são uma extensão de Deus. Ele os criou para serem um elo especial de ligação entre nós e os planos superiores. Os Anjos são espíritos divinos, mensageiros enviados por Deus para entregar a Sua palavra a Seus filhos.

Já um Arcanjo é um hierarca das hostes angelicais, ou seja, tem um posto mais elevado na Ordem dos Anjos.

Os Elohim

Elohim é um dos nomes hebraicos de Deus, significando "Ser Poderoso" ou "Ser Forte". Também são espíritos de Deus. Os Elohim desempenharam um papel muito importante na Construção deste Sistema Solar e na preparação da Terra para a habitação.

Dentro da hierarquia dos Elohim existem os elementais, construtores da forma, espíritos da natureza que servem a Deus e ao homem nos planos da matéria. Esses espíritos são também chamados de elementais. Os seres do reino elemental são os seguintes: os "Silfos", ou Sílfides, que controlam o elemento ar; os "Gnomos" e as "Fadas", que controlam o elemento terra; as "Ondinas", que controlam o elemento água e as "Salamandras", que controlam o elemento fogo.

Os Sete Raios

Para compreender melhor como os Anjos e os Mestres Ascensionados podem nos ajudar, temos que compreender o mundo dos Sete Raios.

Na Terra, a Grande Fraternidade Branca é simbolizada pelo arco-íris que, segundo a Bíblia, é um elo de ligação entre Deus e o homem.

Do mesmo modo que um raio de sol, ao passar por um prisma, é refratado em sete cores, também a Luz espiritual se manifesta em Sete Raios. Cada Raio tem uma cor, frequência e qualidade específica da consciência de Deus. As sete cores dos raios são a divisão natural da pura luz branca. Essas sete cores representam as virtudes que o homem precisa desenvolver durante o seu "programa de evolução" para a sua ascensão. Devemos lembrar que em cada uma das chamas está armazenada uma determinada qualidade, e que todas são determinadas entre si, sendo que a soma representa o próprio divino.

Cada raio não é superior a outro, mas eles se complementam de forma divina. Cada alma encarnada está mais sintonizada com um desses Raios, o qual representa o seu verdadeiro caminho interno ou oculto. Como a alma precisa atingir a perfeição humana e espiritual nos Sete Raios para chegar à luz, em cada encarnação ela coloca a personalidade na condição de ganhar experiência em um dos Raios.

Devido à época de transição que a humanidade está atravessando, numa mesma encarnação, a alma pode ganhar experiências em mais de um Raio, dependendo do nível e da programação evolutiva da alma e de suas reais necessidades de crescimento espiritual.

Veja na tabela abaixo as sete cores (os sete raios) e as suas respectivas qualidades:

Raio	Cor/Raio	Qualidade Correspondente
1º	Azul	Fé, poder, força de vontade, coragem e proteção. Corresponde ao aspecto Pai da Trindade.
2º	Amarelo Dourado	Sabedoria, discernimento, sentimento, consciência. Corresponde ao aspecto Filho da Trindade.
3º	Rosa	Amor universal, inteligência ativa e criativa, compreensão, poder mental. Corresponde ao aspecto Espírito Santo ou Mãe da Trindade.
4º	Branco	Purificação e ressurreição.
5º	Verde	Verdade e cura.
6º	Púrpura	Paz, idealismo abstrato, devoção, contemplação, dourada lealdade.
7º	Violeta	Transmutação, alquimia, liberdade, precisão, ordem, disciplina, método.

Todos nós queremos saber qual é o Raio de nossa alma nesta encarnação e isso é mais fácil do que imaginamos. Basta pesquisar as características em cada um dos Sete Raios e fazer uma autoanálise frente às virtudes e limitações, facilidades e dificuldades, a maneira como pensamos, agimos, falamos, como gostamos de aprender, ensinar e executar. Precisamos sentir com o nosso chacra cardíaco com qual dos raios nos sentimos mais afinados, quais são os pontos que correspondem mais às nossas características pessoais. Nossa alma sabe qual é o nosso Raio. Basta deixarmos que ela nos transmita essa informação.

Através do trabalho com os Raios e seus regentes e os Mestres Ascensionados, temos uma compreensão, consciência e conhecimento da vida espiritual, de nossas almas e nossas vidas terrenas, que são muito mais abrangentes e transcendentes do que supomos.

Existem milhares de Mestres Ascensionados, e os que serão descritos nos próximos sete capítulos são os que, conforme a estrutura tradicional da Grande Fraternidade Branca, regem cada um dos Sete Raios.

El Morya Khan

O Mestre El Morya Khan, Regente do Primeiro Raio, esteve encarnado no século XIX e trabalhou fortemente na construção da Sociedade Teosófica. Foi o Mentor Espiritual de Helena Blavatsky e iluminou os ideais humanos, preparando-nos para a Era de Aquário.

Na Antiguidade, em suas outras encarnações, prestou serviço como governante de homens, monarcas e nações, tornando-se, assim, um perito nos assuntos de Estado, na psicologia do poder, da psique humana e do funcionamento da política das relações pessoais e internacionais.

Características do Primeiro Raio: poder divino, força, libertação pela fé.

Cor Associada: azul.

Arcanjo e Elohim: Arcanjo Miguel e Elohim Hércules.

Qualidades que podem ser amplificadas pelo trabalho com a chama do 1º Raio: proteção, fé, força, poder, perfeição, amor a Deus e suas leis, autocontrole.

Ajuda pessoal que pode ser obtida pela invocação a esta chama: direção e proteção divinas, libertação do medo e de dúvidas, fortalecimento da fé, proteção contra perigos físicos e espirituais.

Ajuda planetária que pode ser obtida pela invocação da chama azul: inspiração de líderes, aperfeiçoamento dos governos.

Outras encarnações do Mestre El Morya:

Foi Melquior, um dos três Reis magos;

Rei Artur da Bretanha;

Thomas Becket e depois Thomas More: ambos influentes políticos britânicos;

Akbar: importante imperador do Oriente;

El Morya Khan: última encarnação, na Índia, onde ascendeu em 1898.

Mensagem do Mestre El Morya[30]:

"O Poder no Homem.

Quando alguém vê as espumas do mar, muitas vezes não se lembra da profundidade de suas águas...

Quando o Homem pensa nos seus problemas, nas suas aflições pessoais, ele não pensa, não tem consciência da profundidade da sua encarnação; não tem consciência do que é a sua vida presente, que é a meta da sua essência e da consciência da sua alma.

Viemos aqui, e estamos vindo, cada vez mais fortes, cada vez mais presentes, para contar a esse Homem que ele não é feito de espumas, e nem tampouco das rochas onde as suas ondas se arrebentam.

O Homem é feito da mais profunda, da mais sublime e da mais forte consciência espiritual.

Estamos aqui com seres que querem saber de si; que querem ouvir a voz da sua alma, o som da sua essência, e sentir em si mesmos propagar-se a sua luz.

Falamos agora para os que estão presentes nesta sala, presentes hoje, nesta noite: despertem das suas espumas...

Vejam o quanto dos seus problemas pessoais, o tanto de tudo aquilo que os aflige neste momento é ilusório e passageiro.

Se pensam nas doenças, elas irão se manifestar. Portanto quem cria as doenças é o próprio Homem; é aquele que acredita que está doente.

Nós afirmamos: não há doença.

Não há dor.

Não há pena.

Não há martírio.

Não há necessidade de lâminas, nem bisturis nas mãos de cirurgiões habilidosos, pois o Homem não precisa de nada disso.

O Homem precisa é da sua fé, da sua crença e do seu Espírito purificado.

Meus filhos, queremos chamá-los para novamente entregarem as suas

---

[30] *Os Sete Mestres*, Maria Sílvia Orlovas, Ed. Madras, 2007.

vidas para o Divino que habita dentro de vocês, antes que as leis que regem a matéria se tornem irreversíveis.

Queremos novamente chamá-los à consciência da sua fé, à verdade do seu amor, à liberdade do seu espírito.

Não estamos aqui para jogar palavras como folhas ao vento...

Desperta, homem.

Acorda para a profundidade do seu azul.

Acorda para a consciência da sua alma.

Acorda para a sua potencialidade de amar.

Porque amar é a sua natureza, amar é o seu eu, amar é o seu Deus.

Acorda...

Eu sou El Morya.

Finalmente minha presença pode ser aqui chamada, cantada e evocada pelos meus Elohins, que mando que venham antes de mim.

Eles, além de construtores da forma, constroem pontes entre o Divino e o humano.

Portanto, vocês têm ouvido as palavras dos Elohins. Quero que despertem da ignorância, pois aquele que é próspero na sua fé, é próspero na matéria. Não acreditamos em impossibilidades, e eu, pessoalmente, não aceito nenhuma limitação.

Se as suas condições materiais (refiro-me aqui às condições financeiras) de vocês não são a prosperidade, perguntem a si mesmos onde estão deixando de crer, em que estão deixando de crer.

Por que não dão passagem ao seu espírito; por que não deixam que o seu Espírito cuide de suas contas bancárias?

Meus caros, não estamos falando de libertação?!...

Estamos falando de liberdade: o homem que não tem prosperidade em sua vida não é livre. O homem que não tem como pagar as suas contas no final de um mês não é livre.

Por isso, eu chamo a sua Consciência: por que não se permitem essa libertação?

Oportunidades existem, condições existem e a prosperidade, lembrem-se, é o estado natural.

Aquele que Nos serve deverá ser sempre abundante.

Se não houver abundância na vida de vocês, então se perguntem: a quem estão servindo?

Nós não fazemos nenhum apelo a condições financeiras, não precisamos de dízimos, porque o nosso Espírito é próspero.

Assim cada um de vocês deverá ser: façam brotar a prosperidade, como um sábio faz brotar a árvore de uma semente e da árvore o fruto.

Criem as possibilidades de riqueza dentro de suas próprias vidas.

Façam uso daquilo que chamei de ponte: os seus Elohins. Use-os para criar a prosperidade em cada meta, em cada situação de suas vidas.

Não aceitem a pobreza. Mas não briguem com ela... Não precisam ficar de cara fechada, mal-humorados, revoltados, pois assim estarão dando um poder a algo que não tem poder algum.

O poder do bem e do mal está no próprio Homem.

Eu, como professor, quero lhes ensinar: jamais desrespeitem o mal, pois ele existe na sua vida, quando também existe em seu pensamento.

Se em algum momento vocês desafiarem as situações, os problemas, as condições, estarão desafiando a si mesmos, levantando muros dentro de si, criando sombras para que depois seus caminhos sejam fechados..

E depois não venham reclamar, de forma ignorante, que Deus não os ouve.

Vocês não se ouvem!

Vocês não falam a linguagem adequada!

Vocês desconhecem a sua própria natureza e a sua própria capacidade de criar abundância!

O que eu estou falando é simples: abandonem o sentimento de pobreza.

Vivam com moderação, é claro; vivam com consciência, pois nem tudo aquilo que pensam, nem tudo aquilo que desejam é necessário para sua alegria.

Repensem seus valores, repensem, imaginando e pensando claramente:

O que eu preciso para ser feliz? O que eu preciso para viver?

O que é necessário para minha alegria?

O que é necessário para minha realização?

E quando obtiverem essas respostas do seu Ser Interno, saberão que estão mais próximos da abundância, pois abundância é o resultado de tudo aquilo que o Homem crê em seu coração.

Eu Sou El Morya."

Mestre Lanto

Mestre Lanto foi um grande sábio na China Antiga. Registros históricos de sua vida praticamente inexistem, o que torna lendário qualquer texto biográfico.

Segundo os ensinamentos da Grande Fraternidade Branca, Lanto foi mestre de antigos sábios e filósofos chineses e ascensionou quando estudava sob a orientação do Seu Mestre, cujo retiro está escondido nos Himalaias. Lanto dedicou-se ao aperfeiçoamento da evolução da Terra através da chama dourada, recebendo o nome de "Senhor Lanto – Grande Luz da Antiga China".

Hoje, Lanto é o mestre ascensionado que rege a chama dourada (Segundo Raio), orientando os professores, filósofos e educadores e ensinando a todos os seres humanos a senda da mestria através da iluminação. Também está associado à sabedoria, inteligência, conhecimento, desejo de conhecer a Deus e à iluminação.

Podemos pedir ajuda ao querido Mestre para que possamos absorver informações, dissolver a ignorância, o orgulho e as limitações da mente; estudar para passar em exames e na libertação de vícios. Também é muito importante invocarmos a presença da chama dourada neste momento crítico do Planeta Terra, pois ela tem o poder de atuar na revelação de erros dos governos e das empresas, ajudar na luta contra a poluição e trabalhar pela limpeza do planeta.

Em vidas passadas, Lanto foi um Sumo Sacerdote do Templo da Mãe Divina, da antiga Lemúria – continente perdido que ocupava grande área do oceano Pacífico –, onde foi um mestre no poder da precipitação. Teve diversas encarnações em Atlântida e encarnou também como um governante da China, contemporâneo de Confúcio.

Lanto continua a ser o Guru de gurus, não somente dos chineses, mas também de todas as almas que compartilham o seu amor pela senda dourada que conduz ao Sol dos Budas e bodisatvas.

Sendo um dos primeiros Guardiões da Chama Dourada, desempenhou um papel nos primeiros esforços de Sanat Kumara para salvar a humanidade da sua descida às trevas. O Mestre se ofereceu para acompanhar Sanat Kumara na sua missão e não pretendia nada menos do que reacender a Centelha Divina na humanidade que, por "involução", havia perdido o fogo original e a inteligência que animava a sua divindade.

Antes da sua ascensão, o Senhor Lanto decidiu que a Luz da chama do seu próprio coração brilharia fisicamente como prova viva, perante os seus discípulos. A chama trina é o Verbo (a Palavra, o Om) que se faz carne e pode, por isso, ser expandida e intensificada pela vontade do Mestre.

Lanto, pelo dinamismo dos decretos do seu coração, conseguiu aquilo que nenhum outro na história conhecida da Terra conseguira desde a época da queda do homem: Lanto adorava tanto a sua chama trina interior, que o brilho intenso dessa centelha divina podia, de fato, ser visto através da sua pele, produzindo um halo dourado suave que lhe enchia o peito.

Manteve-o em honra de Sanat Kumara até a sua ascensão, por volta de 500 a.C., para que os portadores originais de Luz pudessem lembrar-se da sua missão de iluminar o Planeta Terra. Ao longo dos séculos XIX e XX, Lanto deu o seu fiel apoio aos esforços de Saint-Germain para libertar a humanidade através da divulgação dos ensinamentos dos Mestres Ascensionados e da Chama Violeta.

Segundo alguns respeitados canalizadores da Mente Universal, na década de 1960, Lanto recebeu, do Conselho Cármico, uma dispensação permitindo que uma "poderosa e transcendente chama dourada da iluminação" fosse colocada a uma altura aproximada de trinta metros na atmosfera por cima dos estabelecimentos de ensino superior, universidades, seminários e faculdades de teologia em todo o mundo, para que os estudantes e corpo docente fossem ou viessem a ser receptivos ao conhecimento e à sabedoria das esferas superiores.

Características do Segundo Raio: sabedoria, alegria, ação.

Cor Associada: amarelo/dourado.

Arcanjo: Jofiel.

Elohim: Cassiopeia e Minerva.

Qualidades que podem ser amplificadas pelo trabalho com a chama do 2º Raio: sabedoria, inteligência, conhecimento, desejo de conhecer a Deus, iluminação.

Ajuda pessoal que pode ser obtida pela invocação a esta chama: absorver informações, dissolução da ignorância, do orgulho e das limitações da mente; estudar para passar em exames, libertação de vícios.

Ajuda planetária que pode ser obtida pela invocação da chama: revelação de erros dos governos e das empresas, ajuda na luta contra a poluição e limpeza do Planeta.

Profissões amparadas pelo Segundo Raio: professores, filósofos e educadores.

Outras encarnações de Mestre Lanto:

Sumo sacerdote do Templo da Mãe Divina, da antiga Lemúria (continente perdido que ocupava grande área do oceano Pacífico), onde foi um mestre no poder da precipitação;

Teve diversas encarnações em Atlântida;

Encarnou como um governante na China e contemporâneo do Mestre Confúcio.

Estudantes e professores, peçam ajuda!

O Mestre Lanto auxilia a todos os estudantes. Muitas vezes, o estudante inteligente e aplicado, por desequilíbrio emocional, é reprovado porque acontece o famoso "branco" na hora do teste.

Claro que precisamos estudar também! Não podemos simplesmente só contar com o Mestre Lanto sem ter aprendido nada fisicamente. Dedicação é uma tarefa necessária para quem quer aprender.

No entanto, deixo aqui uma dica: antes de dormir, faça uma oração, com suas palavras, pedindo para que, durante o sono, sua mente entre em contato com os bancos de dados do Astral Superior do assunto que você deseja se especializar. Por exemplo, se você precisa aprender matemática e tem dificuldade, faça a seguinte afirmação antes de dormir:

"Eu, fulano de tal, desejo, em nome de Deus, entrar em contato com os bancos de dados do Astral Superior para aprender matemática. Desejo passar a noite com os sábios da matemática, sendo treinado pelos espíritos da luz." Faça um agradecimento à sua maneira, a frase acima foi um mero exemplo. Use sua criatividade.

Já fiz muitas vezes antes de cursos, palestras e seminários e os resultados são incríveis. Faça o teste e depois me escreva dizendo o que aconteceu. Você vai se impressionar! Muitas pessoas, inclusive, tiveram sonhos incríveis com os Mestres, com o próprio Lanto e se tornaram "inteligentes" da noite para o dia, com uma extrema facilidade para assimilar conteúdos das mais diversas áreas. No ambiente terapêutico, nós brincamos, de forma sadia, e chamamos essa técnica de "download". Lembro aqui, principalmente aos mais jovens, que não existe malandragem. Você precisa estudar, porém adquire maior facilidade para aprender os conteúdos.

Oração do Mestre Lanto

Em nome do Universo
Eu me levanto para desafiar a noite
Para erguer a luz e ser um foco da consciência de Buda!
Eu Sou a chama do lótus de mil pétalas!
E venho levá-la em seu nome
Firme na vida nesta hora,
Estou de pé, empunhando o cetro de Crístico Poder
Para fazer brilhar a Luz,
Para trazer de alturas estelares
A consciência de Anjos, Mestres, Elohim, Centros Solares
E de toda a vida que é a presença do Eu Sou em cada um!
Reivindico a vitória em nome de Deus!
Reivindico a Luz da Chama Solar.
Reivindico a Luz. Eu Sou a Luz!
Eu Sou a Vitória! Eu Sou a Vitória!
Da Mãe Divina e da Divina Criança,
E a vitória que exalta a coroa da vida
E dos doze focos estelares que se regozijam
De ver a Salvação do Nosso Deus bem dentro da minha coroa
Em Pleno Centro do Sol de Alfa.
Está Feito!

Mestra Rowena

Regente do Terceiro Raio, Rowena sustenta os atributos divinos do puro amor incondicional de Deus, adoração, beleza e reverência.

O Templo do Raio Rosa localiza-se nos planos dimensionais superiores sobre a Inglaterra. Rowena é conhecida como a "Mestra da Delicadeza, da Diplomacia e da Beleza".

A amorosa Rowena interessa-se muito em estimular talentos, tanto os latentes como os já descobertos, pois toda emanação de vida é dotada de um talento ou aptidão que deve ser desenvolvida para seu progresso espiritual.

Do plano espiritual, Ela protege, estimula e mantém os seres realizados que já alcançaram suas metas nesta vida e faz o mesmo com os aspirantes à luz que estão se iniciando no caminho. É a energia que liga a ideia divina à forma física. É a essência do Amor Divino que une todas as formas e todos os átomos, que mantém o universo coeso e integrado.

A Chama Rosa representa o amor, a harmonia, a tolerância, o tato, a compreensão e a diplomacia. Sua energia possibilita ativar a sensibilidade que existe dentro de nós, dando-nos competência para procurar a felicidade e descobrir a beleza que existe em toda parte.

Para fazermos uma boa conexão com o Raio Rosa e Mestra Rowena, podemos utilizar um cristal de quartzo rosa, a pedra associada ao amor.

Características do Terceiro Raio: amor, perdão, desprendimento.

Cor Associada: rosa.

Arcanjo: Samuel.

Elohim: Órion e Angélica.

Qualidades que podem ser amplificadas pelo trabalho com a chama do 3º Raio: amor divino, compreensão, misericórdia, caridade, compaixão, perdão, conforto, beleza, criatividade, comunhão com a vida.

Ajuda pessoal que pode ser obtida pela invocação desta chama: desenvolvimento do amor, dissolução do egoísmo e do sentimento de não gostar de si próprio, falar de auto-estima, trazer novos amigos e novos relacionamentos na vida, ajudar as pessoas a se entenderem, encontrar objetos perdidos.

Ajuda planetária que pode ser obtida pela invocação da chama: cura de tensão étnica e racial.

Profissões amparadas pelo Terceiro Raio: artistas, designers, todos os que possuem uma natureza criativa.

Mensagem da Mestra Rowena, canalizada em um grupo de meditação do Luz da Serra:

"Até o imutável poderá tornar-se mutante. A mesma força que distancia duas almas, as une pela igualdade. Separando-se por orgulho, optam por caminhos diferentes, mas em algum lugar futuro, finalmente suas costas se reúnem, unindo-as pelos laços do passado e pelos seus corações. Então as palavras tornam-se desnecessárias e os corações se entendem percebendo o quanto são semelhantes em essência. Não há coração que não tenha uma porta de entrada. Não há coração desprovido de amor."

Seraphis Bey

O Grande Mestre egípcio Seraphis Bey é um personagem lendário, quase que mitológico. Sabe-se que foi um grande mestre disciplinador, um hierofante (iniciador) no Antigo Egito. Hoje, como Mestre Ascensionado, revê e treina os candidatos à ascensão, encarregando instrutores para percorrer com eles todos os passos que não foram dados no caminho dos Sete Raios.

O Mestre Seraphis Bey é o Hierarca do Templo de Luxor (Egito), mentor de almas ascendentes nas aplicações do fogo sagrado e arquiteto de ordens sagradas, da vida interior e de cidades da era de ouro. É o disciplinador militar das forças da Luz, da Paz e da Liberdade Cósmica. Apresenta dons na realização de milagres.

É o Mestre Ascensionado do Quarto Raio, foi Sumo Sacerdote no Templo da Ascensão na Atlântida e tem como sua principal característica a pureza, que revela a mais autêntica harmonia do amor.

Além da pureza e dos rituais da purificação da alma, as qualidades do Quarto Raio são o desejo de manifestar a perfeição dos padrões interiores e o desejo de autodisciplina.

Seraphis Bey foi Leônidas, o famoso rei espartano, e, numa outra encarnação, foi Fídias, o construtor do Partenon na Grécia.

Foi também o faraó egípcio Amenhotep III, levou o Egito ao auge do prestígio e da prosperidade (1417 a.C.);

O Mestre diz: *"Diariamente recebeis uma certa quantidade do fogo sagrado. Conforme o uso que lhe dais, ele aumenta ou diminui. Ele é vosso por livre-arbítrio."*

O Bem Amado Seraphis Bey exige dos discípulos que aspiram à ascensão uma disciplina rigorosa, já que não é fácil obter a graça celeste após tantas reencarnações ocasionadas pelo mau uso das energias divinas.

O Quarto Raio é a "Ponte" entre o reino interior da perfeição e a manifestação do Plano Divino no nosso mundo.

As emanações de vida que pertencem a este raio são, geralmente, dotadas de talento artístico, com tendências para música, danças clássicas, canto, teatro de óperas, pintura, escultura e arquitetura. Tais pessoas são quase sempre abençoadas com o poder espiritual e cheias de ânimo, bastante coragem e perspicácia, além de possuírem o dom de "penetrar e ver através das coisas".

Qualidades que podem ser amplificadas pelo trabalho com a chama do Quarto Raio: pureza, integridade, esperança, perfeição, moralidade, lei divina, plenitude, diretriz para a vida espiritual, desejo de conhecer e ser Deus em ação.

Ajuda pessoal que pode ser obtida pela invocação desta chama: revelar o propósito de sua vida, ajudar a trazer felicidade e alegria, estabelecer ordem e disciplina na vida, dar uma nova direção a sua carreira, trazer pureza ao seu corpo físico, mente e alma.

Ajuda planetária que pode ser obtida pela invocação da chama: ajuda nas operações para a manutenção da paz, levar consolo a vítimas de desastres naturais.

Profissões abençoadas pelo 4º Raio: artistas, músicos, arquitetos, escultores, projetistas.

Características do Quarto Raio: pureza, ascensão e evolução espiritual.

Cor Associada: branco.

Arcanjo: Gabriel.

Elohim: Claire e Astrea.

HILARION

O Mestre Hilarion é o Regente do Quinto Raio, que representa a verdade imortal, a ciência divina, de todos os ramos físicos e metafísicos da ciência e das artes curativas. Hilarion traz à senda iniciática aquele que procura a verdade: *"Conhecereis a verdade e a Verdade vos libertará"*.

Em épocas remotas, antes de o continente da Atlântida submergir totalmente, muitos sacerdotes e sacerdotisas de Ordens Brancas foram incumbidos da tarefa de levar para outros países os elevados ensinamentos da Sabedoria Divina. Um desses conhecimentos resguardados foi a Verdade.

O Mestre Hilarion encontrava-se no grupo de iniciados ao qual foi confiada a Chama da Verdade. O grupo navegou para o lugar onde se encontram as Ilhas Gregas.

Todas as emanações de vida materialistas que não acreditam na vida espiritual, os agnósticos e os céticos, devem ser recomendados à proteção do Mestre Hilarion, pois, com sua ajuda, poderão alcançar a exata compreensão da Verdade.

Na época da Missão de Jesus, Hilarion foi o apóstolo Paulo. Como discípulo, realizava muitas curas em nome de Cristo, pois acreditou nas palavras do Mestre: *"Aquele que crê em mim, nas obras que eu faço fa-las-á também; e maiores obras ainda fará. Porque eu vou junto do meu Pai"*.

No século XIX, Hilarion esteve com El Morya, Kuthumi, Saint-Germain e Djwhal Khul auxiliando na construção da Sociedade Teosófica.

Outras encarnações de Hilarion: A encarnação mais conhecida foi a de São Paulo (discípulo de Jesus); Em sua última encarnação, como Hilarion, passou vinte anos no deserto se preparando para a sua missão de curar as pessoas. Depois disso, começou a curar em nome de Jesus. Ascensionou no ano 371 d.C..

Cor associada: Verde.

Qualidades que podem ser amplificadas pelo trabalho com a chama do Quinto Raio: inspiração da verdade; cura; constância; integridade; visão espiritual.

Ajuda pessoal que pode ser obtida pela invocação a esta chama: ajuda na cura do corpo, mente, alma e espírito; inspiração para a prática e estudo da música, matemática e medicina (tradicional e alternativa).

Ajuda planetária que pode ser obtida pela invocação da chama: ajuda nas reparações das divisões entre as nações; inspiração para novas curas para doenças.

Profissões amparadas pelo Quinto Raio: médicos e todos aqueles que praticam a arte da cura; cientistas, engenheiros de todos os campos; músicos; matemáticos.

Arcanjo e Elohim: Arcanjo Rafael e Elohim Vista.

Mestra Nada

Nada é uma mãe cósmica e, como tal, vibra pelas famílias. A Era de Aquário é também conhecida como a idade de ouro da família, e através da Mestra Nada os Mestres Ascensionados podem ajudar os filhos e filhas de Deus.

A Mestra Nada é atualmente a Regente (Chohan) do Sexto Raio, que representa a paz, o amor e a devoção abnegada, a cooperação humilde, o serviço prestado, a cura e a paz. O Templo da Iluminação do Sexto Raio é extra físico (presente em uma dimensão não física) e está localizado na América do Sul.

A Mestra Nada atua também no Terceiro Raio que, junto ao Sexto, contribui com a ajuda de seus anjos e devotos, para amenizar a tensão mundial e o peso astral da consciência coletiva.

Esta Mestra nos ensina sobre a devoção a DEUS e o uso da palavra, traçando seu círculo de amor em torno dos lares e famílias que seguem o caminho espiritual e nas quais os padrões acertados e ações corretas são ensinados às crianças desde cedo.

É a advogada da alma diante do tribunal da Justiça Divina, unificadora de famílias e de Chamas Gêmeas (Almas Gêmeas); qualificadora do Amor como serviço a todas as partes da Vida.

Outras encarnações de Nada:
Na Atlântida, Nada prestou serviço no Templo do Amor;
Em outras encarnações, exerceu a advocacia e tornou-se perita na defesa das almas oprimidas;

Em sua última encarnação, Nada era a mais nova de uma família de crianças adotadas.

Cor Associada ao Sexto Raio: dourada e púrpura

Qualidades que podem ser amplificadas pelo trabalho com a chama do Sexto Raio: paz; paz interior; fraternidade; devoção e amor a Deus e ao próximo.

Ajuda pessoal que pode ser obtida pela invocação a esta chama: resolução de problemas de relacionamento pessoal, social e profissional; ajuda na criação de um ambiente harmonioso; inspiração e ajuda para enfermeiros, médicos, professores, conselheiros, juízes.

Ajuda planetária que pode ser obtida pela invocação da chama: promoção da paz, da fraternidade e do entendimento, justiça nos tribunais e ente as nações.

Profissões amparadas pelo Sexto Raio: sacerdotes, enfermeiros e todos os que ajudam a suprir as necessidades do próximo.

Arcanjo: Uriel.

Elohim: Tranquilitas e Pacífica.

SAINT-GERMAIN

Mestre Saint-Germain era conhecido na corte europeia pela fama de ser imortal. Bem humorado, elegante, inteligentíssimo e cavalheiro, chamava a atenção pelo seu intelecto e pelo ar misterioso.

O Mestre é o regente da nossa atual Era de Aquário e trabalhou fortemente na preparação do mundo para que chegássemos ao nível de consciência em que estamos hoje, participando dos momentos históricos mais importantes como a Revolução Francesa, a assinatura da Constituição Americana e a Construção da Sociedade Teosófica.

A condessa d'Adhemar o descrevia assim:

"Em 1743, propagou-se o rumor de que um estrangeiro, enormemente rico, a julgar pela magnificência de suas joias, acabara de chegar a Versalhes. Ninguém jamais foi capaz de descobrir de onde viera. Sua figura era bem proporcionada e graciosa, suas mãos delicadas, seus pés pequenos, e as pernas bem formadas, realçadas por meias de seda bem justas. Seu vestuário bem talhado sugeria uma forma de rara perfeição. Seu sorriso mostrava dentes magníficos, uma bonita covinha marcava-lhe o queixo, seu cabelo era negro e o olhar doce e penetrante. E, oh, seus olhos! Jamais vi semelhantes. Ele parecia ter cerca de quarenta ou quarenta e cinco anos de idade."

Mestre Ascensionado de altíssimo grau iniciático, Saint-Germain viveu durante muito tempo, no mínimo trezentos anos, e, para não chocar a sociedade da época, por diversas vezes fingiu sua própria morte, tanto que, em 1760, a condessa Von Georgy ouviu dizer que um conde de Saint-Germain havia chegado para uma festa na casa de Madame Pompadour, amante do rei Luís XV, da França.

A velha condessa estava curiosa, porque tinha conhecido o conde de Saint-Germain em 1710. Ao encontrar Saint-Germain, ficou completamente espantada: era jovem demais! Certamente, conhecera o pai dele em Veneza.

"Não madame, disse o conde. Mas eu mesmo vivia em Veneza no fim do último século e começo deste século e tive a honra de fazer-lhe a corte na ocasião...

Impossível! replicou a condessa, o conde de Saint-Germain que eu conheci naqueles dias tinha 45 anos mais ou menos e você parece ter 45 hoje!

Madame, eu sou muito velho, explicou o conde, sorrindo."

Na Europa, em 1742, o conde de Saint-Germain era um personagem de destaque na alta sociedade. Ele tinha passado cinco anos na corte do Xá da Pérsia, onde aprendeu a arte da joalheria. Ele conquistou os ricos e a realeza com seu vasto conhecimento de ciência e história, sua habilidade musical, seu charme, encanto pessoal e inteligência rápida. Falava fluentemente muitas línguas: francês, alemão, holandês, espanhol, português, russo e inglês, além de ser familiarizado com o mandarim, latim e árabe, bem como o grego e o sânscrito.

Na época de Luís XV, em Versalhes, 1758, além de ser conhecido como alquimista, ourives e lapidador, trabalhava com tintura em tecidos, de modo que jamais desbotavam.

Dizem que, certa vez, o conde assombrou a corte do rei Luís XV, quando o rei reclamou possuir um diamante de tamanho médio que, por ter um pequeno defeito, valia apenas seis mil libras e que, se tal falha não existisse, valeria pelo menos o dobro. Saint-Germain solicitou a pedra e, após um mês, devolveu-a ao joalheiro real, com o mesmo peso, sem que apresentasse a mínima anomalia.

Os diamantes que decoravam seus sapatos valiam a soma considerável de duzentos mil francos. O único retrato conhecido de Saint-Germain data da época em que frequentou Versalhes, entre 1758 e 1760. O autor do retrato é desconhecido.

O nome "Saint-Germain" não seria herdado de família, mas inventado por ele mesmo, versão francesa para o latim "Sanctus Germanus", ou "Irmão Santo".

Apesar da erudição, o conde não deixou muitos escritos. Dois destes raros trabalhos são: *La Tres Sainte TrinosoPhie* (A Santíssima Trinosofia ou A Santíssima Sabedoria Tríplice), encontrado na Biblioteca de Troyes, e *La Magie Sainte*, França, na Philosophical Research Society, Inglaterra, ambos "dedicados inteiramente aos segredos mais profundos da tradição esotérica".

Este manuscrito único, *La Tres Sainte TrinosoPhie*, é de máxima importância para todos os estudiosos da maçonaria e das ciências ocultas. Não só é o único escrito místico do conde de Saint-Germain, como também é um dos documentos mais extraordinários relativos às ciências herméticas jamais compilados.

Saint-Germain possuía uma magnífica biblioteca e sabe-se que escreveu sobre ciências ocultas, especialmente textos que foram usados por seus discípulos.

Quando o conde morreu, esses escritos desapareceram, possivelmente, recolhidos, tirados de circulação por membros da sociedade secreta à qual pertencia Saint-Germain, ainda que tal Sociedade seja outro mistério para alguém que fez parte de tantas.

As habilidades do Mestre

Nos quarenta anos subsequentes, naquela segunda metade do século XVIII, Saint-Germain viajou intensamente percorrendo toda a Europa. Aqueles que o encontraram e reencontraram ficavam impressionados com suas muitas peculiaridades e habilidades:

- Tocava violino como um virtuoso.
- Era um pintor de talento, considerado perfeito.
- Onde quer que estivesse, em suas viagens, sempre instalava um elaborado laboratório, provavelmente para seu trabalho em Alquimia.
- Parecia ser e vivia como um homem rico, de grande fortuna; todavia, não tinha contas em bancos.
- Participava frequentemente de jantares com amigos porque gostava da companhia deles, mas raramente foi visto comendo em público. Ele se mantinha, diziam, com uma dieta de farinha de aveia.
- Médico, curandeiro, mago, prescrevia fórmulas para remover as rugas e tingir os cabelos.
- Amava muitas de suas roupas, utilizando uma técnica perfeita para colori-las. Seus sapatos eram adornados com pedras preciosas.
- Dizia que podia fundir vários diamantes pequenos e obter um grande; e produzir pérolas de diferentes tamanhos.
- Relacionava-se, ou foi relacionado, com várias sociedades secretas, incluindo Rosacruzes, os Freemasons, Society of Asiátic Brothers (Irmãos Asiáticos), Cavaleiros da Luz, os Iluminati e a Ordem dos Templários.
- Voltaire, o renomado filósofo do século XVIII, teria dito sobre Saint-Germain: *"É um homem que nunca morre e que conhece todas as coisas"*.
- Ao longo do século XVIII, o conde de Saint-Germain continuou a usar seu espantoso conhecimento do mundo em meio às intrigas políticas e sociais da elite europeia.
- Na década de 1740, foi um diplomata conceituado na corte do rei Luís XV, desempenhando missões secretas na Inglaterra.
- Em 1760, cumpriu missão similar em Haia, na Holanda, onde encontrou o famoso sedutor Giacomo Girolamo Casanova. Sobre Saint-Germain, Casanova disse: *"Esse homem extraordinário... eu poderia dizer que ele tinha, com certeza, uns 300 anos de idade. Conhecia os segredos da*

medicina universal e dominava a Natureza; ele podia derreter diamantes... Tudo isso era brincadeira para ele".

- Em 1762, ele viajou para a Rússia onde, diz-se, participou da conspiração que colocou Catarina, a Grande, no trono. Depois, foi conselheiro do Exército Imperial Russo na guerra contra a Turquia (que os russos ganharam).

- Em 1774, Saint-Germain retornou à França, quando Luís XVI e Maria Antonieta ocuparam o trono. Diz a lenda que ele advertiu os monarcas sobre a Revolução que eclodiria quinze anos depois.

- Em 1779, ele foi a Hamburgo, Alemanha, onde se tornou amigo do príncipe Charles de Hesse-Cassel. Nos cinco anos seguintes, viveu como hóspede daquela corte, no Castelo de Eckernförde e, de acordo com os registros, ali morreu o Conde de Saint-Germain, em 27 de fevereiro de 1784, de pneumonia.

AS VIDAS PASSADAS DO MESTRE

De acordo com a Teosofia e os Ensinamentos da Grande Fraternidade Branca, o Mestre Saint-Germain viveu em diferentes épocas históricas, assumindo diferentes identidades, como as dos personagens históricos listados abaixo:

- Legislador durante a Idade do Ouro da Civilização, na região do Deserto do Saara, em uma colônia Atlante, quando o lugar ainda não era deserto, 70 mil anos atrás.

- Sumo-sacerdote em Atlântida, treze mil anos atrás, servindo à Ordem do Mestre Zadkiel, no Templo da Purificação, localizado onde, hoje, é a ilha de Cuba;

- Profeta Samuel, no século XI a.C., líder religioso em Israel. Profeta, sacerdote e o último dos Juízes hebreus.

- São José, no primeiro século d.C., marido-tutor de Maria e Guardião de Jesus.

- Santo Albano, a data de seu nascimento é incerta bem como a de sua morte, de modo que sua vida fica situada entre os séculos II e III, da Era Cristã. Junto com Julius e Aarão, é considerado um dos três mártires cristãos da Bretanha. Alban, que viveu em Verulamium, sendo pagão, acolheu um sacerdote cristão perseguido pelo imperador Diocleciano. Alban salvou a vida do religioso, fazendo-se passar por ele, e foi decapitado.

- Proclus, 410-485 d.C., Atenas. Considerado o mais destacado filósofo neoplatônico, escreveu vasta obra sobre filosofia, astronomia, matemática e gramática.

- Merlin, cuja vida é situada entre os séculos V e VI d.C., na Bretanha, foi mágico e conselheiro na corte de Camelot, do rei Arthur. Merlin teria inspirado a criação da Ordem dos Cavaleiros da Távola Redonda.

- Roger Bacon, Inglaterra, 1220-1292. Filósofo, reformador educacional e cientista experimental, precursor da ciência moderna por suas exaustivas investigações em alquimia, óptica, matemática e línguas.

- Saint-Germain, ainda agindo sob novas identidades, teria sido o organizador das Sociedades Secretas na Alemanha nos séculos XIV e XV. Está ligado à figura de Christian Rosenkreuz (Rosa-cruz).

- Cristóvão Colombo (1451-1506), acredita-se, nascido em Gênova, Itália, estabelecido em Portugal, alcançou, com uma pequena frota a América do Norte, em 1492, sob o patrocínio dos reis espanhóis Isabela e Ferdinando.

- Francis Bacon, (1561-1626), Inglaterra. Filósofo, homem de política, ensaísta e mestre literário. Segundo os Ensinamentos da Grande Fraternidade Branca, seria a verdadeira identidade de Shakespeare, além de pai da ciência indutiva, precursor da revolução científica. Após supostamente morrer no domingo de Páscoa, 9 de abril de 1626, assistiu ao próprio funeral, disfarçado. A seguir, teria, secretamente, viajado para a Transilvânia (na época, parte da Hungria; hoje, parte da Romênia) onde se instalou na Mansão Rakoczy, da família real húngara. Em maio de 1864, tendo alcançado sua ascensão física, ou seja, a imortalidade e eterna juventude, atributos do sexto grau da Iniciação, adotou o nome de Saint-Germain.

- Teósofos importantes, além de Helena Petrovna Blavatsky, afirmaram ter estado com Saint-Germain. Annie Besant o teria encontrado em 1896. Charles Webster Leadbeater escreveu que também esteve com ele, em Roma, 1926. Saint-Germain teria mostrado a Leadbeater um manto que pertencera a um imperador romano e revelou que, de fato, uma de suas residências era um castelo na Transilvânia. Guy Ballard, fundador do "Movimento Eu Sou", disse ter encontrado Saint-Germain no Monte Shasta, na Califórnia, em 1930.

- E ele continua aparecendo! No site Brother Veritus, uma notícia informa que, em 1987, na Pensilvânia, (USA), Saint-Germain visitou, em pessoa, o médium, místico, canalizador de transe, Philip Burley, a quem instruiu sobre o Caminho Espiritual e desenvolvimento da mediunidade...

Para qualquer outro homem, o registro de óbito do Castelo de Eckernförde seria o fim da história; mas não para o conde de Saint-Germain. Ele continuaria sendo visto nos séculos XIX e XX.

- Em 1785, portanto um ano depois de sua alegada morte, foi visto na Alemanha, com Anton Mesmer, o pioneiro do hipnotismo (ou mesmerismo). Muitos sustentam que foi Saint-Germain quem instruiu Mesmer na técnica-arte do hipnotismo e do magnetismo pessoal.

- No mesmo ano, 1785, dados oficiais da Maçonaria mostram que a Sociedade escolheu Saint-Germain como seu representante na convenção daquele ano.

- Depois da Queda da Bastilha, durante a Revolução Francesa, em 1789, a condessa d'Adhémar disse que teve uma longa conversa com o Conde de Saint-Germain. Ele teria revelado a ela o futuro imediato da França. Em 1821, ela escreveu:

"Eu tinha visto Saint-Germain novamente e, a cada vez, mais me espantava. Eu o vi quando a rainha (Antonieta) foi assassinada (executada pela Revolução de 1789), no 18 de Brumário; no dia seguinte à morte do duque d'Enghien, em janeiro de 1815, e na véspera do assassinato do duque de Berry. A última vez em que a condessa o viu foi em 1820 e ele sempre manteve a aparência de um homem de 45 anos..."

- Em 1774, apareceu na Baváia sob o nome de Conde Tsarogy.

- Em 1776, ainda na Alemanha, tornou-se Conde Welldone, especialista em cosméticos, vinhos, licores e elixires.

Depois de 1821, ao que tudo indica, Saint-Germain pode ter assumido uma outra identidade. Albert Vandam escreve, em suas memórias, ter encontrado um homem muito semelhante a Saint-Germain, que se apresentava como Major Fraser. Vandam escreveu:

"Ele se apresentava como Major Fraser, vivia sozinho e nunca se referiu à família. Gastava muito dinheiro embora a origem de sua fortuna fosse um mistério para todos. Possuía um maravilhoso conhecimento sobre todos os países da Europa ao longo de toda a sua História. Sua memória era absolutamente incrível e, curiosamente, frequentemente, dava a entender àqueles que o ouviam que tinha adquirido conhecimento em outro lugar além dos livros. Ele me disse, com um estranho sorriso que tinha conhecido Nero, falado com Dante e outras proezas".

O Major Fraser desapareceu sem deixar traço. Entre 1880 e 1900, o nome de Saint-Germain ressurgiu quando membros da Sociedade Teosófica, incluindo sua fundadora, Helena Petrovna Blavatsky, revelaram que o misterioso personagem estava vivo e trabalhando "pelo desenvolvimento espiritual do Ocidente". Atestando a veracidade da informação, existe até uma fotografia, genuína, onde aparecem Helena Blavatsky, Saint-Germain e os Mestres El Morya e Kuthumi. Essa fotografia é facilmente encontrada nos sites de busca da internet.

Em 1972, um homem apareceu declarando ser Saint-Germain (o que, em si mesmo, é um fato suspeito). Seu nome era Richard Chanfray. Virou atração na televisão francesa, onde fez o seu show, transformando, aparentemente, chumbo em ouro diante das câmeras. Chanfray cometeu suicídio em 1983, o que desacredita completamente sua suposta identidade com o conde, porque o suicídio e também o show na TV não são atitudes coerentes com a formação de um ocultista tão poderoso.

Saint-Germain, O Mestre Ascensionado

A biografia do conde de Saint-Germain, com tantos episódios mais ou menos fantásticos, sem dúvida, é o retrato de um personagem fascinante. A questão da imortalidade do conde talvez seja o ponto mais polêmico desta biografia.

Enquanto alguns defendem a ideia de um Saint-Germain alquimista, que se mantinha vivo e jovem ao longo de milênios graças a um miraculoso Elixir da Longa Vida, outros entendem que o conde atravessou Eras e protagonizou fatos históricos através de um processo de sucessivas reencarnações na rara condição de ter se mantido sempre consciente de si mesmo como

Ser imortal, beneficiando a si mesmo e aos outros com o conhecimento adquirido nas experiências de tantas vidas.

Não obstante a notoriedade das personalidades assumidas pelo conde, "São José", "Francis Bacon", "Cristóvão Colombo" etc., foi como conde de Saint-Germain que esse Espírito Peregrino tornou-se mais famoso e lendário.

Após sua última morte oficial, no Castelo de Eckernförde, em 1784, aquele Espírito teria alcançado, enfim, a condição de Chohan, Guardião da Chama Violeta, Mestre Ascensionado da verdadeira, invisível e espiritual Grande Fraternidade Branca.

A crença nos Mestres Ascensionados, embora tenha origem antiga, somente começou a se tornar conhecida no Ocidente a partir da divulgação do trabalho e das publicações da Sociedade Teosófica, na segunda metade do século XIX.

Helena Petrovna Blavastky, pioneira da teosofia, falou sobre estes Mestres em escritos como "The Mahatmas", "Masters of Wisdom" e "Elder Brothers":

"São chamados de mestres porque orientam espiritualmente os seres que estão em busca de evolução espiritual na Terra; e ascensionados porque já encarnaram e evoluíram hierarquicamente, afastando-se das limitações do plano terreno em direção à Luz, à ascensão espiritual."

O Livro de Ouro de Saint-Germain

Saint-Germain, o conde imortal, depois de morrer no século XVIII, além de ter aparecido na Europa e na América dos séculos XIX e XX, também escreveu livros!

Mistérios Desvelados e *A Presença Mágica EU SOU*, este último muito conhecido, traduzido para o português sob o título de "*O Livro de Ouro de Saint-Germain*, foram supostamente ditados pelo próprio Saint-Germain a Guy Ballard, 1878-1939, pseudônimo de Godfré Ray King, na década de 1930, na região do monte Shasta, Califórnia.

O Livro de Ouro de Saint-Germain foi o pai de todos os livros de autoajuda, pois recomenda e instrui sobre programas de controle do pensamento no sentido de promover a concentração mental em comandos e frases positivas, construtivas, restauradoras da vida pessoal e social em todos os seus aspectos. São frases positivas dirigidas a qualquer objetivo de melhoria: desde mentalizações para a cura de doenças, para o saneamento da vida financeira, para ter um corpo perfeito, até a meditação para ajudar a humanidade a sair do caos!

A ideia central é a afirmação da presença de Deus no Eu (Superior) de todas as pessoas. A doutrina é complexa, mas a prática é simplificada. Consiste no exercício diário das afirmações. O fundamento da prática é um antigo dogma ocultista: *"Pensar é criar; falar é criar"*; ou seja, toda realidade física (saúde, dinheiro, relações pessoais) e metafísica (disposições de espírito como tristeza, agitação, revolta, mágoa etc.) pode ser modificada pela ação do pensamento e do verbo (palavra) humanos. Assim, vemos que a Lei da Atração não se trata de nenhum segredo. Apenas esquecemos dessa lei por um tempo, por pura distração.

Cor associada ao sétimo raio: violeta.

Qualidades que podem ser amplificadas pelo trabalho com a chama do Sétimo Raio: liberdade, justiça, tolerância, misericórdia, perdão, transmutação, transcendência, diplomacia.

Ajuda pessoal que pode ser obtida pela invocação a esta chama: dissolução do carma negativo, dissolução das memórias dolorosas e dos traços negativos da personalidade.

Ajuda planetária que pode ser obtida pela invocação da chama: negociações de paz, dissolução das memórias de discórdia entre as nações.

Profissões amparadas pelo Sétimo Raio: diplomatas, escritores, defensores da liberdade, atores.

Arcanjo: Ezequiel.

Elohim: Arcturus e Vitória.

Parte VI

Mestres da Nossa Era

ALICE BAILEY

Alice Ann Bailey foi uma das personalidades mais importantes da nossa época. Sua vertente espiritualidade lhe concedeu coragem suficiente para dar continuidade à obra de Helena Blavatsky, trazendo ao mundo o conhecimento oculto e milenar dos Mestres da Grande Fraternidade Branca. Alice dedicou sua vida inteira à obra espiritual nos deixando uma incrível herança de vinte e quatro livros, canalizações do Mestre Tibetano Djwhal Khul:

- *Iniciação Humana e Solar*
- *Cartas sobre Meditação Ocultista*
- *A Consciência do Átomo*
- *Um Tratado sobre o Fogo Cósmico*
- *A Luz da Alma*
- *A Alma e Seu Mecanismo*
- *Do Intelecto à Intuição*
- *Um Tratado sobre Magia Branca*
- *De Belém ao Calvário*
- *Discipulado na Nova Era. Vol. I e II*
- *Problemas da Humanidade*
- *O Reaparecimento do Cristo*
- *O Destino das Nações*
- *Miragem: Um Problema Mundial*
- *Telepatia e o Veículo Etérico*
- *A Autobiografia Inacabada*
- *Educação na Nova Era*
- *A Exteriorização da Hierarquia*
- *Um Tratado sobre os Sete Raios*
- *Vol. I – Psicologia Esotérica*
- *Vol. II – Psicologia Esotérica*
- *Vol. III – Astrologia Esotérica*
- *Vol. IV – Cura Esotérica*
- *Vol. V – Os Raios e as Iniciações*
- *Os Trabalhos de Hércules*
- *Morte: A Grande Aventura*

Desde adolescente, Alice contatava o Mestre Kuthumi e dizia pertencer a uma equipe de discípulos da Grande Fraternidade Branca. No livro *Autobiografia Inacabada*, Alice menciona que seu grande sonho é ver a humanidade compreendendo os Mestres Ascensionados de forma real, tal como se apresentavam para ela e para todos os outros iniciados.

A obra de Alice Bailey é uma enciclopédia indispensável para quem procura trilhar o caminho do conhecimento espiritual.

A BIOGRAFIA

Alice nasceu na Inglaterra, em Manchester, no dia 15 de junho de 1880. Ainda criança ficou órfã de pai e mãe e foi morar com uma tia, juntamente com seu irmão. Mesmo vivendo numa família de muitas posses materiais, a menina manteve-se um tanto rebelde aos protocolos sociais da época. Desde criança, sua espiritualidade e caráter caridoso já começaram a manifestar-se e, quando atingiu a maioridade, ingressou nos serviços voluntários e obras cristãs para jovens; o que a levou a seguir o cristianismo de forma fiel, discursando e professando a fé através dos evangelhos.

Trabalhando com grande empenho nas causas sociais, certa vez Alice precisou viajar até a Índia, quando auxiliava como voluntária nos Lares para Soldados. Ao adentrar a cultura hindu, a moça inverteu completamente sua ótica, mudando sua percepção sobre a espiritualidade. Essa nova forma de enxergar as várias manifestações do mesmo Deus, lhe trouxe uma consciência universalista e flexível, para que mais tarde ela pudesse canalizar as informações do Mestre Ascensionado Djwhal Khul, o Tibetano.

Alice se casou e teve três filhas, porém separou-se e foi para os Estados Unidos, onde conheceu Foster Bailey, seu segundo marido com quem permaneceu por toda a vida. Foster foi seu grande companheiro, que a ajudou na materialização de toda a obra que viria para iluminar nossas consciências. Alice foi incansável e durante trinta anos, através dos livros, palestras, conferências e inúmeras viagens, cumpriu seu papel como disseminadora da verdade divina para a humanidade. Devido à carga de trabalho, sua saúde não era tratada com prioridade, o que a fez partir desse mundo em 15/12/1949.

A ESCOLA ARCANA E A BOA VONTADE MUNDIAL

A Escola Arcana foi fundada por Alice e seu marido Foster em 1923, com o intuito de formar um grupo de pessoas que pudessem conversar livremente sobre qualquer assunto espiritual, sem prender-se a dogmas, juramentos, doutrinas, paradigmas. A Escola Arcana possui uma ideologia livre e simples, onde as pessoas se reúnem para meditar, estudar assuntos esotéricos e interpretar a verdade de acordo com o coração de cada um.

Na Escola Arcana o único mestre a ser seguido é o mestre interior, o homem espiritual que reside em cada ser humano, ou "Cristo em Nós" como dizia Alice, inclusive os participantes poderiam seguir outras filosofias religiosas ao mesmo tempo em que frequentavam as reuniões Arcanas. Enfim, o propósito na época era formar um grupo onde a liberdade de cada um fosse respeitada em toda a sua plenitude.

Durante o período entre as duas Guerras Mundiais, Alice e seu marido Foster fundaram a Boa Vontade Mundial, um movimento existente até os dias de hoje que possui ideais de paz e de desenvolvimento da consciência humana através do diálogo, do amor, da justiça, não-violência e liberdade. Para o movimento da BVM, o ódio, o separatismo e o egoísmo representam as maiores ameaças para o crescimento mundial. A BVM é reconhecida pela ONU e possui um ideal pacifista importante para que possamos desfrutar da liberdade que temos hoje.

Alice, como outros Grandes Mestres foi fundamental para que pudéssemos compreender o universo oculto dos poderes divinos, o que nos trouxe uma ideia diferente de Deus. Para a escritora, Deus era transcendente, energético, capaz de habitar em todos os espaços vazios, interpenetrando todos os seres vivos. Através de nós mesmos poderíamos expressar Deus em três aspectos: conhecimento, amor e vontade.

De acordo com suas canalizações, o universo é regido pela lei do karma ou causa e efeito, onde existe um relógio cósmico perfeito que regula todos os acontecimentos de acordo com o nosso ponto de atração. Para Alice, a verdadeira senda da Mestria é manter-se atento aos pensamentos, sentimentos e emoções, o que define nossa sintonização com o divino. A partir disso, tudo o que acontece depende da sintonia energética em que nos encontramos, ou seja, um ser sintonizado com a luz obterá cada vez mais luz. Um ser sintonizado com as trevas, obterá escuridão. A lei do karma equilibra as forças do universo em todas as suas manifestações, sendo esse processo dirigido através da lei de evolução, através do ciclo de renascimentos (reencarnação), que propicia experiência para que os espíritos possam continuar evoluindo.

A seguir algumas palavras dessa grande alma que incansavelmente trabalhou para o crescimento da humanidade:

"Em nenhuma outra época como na presente, tem sido tão ativa a busca da luz, da verdade, da beleza e da sabedoria. Jamais existiram tantas e tão diferentes organizações que pretendam dar a luz da verdade. Por toda parte aparecem instrutores que pretendem ter encontrado algum método específico, mediante o qual o homem pode alcançar o conhecimento de Deus, a paz interior e a iluminação; conseguir o domínio de si mesmo; ou adquirir riquezas, bem-estar e poder. As pessoas vão de um instrutor a outro, buscando algo que lhes dê luz e sossego. Todos pertencemos a algum grupo organizado de buscadores da luz, seja metafísica, esotérica ou ortodoxa. Organizações tais como "Novo Pensamento", "Ciência Cristã" e "Unidade" contam seus afiliados por milhares. Qualquer pseudoinstrutor, capaz de fazer-se ouvir ou de prometer muito, encontra sempre quem o escute. No caos organizado por estas tendências sectárias e aderências à determinada apresentação da verdade, a verdade mesma fica esquecida. No choque entre personalidades, lutando cada uma em favor de determinado instrutor e de seu ensinamento da realidade, a tranquila e sussurrante voz da sabedoria se apaga na controvérsia sobre doutrinas, dogmas e cismas; e na energia que se dissipa na construção e destruição das formas, que a verdade pode assumir, se desvanece seu verdadeiro significado espiritual. Ante tal confusão, não é estranho que muitos investigadores sinceros, ao contemplar a aparição e queda de instrutores e escolas de pensamento, se perguntem se é que a verdade pode encontrar-se em alguma parte. É possível que a unidade possa estar velada por tantas e tão diversas formas? Será impossível encontrar uma expressão da verdade que seja includente e não excludente? Haverá um ensinamento da Sabedoria Antiga que venha a satisfazer a necessidade universalmente sentida? Será possível criar uma organização cujas características sejam a da impessoalidade e da mais ampla tolerância e que, por sua vez, faça finca-pé em princípios essenciais que todos possam aceitar, passando por alto todos aqueles detalhes suscetíveis de controvérsia? Seguramente haverá algo que nos guie com segurança em nosso avanço até a origem de toda a luz e de toda a vida, e que encontraremos algum marco indicador que seja suficiente para guiar em seu caminho o peregrino que trata de evitar os tropeços a que está exposto em sua obscuridade."

Parte de um artigo escrito por Alice Bailey para a revista *Maçônica* dos Estados Unidos, em Outubro de 1932.

"A circulação da corrente sanguínea é o símbolo destes processos e a chave do estabelecimento da ordem mundial está oculta nesta analogia – a livre circulação de todo o necessário para cada parte da grande estrutura da humanidade. O sangue é a vida e o livre intercâmbio, a livre participação, a livre circulação de tudo o que se requer para um correto viver humano, caracterizará o mundo futuro. Estas condições não existem, o corpo da humanidade está enfermo e sua vida interna desorganizada. Em vez da livre circulação do aspecto vida em todas as partes, tem existido separação, congestão, estancamento e canais obstruídos. Foi necessária a terrível crise atual para que a humanidade perceba sua condição enferma, a enorme extensão do mal e descubra que as enfermidades do 'sangue da humanidade' (simbolicamente entendido) são tão graves que se requerem as mais drásticas medidas – dor, agonia, desespero e terror – para lograr sua cura."

Canalização do Mestre Djwhal Khul por Alice Bailey, do livro *La Curación Esotérica*.

ALLAN KARDEC

Falar de Mestre Kardec é descrever um ser de inteligência fora dos padrões conhecidos no Planeta Terra. Dotado de uma sensibilidade ímpar, Hippolyte Léon Denizard Rivail (seu nome de batismo) desde a infância se interessou pelo estudo de ciências e filosofia com muita dedicação.

Hippolyte nasceu no dia 3 de outubro de 1804, em Lyon, na França, numa família tradicional, de formação católica, conhecida pela atuação na magistratura e advocacia.

Ainda jovem, foi estudar pedagogia na Suíça, numa escola fundada por Johann Heinrich Pestalozzi, criador do método educacional que levou seu nome, que, em resumo, prevê o apendizado partindo dos ensinamentos mais simples até chegar-se a um maior grau de complexidade.

Após a conclusão dos seus estudos, Hippolyte retornou à França onde foi um grande disseminador do método Pestalozzi e participou ativamente da reforma educacional francesa e alemã, já que falava os dois idiomas com perfeição. Trabalhou incansavelmente na luta para uma maior democratização do ensino público. Entre 1835 e 1840, manteve em sua residência cursos gratuitos de química, física, anatomia e outros. Nesse período fez muitos testes didáticos, criando um engenhoso quadro mnemônico da história da França, visando facilitar ao estudante a memorização das datas dos acontecimentos mais importantes do país.

O Mestre era tão inteligente que trabalhava como cientista, tradutor, professor, pesquisador e escritor, chegando a receber um notável prêmio da Academia Real de Arras em 1831.

Em 1832, Hippolyte casou-se com Amélie Gabrielle Boudet e em 1854 ouviu falar pela primeira vez no fenômeno das mesas girantes e na comunicação com espíritos desencarnados, o que despertou sua curiosidade pelo ocultismo. Em 1855, começou a participar dos grupos onde os fenômenos se manifestavam e através dos seus estudos verificou que os movimentos e respostas que vinham através das mesas girantes deviam-se à influência de espíritos desencarnados. Percebendo essas manifestações, o Mestre decidiu codificar os fenômenos a partir de um olhar que unia a observação científica, filosófica e religiosa: nascia a Doutrina Espírita. Quando começou a codificar o Espiritismo, o professor sentiu necessidade de diferenciar suas obras pedagógicas das espíritas e por isso adotou o pseudônimo de Allan Kardec, nome revelado por um espírito que teria vivido com o Mestre na Antiguidade entre os druidas, na Gália.

Apenas dois anos após, em 1857, foi lançado o *Livro dos Espíritos*, considerado como o símbolo da fundação do Espiritismo e em janeiro de 1858, nasce a *Revista Espírita* e também a "Sociedade Parisiense de Estudos Espíritas".

Kardec passou os anos finais da sua vida dedicado à divulgação do Espiritismo entre os diversos simpatizantes e a defendê-lo dos opositores.

Desencarnou em Paris, a 31 de março de 1869, aos 64 anos, em decorrência da ruptura de um aneurisma, quando trabalhava numa obra sobre as relações entre o Magnetismo e o Espiritismo, ao mesmo tempo em que se preparava para uma mudança de local de trabalho. Seu corpo foi sepultado no Cemitério do Père-Lachaise, na capital francesa. Junto ao túmulo, erguido como os dólmens druídicos[31], lê-se numa placa verde, em francês, sua célebre frase *"Nascer, morrer, renascer ainda e progredir sem cessar, tal é a lei"*.

OBRAS DIDÁTICAS

O professor Kardec escreveu diversos livros pedagógicos, dentre os quais se destacam:

- 1824: *Curso prático e teórico de Aritmética*, segundo o método de Pestalozzi, para uso dos professores e mães de família.

- 1828: *Plano proposto para melhoramento da Instrução Pública.*

- 1831: *Gramática Francesa Clássica.*

- 1846: *Manual dos exames para os títulos de capacidade.*

- 1846: *Soluções racionais das questões e problemas da Aritmética e da Geometria.*

- 1848: *Catecismo gramatical da língua francesa.*

- 1849: *Ditados normais dos exames da Municipalidade e da Sorbona.*

- 1849: *Ditados especiais sobre as dificuldades ortográficas.*

OBRAS ESPÍRITAS

As obras que fundamentam a Doutrina Espírita são:

- *O Livro dos Espíritos, Princípios da Doutrina Espírita*, publicado em 18 de abril de 1857.

- *O Livro dos Médiuns ou Guia dos Médiuns e dos Evocadores*, em janeiro de 1861.

- *O Evangelho segundo o Espiritismo*, em abril de 1864.

- *O Céu e o Inferno ou A Justiça Divina Segundo o Espiritismo*, em agosto de 1865.

- *A Gênese, os Milagres e as Predições segundo o Espiritismo*, em janeiro de 1868.

---

[31] Dolmens Druídicos: túmulos de pedras utilizados pelo povo druida, semelhante aos monumentos de Stone Henge.

Além delas, Kardec publicou mais cinco obras complementares:

- *Revista Espírita – periódico de estudos psicológicos*, publicada mensalmente de 1 de janeiro de 1858 a 1869.
- *O que é o Espiritismo*, resumo sob a forma de perguntas e respostas, em 1859.
- *Instrução prática sobre as manifestações espíritas*, substituída por *O Livro dos Médiuns*; publicada no Brasil pela Editora Pensamento.
- *O Espiritismo em sua expressão mais simples*, em 1862.
- *Viagem Espírita*, de 1862, publicada no Brasil pela editora O Clarim.

Após o seu falecimento, viria à luz:
- *Obras Póstumas*, em 1890.

Outras obras menos conhecidas foram também publicadas no Brasil:
- *O principiante espírita*, Editora Pensamento.
- *A Obsessão*, Editora Clarim.

Palavras do Mestre Kardec:

"*A Doutrina Espírita transforma completamente a perspectiva do futuro. A vida futura deixa de ser uma hipótese para ser realidade. O estado das almas depois da morte não é mais um sistema, porém o resultado da observação. Ergueu-se o véu; o mundo espiritual aparece-nos na plenitude de sua realidade prática; não foram os homens que o descobriram pelo esforço de uma concepção engenhosa, são os próprios habitantes desse mundo que nos vêm descrever a sua situação.*" (O Céu e o Inferno, Primeira Parte, cap. 2)

"*Como meio de elaboração, o Espiritismo procede exatamente da mesma forma que as ciências positivas, aplicando o método experimental. Fatos novos se apresentam, que não podem ser explicados pelas leis conhecidas; ele os observa, compara, analisa e, remontando dos efeitos às causas, chega à lei que os rege; depois, deduz-lhes as consequências e busca as aplicações úteis. Não estabeleceu nenhuma teoria preconcebida; assim, não apresentou como hipóteses a existência e a intervenção dos Espíritos, nem o perispírito, nem a reencarnação, nem qualquer dos princípios da doutrina; concluiu pela existência dos Espíritos, quando essa existência ressaltou evidente da observação dos fatos, procedendo de igual maneira quanto aos outros princípios. Não foram os fatos que vieram a posteriori confirmar a teoria: a teoria é que veio subsequentemente explicar e resumir os fatos. É, pois, rigorosamente exato dizer-se que o Espiritismo é uma ciência de observação e não produto da imaginação. As ciências só fizeram progressos importantes depois que seus estudos se basearam sobre o método experimental; até então, acreditou-se que esse método também só era aplicável à matéria, ao passo que o é também às coisas metafísicas." (A Gênese, Capítulo I, item 14)*

"(...)o Espiritismo, restituindo ao Espírito o seu verdadeiro papel na criação, constatando a superioridade da inteligência sobre a matéria, apaga naturalmente todas as distinções estabelecidas entre os homens segundo as vantagens corpóreas e mundanas, sobre as quais o orgulho fundou castas e os estúpidos preconceitos de cor. O Espiritismo, alargando o círculo da família pela pluralidade das existências, estabelece entre os homens uma fraternidade mais racional do que aquela que não tem por base senão os frágeis laços da matéria, porque esses laços são perecíveis, ao passo que os do Espírito são eternos. Esses laços, uma vez bem compreendidos, influirão pela força das coisas, sobre as relações sociais, e mais tarde sobre a Legislação social, que tomará por base as leis imutáveis do amor e da caridade; então ver-se-á desaparecerem essa anomalias que chocam os homens de bom senso, como as leis da Idade Média chocam os homens de hoje..." (Revista Espírita 1861, p. 297-298)

"À medida que o Espírito se purifica, o corpo que ele reveste se aproxima igualmente da natureza espírita. A matéria é menos densa, as necessidades físicas são menos grosseiras e os seres vivos não têm mais necessidade de se entredevorarem para se nutrir. O Espírito é mais leve e tem, para as coisas distantes, percepções que nos são desconhecidas; vê pelos olhos do corpo o que vemos apenas pelo pensamento.

A purificação dos Espíritos reflete-se na perfeição moral dos seres que estão encarnados. As paixões animais enfraquecem e o egoísmo cede lugar ao sentimento de fraternidade. É assim que, nos mundos superiores à Terra, as guerras são desconhecidas, os ódios e as discórdias não têm motivo, visto que ninguém se preocupa em causar dano ao seu semelhante. A intuição que seus habitantes têm do futuro, a segurança que lhes dá uma consciência isenta de remorsos, fazem com que a morte não lhes cause nenhuma apreensão; recebem-na sem medo, como uma simples transformação." (O Livro dos Espíritos)

Abaixo, um presente para você, caro leitor. Do amigo Bruno J. Gimenes, um texto profundo, elucidativo e esclarecedor sobra a mediunidade, um tema tão polêmico e discutido nos dias atuais:

A MEDIUNIDADE COMO UM INSTRUMENTO DE EVOLUÇÃO

Uma alma que vem para este mundo, com o propósito de evoluir, acomoda-se em um corpo físico. E isso varia com a necessidade que se tem para realizar seus resgates e aprendizados.

Esse comentário é para lembrar que a mediunidade não é boa nem ruim! Ela simplesmente é a condição que a pessoa precisa para evoluir, estando muito vinculada a sua forma de utilização.

A mediunidade é um termo que vem do latim e significa intermediário. É uma faculdade psíquica ou sensibilidade extrafísica. Está presente em todas as pessoas. Sempre! O que difere é que em algumas ela aparece pouco evidente, enquanto que em outras se mostra desenvolvida, aguçada.

Em resumo, todos somos médiuns, alguns mais desenvolvidos, outros menos. A maior parte das pessoas desconhece esse fato.

A mediunidade pode ocorrer de várias formas. A exemplo da vidência, clarividência (enxergar com os olhos da mente), clariaudiência (ouvir sons extrafísicos), psicografia (a canalização e escrita de mensagens vindas de planos extrafísicos), entre outras diversas formas.

Mas para que serve a mediunidade? Como usá-la? Qual(is) o(s) desafio(s) que enfrenta uma pessoa que apresenta sua mediunidade desenvolvida?

O indivíduo evoluído nessa faculdade, principalmente com consciência disso tudo, aprende a aproveitar as percepções do plano espiritual, trazendo esse conhecimento das dimensões superiores, para o plano físico. A pessoa consegue acessar informações, que para a maioria é algo místico, esotérico, desconhecido. E é aí que começam os grandes desafios, afinal essa mediunidade acarreta aumento de sua responsabilidade, no sentido de utilizar com sabedoria suas percepções extrafísicas. Afinal, esse dito "dom" da mediunidade acaba tornando a pessoa alguém "diferente", o que não é verdade... Essa "diferença", perante o estilo de vida aqui na Terra, pode gerar muitas consequências. Abaixo, algumas delas:

Rejeição

Das pessoas em relação ao médium por considerá-lo louco, insano etc;

Do médium em relação à mediunidade, por não querer enfrentar a responsabilidade, por insegurança etc.

Medo

Das pessoas em relação ao médium, afinal, ele é alguém que se "comunica" com o mundo dos "mortos";

Do médium em relação a essa faculdade psíquica. Por desconhecer e por não ter confiança, por não saber o que fazer e como fazer. Afinal os impactos que implicam no uso dessa mediunidade podem ser desastrosos, quando sem sabedoria e discernimento;

Admiração

A admiração das pessoas em relação ao médium. Por ser considerado alguém "diferente", que pode ter acesso a alguns mistérios ocultos para a maioria das pessoas. Essa admiração pode gerar a idolatria. Pode também gerar a vaidade excessiva por parte do médium, originando fascínio.

Fascínio

O médium se fascina pelos acontecimentos e por seu "dom". Ele pode se achar especial, sentindo-se superior aos demais. O fascínio pode ser considerado uma das piores formas de obsessão. Uma porque cega a pessoa, e outra porque é alimentada por ela mesma, distante de sua essência, cheia de ego e alienação. Nesse caso, as consequências podem ser desastrosas.

A pessoa que nasce com elevado desenvolvimento mediúnico, só vem com esse "projeto de vida", pela necessidade que tem de aprender a lidar com aspectos inferiores da personalidade, que somente assim poderiam ser aflorados para gerar o aprendizado. O desafio é grande, porque a chance da pessoa incorrer nesses deslizes é muito grande. Isso porque, aos olhos do leigo, distanciado do entendimento da missão da sua alma, a mediunidade é um poder "digno dos reis". Grande armadilha!

Ser médium não é ser melhor ou pior que ninguém! Trata-se apenas de fazer parte de um projeto de evolução, que precisa da mediunidade como um instrumento de crescimento. Uma técnica pedagógica específica, para um tipo de aprendizado também específico.

Muitas pessoas, com níveis elevados de mediunidade, costumam cometer os seguintes equívocos:

- Usar o "dom" de forma inadequada, negativa, voltado para interesses apenas pessoais;

- Fascinar-se, cair no ego, na vaidade, pelo fato de iludir-se com os acontecimentos;

- Renegar completamente, pelo medo que têm de enfrentar os desafios que virão, que realmente são vários.

A maior meta

Usar a mediunidade como um instrumento para melhorar a humanidade. Aprender utilizá-la de forma honesta, idônea, voltada para o bem maior. Colocando-se permanentemente como instrumento de ajuda para a evolução da humanidade. Deixar a energia grandiosa de Deus fluir, pela bondade e pelo amor.

Se o médium souber trilhar sua vida com humildade, constância de propósito, usando essa força com discernimento, também poderá viver inserido em uma atmosfera espiritual linda, agradável, amorosa, verdadeiramente encantadora. É preciso ficar atento, sempre, a todo instante.

Quando alguém lhe diz: Você precisa desenvolver sua mediunidade!

Quantos já ouviram essa expressão?

É uma frase típica, muito utilizada nos centros espíritas/espiritualistas, que possui um significado amplo. No entanto, o sentido que essa palavra produz nas pessoas que a ouvem, muitas vezes é distorcido em relação ao seu verdadeiro significado.

Como sabemos, a mediunidade é um instrumento de evolução. Ela nos possibilita um crescimento mais rápido, na direção da realização de nossa missão. O que seria de nós sem as possibilidades mediúnicas que ganhamos de Deus?

Então pense. Certo dia, lá em cima no plano astral superior, o Papai do Céu nos escalou. Isso mesmo, como um técnico de futebol, que chama seu jogador para entrar em campo. Ele veio e falou:

"Você vai descer, vai voltar para a escola (Planeta Terra). Precisa aprender, evoluir, resgatar muitas coisas, por isso precisa descer... Mas, você sabe que sua necessidade é grande, possui muitas coisas para curar, muitos erros de outrora para corrigir. Dessa forma, uma existência apenas não seria tempo suficiente para tanto. Por isso filho, vou te proporcionar a mediunidade, como um instrumento para ajudar você a fazer muito mais coisas em menos tempo. Sem essa faculdade, isso não seria possível, pois ela lhe ajudará a otimizar sua encarnação, ou seja, sua experiência no plano físico, que é tão necessário para a reforma íntima.

Essa dádiva vai lhe permitir fazer grandes tarefas, o que será muito importante para que consigas aproveitar muito bem sua encarnação e seu propósito nessa descida. Entenda que ela é uma grande aliada na sua empreitada, é um presente para lhe ajudar. A mediunidade é como a betoneira para o pedreiro. Ajuda a virar a massa, mexer o cimento com muito mais facilidade. Sem ela, a obra demoraria muito mais tempo, geraria muito mais desgaste..."

E assim nascemos no plano físico, nos desenvolvemos e chegamos à maturidade (física apenas). E em meio a tantas ilusões e tanto distanciamento em relação à nossa essência divina, acabamos considerando a mediunidade um "Fardo"! Esquecemo-nos do seu real objetivo... Isso é "cuspir para cima". Um equívoco sem igual! Desperdiçamos uma oportunidade incrível.

Centros espíritas/espiritualistas, através de seus orientadores, trabalhadores e monitores, alertam para as pessoas sobre a necessidade de trabalhar a mediunidade e desenvolver a espiritualidade. Normalmente, atuam de maneira amorosa, respeitando o livre-arbítrio de cada um. No entanto, é normal as pessoas fazerem mau uso dessa liberdade de escolha. Alienadas de sua finalidade aqui na Terra, acabam por rejeitar a sugestão para desenvolver a sua mediunidade. A recebem como uma coisa ruim, algo incômodo, realmente um fardo.

Se essas casas de amparo e desenvolvimento espiritual pudessem interferir na escolha das pessoas, seus orientadores diriam assim: "*Meu irmão, se liga, você recebeu um presente de Deus, chamado mediunidade, não porque você é um ser iluminado ou puro, tampouco porque você possui dons extraterrestres. Simplesmente porque você está abarrotado de coisas (karmas) para curar.... Você tem a obrigação de mergulhar nesse entendimento, mas o azar é seu se você virar as costas para essa necessidade, e quiser desperdiçar mais essa oportunidade de evolução*".

Então, amigo leitor, pense a respeito: Quando alguém lhe disser a fatídica frase:

"Você precisa desenvolver a sua mediunidade!"

Entenda de uma vez por todas, isso quer dizer que chegou a hora de você utilizar esse poderoso recurso, como um instrumento para dinamizar a sua tarefa de curar-se! Redimir-se de erros do passado e evoluir. Essa é a meta de todos! Com isso, se você fizer bom uso desse instrumento, quando o ciclo dessa vida se finalizar e o desencarne chegar, você voltará ao grande Pai, O Supremo Técnico de futebol, e ele terá o prazer em lhe dizer:

"*Parabéns, que ótima partida você realizou, que grande jogo! Agora descanse um pouco e prepare-se para a próxima, temos um Campeonato inteiro pela frente!*"

A MEDIUNIDADE QUE INCOMODA E ATRAPALHA

É muito comum ouvir o relato das pessoas que se dizem incomodadas com os ditos "fenômenos mediúnicos". Um tanto quanto frequente, as pessoas manifestam suas inquietações com esse tipo de ocorrência. Demonstram através desse comportamento aguda imaturidade com relação ao entendimento dos mecanismos da mediunidade.

A mediunidade, assim como é largamente conhecida aqui no Ocidente, deve ser interpretada e entendida como um sentido extra, que todos, sem exceção, temos. O fato curioso é que existem muitas formas de mediunidade, no entanto algumas são mais conhecidas, como, por exemplo, a clarividência, que é a faculdade de enxergar extrafisicamente, para isso utilizando não a visão física, mas o olho da mente, conhecido como chacra frontal (terceiro olho).

As pessoas que não enxergam dessa forma, já se avaliam e logo chegam à conclusão: "Eu não sou médium, não enxergo nada...".

Mas não é tão limitado assim, existem tantas formas de captar, ou melhor, intermediar, os impulsos ou vibrações provindas das dimensões mais sutis, tantos...

Nosso próprio corpo físico tem natureza mediúnica. Através dele, nosso espírito se faz presente para viver uma experiência, uma vida. Esse veículo carnal da consciência nada mais é que um transmissor de impulsos e vibrações, em diferentes frequências. Ocorre que na dimensão física, a densidade aumenta muito, o que o torna "grosseiro" perante a sutileza do espírito. Na prática, é como se alguém estivesse nos chamando a quinhentos metros de distância. A probabilidade de não ouvirmos nada é muito grande. Fazendo essa analogia, podemos dizer que o corpo físico é uma parede de energia condensada (sólida) que se transpõe à passagem de certas ondas de vibrações características dos planos sutis.

Se todos nós aprendêssemos a silenciar a mente, o coração, as emoções, os ruídos externos do meio ambiente em que vivemos, poderíamos com certeza ouvir o chamado, mesmo havendo quinhentos metros de distância. Sabendo da existência desse som, concentraríamos a atenção a tal modo que facilmente conseguiríamos amplificar essa voz.

É isso que o treino, que se traduz na busca espiritual constante e a reforma íntima, produz....

A mediunidade é um sentido, assim como a visão, o tato ou paladar. Só que não está associada ao corpo físico, é uma faculdade da mente superior, da consciência, não do cérebro. O que explica por que muitos cegos enxergam imagens, bem como surdos ouvem sons. Curioso? Simplesmente efeito da sensibilidade da alma, ou melhor, dos sentidos do espírito.

Quando vivemos sem nenhuma consciência espiritual, o cérebro não pode conceber a ideia de tais faculdades extrafísicas, por isso cria um padrão limitado. O único raciocínio aceito é de que temos cinco sentidos essencialmente físicos. Mesmo porque, quando se vive distante da consciência crística, jamais se pode conceber o fato de que a consciência é imortal.

Portanto, se eu não aceito essa ideia, de um corpo espiritual ser a morada de minha consciência, ou o único responsável por animar um corpo físico, como poderei permitir que meu espírito exprima suas sensibilidades? Isso seria loucura pela ótica da comunidade cética e materialista, não é mesmo?

Assim sendo, desenvolver a mediunidade é apenas permitir que sua experiência nesse planeta seja guiada pela sua parte superior, por sua própria consciência espiritual.

Ignorar essa faculdade natural, por não conceber a ideia, ou mesmo por medo, comodismo ou insegurança, não vai fazer com que o universo mude seu mecanismo. Até pode ser cômico, imagine: o universo olha para aquela pessoa na terra e diz: *"Aquele ali não quer que eu aja naturalmente com ele, então vou deixá-lo para lá"*.

Não temos como impedir os ciclos naturais, não dá para trancar a evolução do universo. O normal de um gato é miar, de um cão, latir, da água, ser molhada, e do fogo, ser quente. Quem pode mudar isso?

E o mecanismo da mediunidade precisa ser entendido para que não haja rejeição, medo ou insegurança. Se você desistiu de desenvolvê-la, lapidá-la, irá também arcar com a consequência, inegavelmente.

Longe de mim instigar a ideia de que o universo é punitivo, que usa as leis de um Deus que castiga e pune. Nada disso. Nosso livre-arbítrio sempre é respeitado, melhor ainda, sempre nos é permitido recomeçar, refazer, consertar os erros. Isso que eu chamo de misericórdia divina e tolerância também. Às vezes brinco, pensando que um dia essa paciência do Grande Pai poderá se esgotar, hehehe!!! Espero que nunca.

Então pense no que acontece com a maioria das pessoas que se dizem "vítimas da mediunidade" (esse termo me é tão absurdo que até relutei em escrevê-lo nesse texto, mas vamos utilizá-lo apenas para fins didáticos).

Todos somos médiuns, isso é fato, pela natureza essencial de cada alma existente aqui nesse plano. Todos nós temos missões a cumprir, ou, ainda, estamos encarnados dentro de uma proposta de evolução constante, normalmente ignorada por mais de 90% das pessoas.

De uma hora para outra, a pessoa, totalmente distante e alienada dessa consciência, começa a sentir, ver ou perceber impulsos nada convencionais para sua mente engessada na terceira dimensão. Capta pensamentos sem que sejam ditos verbalmente, tem sonhos reveladores, premonições, palpites muito fortes (leia-se como intuição para um leigo), sente presenças, vultos, ouve vozes. Típicos indícios da mediunidade se expressando, melhor ainda:

o espírito querendo fluir, sensibilizar-se no plano físico, dando sinais de que está na hora de ler nas entrelinhas da vida.

E a pessoa, cheia de paradigmas nocivos, com sua mente bloqueada para a verdade divina, sofre, mas sofre muito. Isso porque ela quer reter uma enxurrada da natureza universal. Simplesmente impossível, sem que haja consequências sérias.

É total negligência ignorar este fato, dando-lhe muitas vezes o rótulo de uma doença mental ou síndrome, que com frequência assumem nomes complicados e elaborados.

O pior de tudo é que dá tanto trabalho e gera tanta dor ignorar esse fluxo mediúnico, que é difícil entender o motivo que leva a pessoa a relutar tanto. Mas, como sabemos, cada um está no seu estágio evolutivo e precisamos saber aceitar.

Alguns remédios tarja-preta são usados em larga escala para tentar estancar tais manifestações (que, pelo olhar da ciência ocidental, apresentam causas incertas), mas não o fazem, porque apenas ensurdecem os sentidos físicos, anulando suas percepções. Só que elas continuarão por lá, povoando suas formas astrais e pairando sobre o corpo espiritual da pessoa, inegavelmente.

Procure pensar: se você caminha por uma rua muito movimentada, andando por uma calçada, junto com milhares de pessoas, necessita saber as horas e percebe que está sem relógio. Não enxerga nenhum relógio em painéis eletrônicos ou similares. Então, em meio a milhares de pessoas, decide perguntar para alguém.

Quem, normalmente, procuramos em meio à multidão?

Alguém que visivelmente tenha um relógio, não é mesmo?

Pois bem, a mediunidade aflorada é como um relógio no pulso de alguém, à vista dos espíritos desencarnados. É uma sinalização que atrai a atenção de muitas vibrações diferentes.

A comunicação acontece pelo simples fato de haver uma referência, ou seja, uma via de acesso fácil. Como a mediunidade de comunicação com os espíritos é uma das mais corriqueiras, acaba gerando muitos danos para quem não está preparado para lidar com tais situações.

O que ocorre normalmente é que muitos desencarnados, que em vida na Terra eram pessoas alienadas, quando desencarnam, sofrem, demoram para compreender.

Quando começam a entender que não mais habitam um corpo físico, em desespero, procuram se comunicar. É normal que estejam com padrão vibratório baixo, gerado por seus apegos materiais, sentimentos mundanos e paixões animalizadas, ainda ancoradas em suas auras.

E com quem querem se comunicar ou pedir ajuda? Obviamente com todos que tenham um "relógio", ou melhor, qualquer pessoa (qualquer mesmo) que tenha a mediunidade aflorada, o que é facilmente notado pelo espírito perdido, que assim reconhece ao visualizar o campo energético do indivíduo desavisado.

Como a pessoa não concebe a ideia, não está educada, não se conhece (e ainda falamos tanto de autoconhecimento, que ironia) não sabe o que fazer quando começa a sentir verdadeiras perturbações em seus estados psíquicos, no seu humor e equilíbrio emocional.

E isso acontece porque o espírito desencarnado (sofredor), próximo ao médium inconsciente, acopla-se em seu campo áurico, alterando, desvitalizando e desequilibrando por completo o fluxo natural dos chacras, já que sua aura está em péssimo padrão vibratório.

Mesmo a pessoa rejeitando com todas as suas forças essa hipótese, ignorando a iminente necessidade da jornada evolutiva do espírito a se iniciar, nada resolverá seu influxo prânico senão a busca de sua consciência espiritual. Nem remédios alopáticos, nem psicologia ou psiquiatria materialista, nada disso surtirá efeitos. Na realidade, não causarão nem cócegas.

O fato poderá ser ignorado o quanto quiser, mas é bom que se reitere que nada além da busca consciencial, da reforma íntima, do desenvolvimento das sensibilidades do espírito, servirão de remédio eficaz, nada!

Já algumas pessoas conhecem superficialmente esses mecanismos, e os aceitam. Mesmo assim, consideram um fardo a mediunidade, de forma equivocada e negligente, a rejeitam. Grande erro, que muitas vezes dói... Dói em todos os sentidos, porque, se é fome que uma pessoa tem, é comida que deve ingerir. Nada, por ora, poderá substituir a necessidade emergente de alimento que a pessoa tem.

Se você sofre com a mediunidade, é porque nem começou a sua busca por reforma íntima. Se já iniciou não se iluda.... Perceba que ainda está no ensino básico, nas séries primárias. Os pensamentos e intenções altruístas ainda não lhe povoaram a mente, muito menos o coração. A ignorância espiritual e alienação com seu propósito ainda lhe tomam as rédeas.

Se esse for seu caso, pode ser que recuse veementemente o conteúdo dessas palavras, pois é normal a reatividade de nossa mente em negar o novo ou não habitual. Eu mesmo também já sofri com a mediunidade, a ponto de me estafar com o enfrentamento. Foi quando desisti de encará-la como uma inimiga, sombria e implacável. Isso seria semelhante à tentativa de impedir que o Sol nascesse todas as manhãs. Iniciativa insana, diga-se de passagem.

Abra seu coração para a consciência de sua missão aqui na Terra, ejete sua consciência das alienações do mundo materialista. Volte-se para a necessidade de evolução que você tem. Dedique tempo para nutrir sua alma, leia assuntos correlatos, participe de grupos afins, mantenha contato com a natureza e seus elementos, aprenda a meditar diariamente. Assuma e cumpra compromissos rotineiros com a sua espiritualidade. Foque no sentimento de amor existente nas pessoas. Não há segredo, é só isso mesmo!

Mas você pode não dar a mínima para isso tudo, está certo, livre-arbítrio sempre! No entanto, lembre-se, o universo não vai cessar o fluxo dele em função da sua escolha. Nesse caso, acho sensato buscarmos nos alinhar na direção da vontade divina (do universo), abandonando "um pouco" a vontade própria, baseada somente nos interesses do ego e do eu inferior.

É POSSÍVEL DESENVOLVER A MEDIUNIDADE FORA DO CENTRO ESPÍRITA?

Já sabemos que a mediunidade na verdade é um instrumento de evolução na vida de qualquer pessoa, por isso não se resumiria a uma ou outra maneira de ser desenvolvida.

Mas a temática, tendo sido amplamente abordada por Allan Kardec, na codificação do espiritismo com seriedade e aprofundamento, acabou sendo correlacionada ao estudo espírita, como se fosse uma terminologia própria da linha de estudo. O Espiritismo foi um movimento muito importante e construtivo para a humanidade, já que abriu novos horizontes e batizou inúmeras linhas de estudo e aprendizado.

Assim sendo, é natural falar de mediunidade vinculando o termo às práticas espíritas, como consequência da herança e do pioneirismo kardecista. O que provocou uma crença coletiva de que a mediunidade somente poderá ser desenvolvida em casas espíritas.

A reencarnação é exemplo, foi exposta amplamente ao Brasil, através dos ensinamentos do Grande Mestre Kardec. Através da influência da preciosa literatura kardecista, surgiram muitas obras importantes, que contribuíram em muito para o crescimento espiritual de tantos.

Com seus livros e ensinamentos, o ilustre mestre alertou, orientou e alinhou os estudos, em sua maioria, na direção do plano espiritual. Com intenso foco orientado para o socorro aos espíritos sofredores, que atrasados em sua evolução e ligados ao mundo da matéria necessitam de amparo para aprender e se libertar, Allan Kardec impregnou na comunidade ocidental uma nova forma de pensar a espiritualidade.

Seus ensinamentos, desde então, são passados adiante pelos trabalhadores da doutrina, que se utilizam de determinadas faculdades mediúnicas para servirem de intermediários na comunicação com os espíritos, com o objetivo de contribuir na senda da educação espiritual, da tão falada "doutrinação" entre outras atividades corriqueiras nas casas de espiritismo. Isso quer dizer que, da forma com que o trabalho nas casas espíritas estão orientados, sempre haverá um maior estímulo no sentido de desenvolver a mediunidade voltada para a interação com espíritos, normalmente se utilizando das mensagens transmitidas pelo plano espiritual, que podem ser escritas, ser verbalizadas e também por imagens transmitidas na tela mental do médium, que relata suas visões. Uma outra maneira corriqueira, e para muitos polêmica, é a incorporação: prática na qual o espírito desencarnado acopla seu corpo espiritual ao corpo espiritual do médium, e se utiliza do seu corpo físico e seus sentidos para transmitir suas mensagens.

Também não podemos deixar de falar do tão valente e útil, passe magnético, das vibrações de energias e de outras formas de aplicar a mediunidade largamente utilizada nos centros.

Como algumas dessas práticas citadas acima requerem conhecimento de causa, sabedoria, maturidade e intenso preparo, não são recomendadas para o desenvolvimento individual, ou seja, sem a colaboração de um grupo preparado, como exemplos as casas espíritas. E é aí que começa uma grande confusão.

A mediunidade pode se manifestar de muitas formas. Através da oração, da telepatia, da cura pelas mãos, da premonição, e até mesmo a comunicação com espíritos, seja pela escrita, clarividência, vidência ou clariaudiência. São inúmeras formas.

Ocorre que mesmo a doutrina espírita sendo fundamentada nos ensinamentos do evangelho, produzindo uma base idônea, séria e de moral elevada, ainda assim não agrada a todos. Simplesmente por questão de afinidade, algo normal, natural, afinal, "nem Jesus agradou a todos".

Portanto, muitas pessoas até aceitam a mediunidade, mas não se interessam nesse formato de estudo e desenvolvimento, por falta de afinidade, algo que deve ser respeitado.

Pois então, como fica? A pessoa é obrigada a transitar por uma via única? Não há forma de desenvolver essa mediunidade senão pelo exercício na casa espírita?

Claro que não! Ainda mais no século XXI, característico pela liberdade de expressão e de religião, evidenciando a era do universalismo, da união do Ocidente com o Oriente, da ciência e espiritualidade. Observe que nunca em toda a história da humanidade houve tantas oportunidades de crescimento espiritual e tantas possibilidades para o desenvolvimento de uma consciência mais expandida.

É exemplar o trabalho sério de tantas casas espíritas, no entanto, não é só através delas que a mediunidade pode ser desenvolvida. Se você quiser seguir esse caminho, tudo bem. Leve consigo discernimento, leveza e amorosidade e vá em frente!

Sempre que possível, é recomendável participar de grupos, porque facilitam o aprendizado, dão suporte e tornam a prática muito agradável. Mas, lembre-se, o determinismo pode lhe deixar arrogante e cego, então é preciso um "Orai e vigiai" constante.

O foco principal é entender que a mediunidade se manifesta com o objetivo de ajudar as pessoas e o universo a evoluírem, inegavelmente!

Por isso, todas as vezes que uma pessoa estiver aprofundando o estudo e a prática da mediunidade, se no entanto não estiver se transformando em uma pessoa melhor, por consequência também não estiver melhorando a humanidade, fique alerta, pois algo estará em desequilíbrio! Use isso como uma bússola interna porque funciona bem, você pode apostar.

Não lhe parece sensato? Medite sobre isso.

CHICO XAVIER

A importância que Allan Kardec teve para o Espiritismo mundial, Chico Xavier teve para a Doutrina Espírita no Brasil. O Mestre nasceu em Pedro Leopoldo, Minas Gerais, em 2 de abril de 1910, com o nome de Francisco Cândido Xavier e deixou este mundo em Uberaba, no dia 30 de junho de 2002. Conhecido popularmente por "Chico Xavier", foi um renomado e amoroso médium, tornando-se o mais célebre divulgador da Doutrina Espírita no Brasil.

A mediunidade psicográfica de Chico Xavier começou a direcionar-se para novos caminhos quando fora descoberta por uma professora de nome D. Rosália, que lia seus textos escritos após alguns passeios. A professora mostrava a amigos íntimos que, de forma unânime, concordavam entre si que os textos ou eram copiados ou eram de supostos espíritos, já que a maioria falava sobre o amanhecer, por exemplo, com conclusões evangélicas.

É o médium psicográfico brasileiro mais importante de toda a história, tendo publicado mais de 400 livros.

Chico era filho de Maria João de Deus e João Cândido Xavier. Educado na fé católica, teve seu primeiro contato com a Doutrina Espírita em 1927, após um fenômeno obsessivo verificado com uma de suas irmãs. Passa então a estudar e a desenvolver sua mediunidade que, como relata em nota no livro *Parnaso de Além-Túmulo*, somente ganhou maior clareza em finais de 1931.

A mediunidade de Chico manifestou-se aos quatro anos de idade. Quando o pai conversava com uma senhora sobre gravidez, o menino respondeu sobre assuntos que envolviam ciências e anatomia. Ele via —clarividência – e ouvia – clariaudiência – os espíritos e conversava com eles. Aos cinco anos, conversava com a mãe, já desencarnada. Na casa da madrinha, foi muito maltratado, chegando a levar uma garfada na barriga. Aos sete anos de idade, saiu da casa da madrinha para voltar a morar com o pai, já casado outra vez. Chico, para ajudar nas despesas da casa, trabalhava e estudava em escola pública. Por consequência, dormia apenas sete horas por dia.

Chico Xavier psicografou quatrocentos e doze livros e nunca admitiu ser o autor de nenhuma dessas obras. Reproduzia apenas o que os espíritos supostamente lhe ditavam. Por esse motivo, não aceitava o dinheiro arrecadado com a venda de seus livros. Vendeu mais de vinte milhões de exemplares e cedeu os direitos autorais para organizações espíritas e instituições de caridade, desde o primeiro livro.

Seu primeiro livro, *Parnaso de Além-Túmulo*, com 256 poemas atribuídos a poetas mortos, entre eles os portugueses João de Deus, Antero de Quental e Guerra Junqueiro, e os brasileiros Olavo Bilac, Cruz e Sousa e Augusto dos Anjos, foi publicado pela primeira vez em 1932. O livro causou muita polêmica entre os descrentes. O de maior tiragem foi *Nosso Lar*, com cerca de um milhão e trezentas mil cópias vendidas, atribuído ao espírito "André Luiz", primeiro volume da coleção que leva o nome deste. Em parceria com o médico mineiro Waldo Vieira, psicografou dezessete obras. Uma de suas psicografias mais famosas, e que teve repercussão mundial, foi a do caso de Goiânia, em que José Divino Nunes, acusado de matar o melhor amigo, Maurício Henriques, foi inocentado pelo juiz que aceitou como prova válida, entre outras que também foram apresentadas pela defesa, um depoimento da própria vítima, já falecida, através de texto psicografado por Chico Xavier. O caso aconteceu em outubro de 1979, na cidade de Goiânia, Goiás. Assim, o presumido espírito de "Maurício" teria inocentado o amigo dizendo que tudo não teria passado de um acidente.

Chico é lembrado principalmente por suas obras assistenciais em Uberaba, cidade onde faleceu, em junho de 2002. Nos anos 1970, passou a ajudar pessoas pobres com o dinheiro da vendagem de seus livros, tendo para tanto criado uma fundação.

O mais conhecido dos espíritas brasileiros teve relevante contribuição para expandir o movimento espírita no Brasil e encorajar os espíritas a revelarem sua adesão à doutrina de Allan Kardec. Sua credibilidade serviu de incentivo para que médiuns espíritas e não espíritas realizassem trabalhos espirituais abertos ao público.

"*Embora ninguém possa voltar atrás e fazer um novo começo, qualquer um pode começar agora e fazer um novo fim.*"

Chico Xavier faleceu aos 92 anos de idade em decorrência de parada cardíaca. Conforme relatos de amigos e parentes próximos, teria pedido a Deus para morrer em um dia em que os brasileiros estariam muito felizes, e que o país estivesse em festa, por isso ninguém ficaria triste com seu desencarne. O país festejava a conquista da Copa do Mundo de Futebol no dia de sua passagem. Seis meses depois de sua morte, o livro *Na próxima dimensão* foi psicografado e publicado. O livro afirma que Chico seria a reencarnação de Allan Kardec, um tema muito polêmico e largamente discutido nos centros espíritas brasileiros. Chico foi eleito o mineiro do século XX, seguido por Santos Dumont e Juscelino Kubitschek.

Alguns ensinamentos do Mestre:

"*Ah, mas quem sou eu senão uma formiguinha das menores, que anda pela Terra cumprindo sua obrigação.*"

"*Deus nos concede, a cada dia, uma página de vida nova no livro do tempo. Aquilo que colocarmos nela, corre por nossa conta.*"

"*Deixe algum sinal de alegria, onde passes.*"

"*A criança desprotegida que encontramos na rua não é motivo para revolta ou exasperação, e sim um apelo para que trabalhemos com mais amor pela edificação de um mundo melhor.*"

"*A desilusão de agora será bênção depois. A desilusão é a visita da verdade.*"

"*A repercussão da prática do bem é inimaginável... Para servir a Deus, ninguém necessita sair do seu próprio lugar ou reivindicar condições diferentes daquelas que possui.*"

"*Agradeço todas as dificuldades que enfrentei; não fosse por elas, eu não teria saído do lugar. As facilidades nos impedem de caminhar. Mesmo as críticas dos outros nos auxiliam muito*"

"*Ambiente limpo não é o que mais se limpa e sim o que menos se suja.*"

"*Em qualquer dificuldade, não nos esqueçamos da oração... Elevamos o pensamento a Deus, procurando sintonia com os Espíritos bons.*"

"Estou convencido de que todos os políticos, sejam eles quais forem, merecem o nosso respeito e a nossa cooperação para serem para nós aquilo que nós esperamos deles."

"Eu permito a todos serem como quiserem, e a mim como devo ser.

"Gente há que desencarna imaginando que as portas do Mundo Espiritual irão se lhes escancarar... Ledo engano! Ninguém quer saber o que fomos, o que possuíamos, que cargo ocupávamos no mundo; o que conta é a luz que cada um já tenha conseguido fazer brilhar em si mesmo..."

"Justiça e misericórdia: Toda vez que a Justiça Divina nos procura para acerto de contas, se nos encontra trabalhando em benefício dos outros, manda a Misericórdia Divina que a cobrança seja suspensa por tempo indeterminado."

"Lembremo-nos de que o homem interior se renova sempre. A luta enriquece-o de experiência, a dor aprimora-lhe as emoções e o sacrifício tempera-lhe o caráter. O Espírito encarnado sofre constantes transformações por fora, a fim de acrisolar-se e engrandecer-se por dentro."

"Nem Jesus Cristo, quando veio à Terra, se propôs resolver o problema particular de alguém. Ele se limitou a nos ensinar o caminho, que necessitamos palmilhar por nós mesmos."

"A sua irritação não solucionará problema algum... As suas contrariedades não alteram a natureza das coisas... Os seus desapontamentos não fazem o trabalho que só o tempo conseguirá realizar. O seu mau humor não modifica a vida... A sua dor não impedirá que o Sol brilhe amanhã sobre os bons e os maus... A sua tristeza não iluminará os caminhos... O seu desânimo não edificará ninguém... As suas lágrimas não substituem o suor que você deve verter em benefício da sua própria felicidade... As suas reclamações, ainda mesmo afetivas, jamais acrescentarão nos outros um só grama de simpatia por você... Não estrague o seu dia. Aprenda a sabedoria divina, A desculpar infinitamente, construindo e reconstruindo sempre... Para o infinito bem!"

O 14º Dalai-Lama e o Princípio da Compaixão

O Dalai Lama é a reencarnação de um bodisatva, o princípio de compaixão que volta a encarnar na Terra até que todos os seres despertem do sono da ignorância e da ilusão.

Nas tradições do budismo tibetano, antes da próxima encarnação os Dalai Lamas deixam sinais de onde devem ser procurados.

Lhamo Dhondrub nasceu em 6 de julho de 1935, na aldeia de Takster, Tibet, dois anos após a morte do 13º Dalai Lama.

Diante de uma visão que aconteceu em uma meditação, o Regente do Palácio Potala, em Lhasa, capital tibetana, nomeou uma expedição de monges disfarçados de comerciantes para fazer o reconhecimento do menino que seria a reencarnação de Avalokiteshvara, a forma masculina do bodisatva da compaixão (a forma feminina é Kuan Yin).

Aos dois anos, Lhamo já demonstrava muitos sinais de ser a reencarnação de uma alma evoluída, porém seus pais jamais imaginavam que ele seria a volta da autoridade máxima daquele país. No Tibet, política e religião seguem um único caminho e o Dalai Lama é o líder que conduz o povo tibetano.

Quando a expedição de monges chegou à casa de Lhamo, o menino logo sorriu e pronunciou a palavra "lama, lama" que significa professor. O monge ficou impressionado e pôs o menino em seu colo para observá-lo. Lhamo puxou o japamala (rosário tibetano) do pescoço do monge referindo que aquele objeto lhe pertencia, se comunicando perfeitamente num dialeto falado somente em Lhasa, o qual nem sua família conhecia. Uma sucessão de outros fatos aconteceram, não deixando dúvidas de que o menino era Kundun, o Iluminado.

Muitos testes foram feitos, colocando-se muitos objetos misturados com os pertences do 13º Dalai Lama e o menino selecionou cuidadosamente todos aqueles que lhe haviam pertencido na recente vida passada.

As características físicas como os olhos fundos e orelhas grandes acentuaram o fato de que Lhamo era mesmo a reencarnação do Dalai Lama.

Após o reconhecimento, o menino foi levado para Lhasa, a cidade sagrada dos tibetanos, onde recebeu treinamento dentro das tradições do budismo tibetano e também um novo nome: Jatsun Jampel Ngawang Lobsang Yeshe Tenzin Gyatso: Senhor Sagrado, Bondosa Glória, Eloquente, Piedoso, Sábio Defensor da Fé, Oceano de Sabedoria.

Quando Mao Tse Tung tornou-se o líder político da China comunista o jovem Kundun estava com apenas quinze anos. Nesse momento a China enviou uma expedição militar para tomar posse do território tibetano. Antes de invadir, o general chinês foi conversar com o Dalai Lama, que lhe recebeu com as seguintes palavras:

"Que tenham felicidade e prosperidade! Até eu atingir a maioridade, o Regente é o líder político do Tibet. É com ele que devem discutir as questões mundiais relevantes.

Minha experiência nisso é limitada.

Sou um simples monge budista.

Tudo o que sei são as escrituras e as palavras do Buda.

Buda disse: 'Os seres tremem diante do perigo e da morte. A vida é preciosa para todos. Ao perceber isso o homem não mata nem causa a morte.'

Os senhores devem entender que essas palavras estão enraizadas no coração de cada tibetano. E por isso somos um povo pacífico que rejeita a violência por princípio. Rogo para que encarem isso como a nossa grande força e não nossa fraqueza.

Agradeço a sua visita.

Saudemos os iluminados!"

Depois dessa conversa a China intensificou ainda mais a invasão, destruindo noventa por cento dos mosteiros e palácios budistas, atacando aquilo que era mais precioso para a população tibetana: a religião. O povo tibetano pediu ajuda ao mundo inteiro, mas as nações estavam demasiadamente envolvidas com seus problemas para envolver-se em um conflito com a China sem receber grandes quantias materiais em troca. Durante o período da invasão chinesa, milhares de monges foram mortos, cidades inteiras foram destruídas e o Dalai Lama diversas vezes foi ameaçado de morte.

O governo tibetano resistiu até onde foi possível e então, em 1959, a pedido do povo, o Dalai Lama se retirou do Tibet, construindo uma colônia tibetana na cidade de Dharamsala, Índia, juntamente com milhares de compatriotas.

Em 1967, o Mestre começou a peregrinar pelo mundo em busca de ajuda para a libertação de seu povo e também para que ele pudesse voltar a pisar em solo tibetano.

O Dalai Lama esteve com o papa João Paulo II e visitou um grande número de cidades americanas para levar sua mensagem amorosa e pacífica, disseminando as sementes do budismo tibetano.

Em 1989, o Dalai Lama foi agraciado com o Prêmio Nobel da Paz, que tem o objetivo de premiar a pessoa com a maior ou melhor ação pela fraternidade entre as nações, pela abolição e redução dos esforços de guerra e pela manutenção e promoção de tratados de paz.

Como todo avatar, Kundun é muito bem-humorado e revela a beleza de Deus em seu olhar. Dotado de uma sensibilidade ímpar, consegue tocar com sua energia magnífica os corações mais duros.

Por quantas vezes observamos pessoas difíceis se transformarem completamente ao entrar em contato com seus livros, que são verdadeiros tratados demonstrando de forma sábia e equilibrada como atingir os níveis mais elevados de felicidade e amor.

Os ensinamentos de Kundun:

"A melhor religião é aquela que te faz melhor, mais compassivo, mais sensível, mais desapegado, mais amoroso, mais humanitário, mais responsável... A religião que conseguir fazer isso de ti é a melhor religião."

"Nossa religião é simples. Não existem templos nem complicadas filosofias. A mente e o coração são nosso templo: a humildade, nossa história."

"Não é preciso ter religião para ter ética, um conjunto de valores morais e princípios de conduta que devem ajustar as relações entre os diversos membros da sociedade. A ética transita em qualquer fé e é a viga central na construção

de um mundo mais feliz. Nada mais é do que o velho ditado de não fazer com ninguém o que não se deseja a si mesmo."

"É através da arte de escutar que seu espírito se enche de fé e devoção e que você se torna capaz de cultivar a alegria interior e o equilíbrio da mente. A arte de escutar lhe permite alcançar a sabedoria, superando toda ignorância. Então, é vantajoso dedicar-se a ela, mesmo que isso lhe custe a vida. A arte de escutar é como uma luz que dissipa a escuridão da ignorância. Se você é capaz de manter sua mente constantemente rica através da arte de escutar, não tem o que temer. Esse tipo de riqueza jamais lhe será tomado. Essa é a maior das riquezas."

"Se existe amor, há também esperança de existirem verdadeiras famílias, verdadeira fraternidade, verdadeira igualdade e verdadeira paz. Se não há mais amor dentro de você, se você continua a ver os outros como inimigos, não importam o conhecimento ou o nível de instrução que você tenha, não importa o progresso material que alcance, só haverá sofrimento e confusão no cômputo geral. O homem vai continuar enganando e subjugando outros homens, mas insultar ou maltratar os outros é algo sem propósito. O fundamento de toda prática espiritual é o amor. Que você o pratique bem é meu único pedido."

"A raiva nos faz perder uma das melhores qualidades humanas: o poder de discernimento. Temos um cérebro bem desenvolvido, que nos permite julgar o que é certo e o que é errado. Não apenas em termos atuais mas também em projeções para daqui dez, vinte ou mesmo cem anos. Sem nenhum tipo de precognição, podemos utilizar nosso bom senso para imaginar as causas e seus possíveis efeitos. Contudo, se nossa mente estiver ocupada pela raiva, perderemos o discernimento e nos tornaremos mentalmente incompletos. Pode ser que você seja uma pessoa que se irrite facilmente com pequenas coisas. Com desenvolvida compreensão e conscientização, isso pode ser controlado. Se você fica geralmente zangado por dez minutos, tente reduzi-los a oito. Na semana seguinte, reduza a cinco e, no próximo mês, a dois. Depois, passe para zero. É assim que desenvolvemos e treinamos nossa mente. É o que penso e também o que pratico."

"Nossa outra responsabilidade é desfazer a grave degradação ambiental, que é resultado do comportamento humano incorreto. A humanidade deve ter a iniciativa de reparar e proteger o mundo. É óbvio que, quando dizemos 'humanidade' ou 'sociedade', a iniciativa deve vir de indivíduos. A comunidade é simplesmente o coletivo de indivíduos."

"*É positivo querer chegar primeiro desde que a intenção seja abrir caminho para outros, tornar mais fácil o caminho deles, ajudá-los ou mostrar-lhes o caminho. A competição é negativa quando desejamos derrotar os outros, empurrá-los para baixo para podermos subir.*"

"*As cidades grandes certamente não são nosso ambiente natural. Apesar de todas as comodidades do mundo moderno, no fundo, nós, seres humanos, guardamos um sentimento de intimidade para com as plantas. Nossos ancestrais dependiam muito das árvores para fazer fogo, armas e abrigo. Alimentavam-se de frutas, usavam flores como decoração e folhas como vestimentas. As plantas são importantes em nossa vida, e acho que ainda há traços disso em nossos genes. Sob essa perspectiva, seria melhor para as pessoas viver em vilas pequenas, onde pudessem ter jardins, e não em cidades grandes. Isso certamente ajudaria os jovens a encontrar algumas raízes.*"

"*A melhor solução seria que todas as crianças do mundo frequentassem escolas em que a filosofia e os programas estivessem enraizados na compaixão e na afeição. As crianças têm direito a um clima de afeição em casa. Devemos construir um mundo em que elas possam desfrutar de uma atmosfera positiva o dia inteiro.*"

"*Os textos budistas mencionam a fruição de oito qualidades, entre elas riqueza, saúde e fama, que definem uma existência humana afortunada. Para desfrutarmos da felicidade, porém, precisamos em primeiro lugar ter paz de espírito. Em seguida vem a saúde, depois as boas companhias e, por último, o dinheiro. Por exemplo, quando tivemos de fugir do Tibet, nossa prioridade era salvar nossas vidas. Estar totalmente sem dinheiro era secundário. Se você está vivo, sempre é possível fazer amigos e ganhar dinheiro. A paz de espírito deve vir em primeiro lugar, pois geralmente atrai prosperidade.*"

Kundun sonha em voltar para Sua terra natal, onde deseja passar meditando em seus últimos anos de vida.

Os livros do Dalai Lama publicados no Brasil são:

- *A Arte da Felicidade*: Editora Martins Fontes
- *A Arte da Felicidade no Trabalho*: Editora Martins Fontes
- *O Mundo do Dalai Lama* – Sua Vida, Seu Povo e Sua Visão: Editora Madras

- *Dalai-Lama – Todos os Dias, 365 Meditações Diárias*: Editora Verus
- *A Sabedoria do Perdão* – Editora Martins Fontes
- *Práticas de Sabedoria, Seguindo o caminho de Buda*: Editora Nova Era
- *Uma Ética para o Novo Milênio* – Editora Sextante
- *Como Lidar com Emoções Destrutivas* – Editora Campus
- *Compaixão ou Competição* – Valores Humanos nos Negócios e na *Economia:* Editora Palas Athena

CHAGDUD TULKU RINPOCHE

Sua Eminência Chagdud Tulku Rinpoche nasceu no Tibet, no dia 12 de agosto de 1930, em Tromtar. Desde criança foi identificado como um tulku. No Tibet os tulkus são reverenciados por serem a encarnação de uma alma muito evoluída. Ele fez parte da última geração de lamas treinados no Tibet antes da invasão chinesa, em 1959. Os tulkus são seres especiais com uma nobre missão: transmitir o conhecimento divino e as verdades universais aos homens da Terra. Por isso a preparação inicia cedo, com retiros espirituais realizados já na infância, para que o tulku venha a se tornar um mestre da espiritualidade, vencendo os desejos e o ego. Para os tibetanos os tulkus escolhem nascer para trazer à Terra a semente do Dharma.

E foi esse o destino deste ser iluminado que após a invasão chinesa retirou-se para a Índia com mais de cem mil tibetanos.

O Rinpoche foi um lama da escola Nyingma, de Budismo Vajrayana tibetano, reconhecido como o décimo quarto renascimento do abade do mosteiro de Chagdud, o Chagdud Gonpa, no Tibete e, possivelmente, um terton, isto é, um descobridor de tesouros da prática budista. Nos anos

1970, foi para os Estados Unidos, tornando-se cidadão norte-americano, onde conheceu sua esposa Jane, com quem viria mais tarde para o Brasil.

Em 1995, estabeleceu-se no Brasil, Rio Grande do Sul, construindo um lindo centro de budismo tibetano no município de Três Coroas, denominado Chagdud Khadro Ling, além de fundar outros centros e grupos de prática em todo o país.

O nome Chagdud vem de Chag, "ferro" e Dud, "nó", relembrando o primeiro abade, Sherab Gyaltsan, que deu o nome ao mosteiro, pois era capaz de dar um nó em uma espada. Segundo relatos originários do Tibet, Chagdud Tulku Rinpoche era capaz de realizar essa mesma proeza em sua juventude.

O nome Tulku, transliterado do tibetano como Sprul Sku, é um título que significa "encarnado, renascido num corpo material", correspondendo ao sânscrito "nirmanakaya", indicando que o renascimento do lama Chagdud se deu por sua escolha, em benefício de todos os seres sencientes[32].

O nome Rinpoche também é um título que significa "precioso", indicando o grau de compaixão e sabedoria que o lama manifesta por seus sucessivos renascimentos. Outro nome de Chagdud Tulku Rinpoche é Padma Gargyi Wangkhyuk, que significa "O Senhor da Dança".

Chagdud era filho do Lama Sera Kharpo e sua esposa Dawa Drolma, foi reconhecido como o abade de Chagdud Gonpa nos primeiros anos de sua vida e teve a oportunidade de ser educado no Tibet, pertencendo à última geração que pôde ser formada livremente naquele país, antes da invasão chinesa.

Em 1958, casa-se com Karma Drolma, tendo com ela dois filhos: o também Lama Jigme Rinpoche e sua irmã Dawa Lhamo Tromge.

Em 1959, a China invadiu o Tibet, anexando-o como território, e ele se exila na Índia, dirigindo-se, posteriormente, ao Nepal, atuando e organizando os campos de refugiados, utilizando seus conhecimentos tanto dos ensinamentos budistas como da medicina tibetana. As dificuldades do exílio, porém, levam a desentendimentos e ele se separa de Karma Drolma.

---

[32] Seres sencientes: aqueles que ainda não despertaram para a espiritualidade. Indivíduo que ainda não desenvolveu consciência espiritual.

Em 1979, casa-se com a norte-americana Jane, mais tarde, Lama Chagdud Khadro, e viaja para os Estados Unidos, dando início a um grupo de prática, até que, em 1983, ele estabelece a Chagdud Gonpa Foundation, com a comunidade Rigdzin Ling, em Junction City, na Califórnia.

Viajou por diversos países da América, Europa e Ásia, ao mesmo tempo que cuidou do desenvolvimento de seus alunos norte-americanos, formando entre eles vários lamas. Alunos brasileiros também se dirigiam ao Rigdzin Ling, e Chagdud fez algumas visitas ao Brasil.

Em 1995, transferiu-se definitivamente para o Brasil, organizando a construção do primeiro Lha-Kang, templo tipicamente budista tibetano, na América do Sul, e criando as fundações do Chagdud Gonpa Brasil e Chagdud Gonpa Hispanoamérica.

Faleceu no ano de 2002, em Três Coroas, ao final de um retiro de prática de transferência da consciência na hora da morte – em tibetano, "Pho-wa" –, tendo seu corpo sido transladado e cremado no Nepal e suas relíquias colocadas em diversos de seus centros. No Brasil, encontram-se suas relíquias no templo de Khadro Ling, em Três Coroas, Rio Grande do Sul e na sede do centro Odsal Ling, no município de Cotia, São Paulo.

Personalidade e realizações

As pessoas que com ele conviveram falam de seu senso de humor, seu conhecimento profundo do budismo, sua realização nas práticas budistas, um requisito fundamental para um lama tibetano. No Brasil, disseminou a prática de "Tara Vermelha", entre outras muitas práticas do budismo vajrayana que conhecia. Como redigiu diretamente uma prática de Tara Verde, é considerado, informalmente, um terton, um descobridor de tesouros, o que significa alguém que teve a visão dessa prática.

"Seria ingênuo supor que praticantes novos conseguirão imediatamente eliminar todas as suas deficiências e desenvolver todas as qualidades positivas da prática. Porém, se ao entrar pela porta do Dharma, seja em que estágio for de suas vidas, eles continuarem a praticar, então o amor, a compaixão e a sabedoria crescerão. Se as pessoas praticam, conseguem melhorar. Aqui não há diferença alguma entre orientais e ocidentais."

Os ensinamentos

Acho que seria impossível descrever com palavras a importância de Chagdud Tulku Rinpoche em minha vida enquanto mestre espiritual. Foi lendo seu livro *Portões da Prática Budista* que encontrei o verdadeiro sentido da vida e da espiritualidade. Foi como uma iniciação na senda espiritual, sendo o primeiro livro de temas espirituais que li. E a maneira como esse livro chegou até mim foi mais intrigante ainda.

Com o sistema imunológico muito debilitado por uma doença proveniente de estresse e preocupação com o trabalho; naquela época, sem a menor orientação a respeito da espiritualidade, fui buscar ajuda nos meios alternativos. Já nas primeiras buscas por socorro me deparei com o Reiki e em seguida senti um chamado interior para participar de um processo iniciático dentro desta técnica milenar de cura.

No dia marcado para a iniciação, o grupo entrou em processo meditativo e, durante a meditação conduzida pelo mestre, visualizei a imagem de um monge tibetano, que nunca havia visto, e fiquei surpresa com a força, o brilho e a intensidade da luz que estava ao redor desse monge. Era muito real para que fosse imaginação ou delírio.

Nessa meditação ele me mostrou a capa de um livro com sua foto e pediu que eu lesse, pois só através daquele instrumento eu poderia me auto-conhecer. Pediu que eu ficasse atenta aos sinais do universo porque o livro iria chegar até mim. Ele deixou claro na meditação que eu havia feito uma boa escolha e que a partir daquele momento ele me conduziria na senda da espiritualidade.

Fiquei ansiosa, pois como iria encontrá-lo? Como iria encontrar o livro? Quem era ele? O que havia no livro? Todas essas perguntas começaram a povoar a minha mente inquieta.

No dia seguinte, abri o jornal e a primeira coisa que vi foi a foto do monge... Era Chagdud Tulku Rinpoche. Fiquei paralisada! Quando me dei conta que o Templo Budista estava a menos de cem quilômetros, fui até lá imediatamente e a sensação de paz que senti ao chegar no topo do monte em Três Coroas é indescritível.

Quando cheguei à loja do Templo, o livro estava lá, exatamente como vi na meditação. Comecei a ler e achei que a leitura seria rápida. Porém a leitura levou um ano inteiro, pois cada lição, cada aprendizado precisa ser vivido, experimentado. Foi um livro iniciático, que realmente colocou muitas coisas e conceitos à prova. É um incrível tratado de budismo tibetano, onde aprendemos de forma detalhada a exercitar nossa mente para que ela se liberte dos venenos que contaminam nossa vida.

As instruções começam falando da vida moderna e daquilo que realmente importa. Será que é preciso trabalhar tanto, sofrer tanto!? Para que exatamente precisamos de tudo isso?

Fui passeando pelo livro como se nunca tivesse lido nada em toda a minha vida. Sempre li muito, desde criança, porém nunca havia lido algo que houvesse me tocado tão profundamente. Senti que todos os livros da formação tradicional tornavam-se pequenos naquele instante. Os ensinamentos se deram da seguinte maneira:

Parar para perceber o que estamos fazendo já é o primeiro passo da caminhada espiritual.

Depois aprendemos que para eliminar todo o sofrimento de nossa vida precisamos nos libertar do apego, desejo, raiva, aversão e ignorância que são ilusões destrutivas de nossa mente, como se fossem venenos que vão contaminando todo o nosso sistema imunológico.

Depois de alguns meses praticando somente pensamentos virtuosos e inserindo as virtudes em todos os momentos, começamos enfim a compreender o que seria felicidade.

Vamos começando a contemplar que o nascimento humano saudável é demasiadamente precioso para que se perca tempo com futilidades.

Depois contemplamos também a impermanência de tudo e vamos percebendo que tudo um dia desaparecerá, nossos desejos vão cessando e a sabedoria vai aflorando. Vem a calma, a tranquilidade e a paciência, que pode ser traduzida como a ciência da paz.

Ao compreendermos a impermanência, vamos conseguindo desmistificar a questão do carma, que nada mais é do que o resultado de nossas escolhas do passado.

E com isso voltamos à questão do sofrimento e o que leva a ele: os sentimentos nocivos como apego, desejo, raiva, aversão e ignorância. Estamos presos nessa roda de sofrimento há milhares de anos: o samsara.

A vontade de atingir a iluminação e a sabedoria é o caminho do dharma que consiste em ações que beneficiem todos os seres vivos em prol do despertar da espiritualidade.

Depois de tudo isso, ainda somos presenteados com uma introdução ao Budismo Vajrayana e aspirações sobre a fé, a oração, os mantras e a natureza da mente.

Conheço várias pessoas que leram *Portões da Prática Budista* e mesmo as mais intocáveis ou insensíveis se transformaram profundamente e hoje seguem no caminho do Dharma. Uma obra assim só poderia ter sido inspirada por um ser teorrealizado como Chagdud Tulku Rinpoche. As pessoas íntimas do Mestre referenciam sua inteligência, sabedoria e profunda compaixão como os marcos de sua última passagem aqui na Terra.

Gandhi e a Política Espiritual

Como todos os mestres presentes nesse livro, Mahatma Gandhi possui uma vasta literatura a seu respeito, com muitos detalhes, datas e fotografias. Porém, para nosso estudo, vamos nos concentrar na herança que o Mestre nos deixou: seu comportamento diante da violência e suas lições de amor que transformaram o mundo.

Um dos homens mais importantes do século XX nasceu em Nova Delhi, Índia, no dia 2 de outubro de 1869, sob o signo de Libra, pertencendo à casta dos comerciantes. Mohandas Karamchand Gandhi era uma criança tão tímida que saía correndo da aula para não conversar com os colegas. Aos treze anos, Gandhi casou-se com a esposa que lhe fora prometida quando criança, segundo as tradições hindus daquela época. Aos dezoito anos, já pai de um menino, o Mestre foi estudar direito em Londres, profissão que o levaria a conhecer a cidadania e os direitos humanos, o que no futuro o aproximou das questões políticas e sociais.

É incrível, mas foi fora da Índia que Gandhi pela primeira vez leu o Bhagavad Gita, o épico hindu que relata a história de Krishna. Haviam duas escrituras que o tocavam profundamente: o Sermão da Montanha proferido por Jesus (Mateus, Capítulo 5 a 7) e o Bhagavad Gita, que para Gandhi transmitiam a mesma mensagem.

Com base nessas doutrinas que uniam o cristianismo e o hinduísmo, o Mahatma (do sânscrito, Grande Alma) encontrou a força espiritual necessária para conquistar a independência da Índia e transformar o mundo. O Mestre viveu numa das épocas mais violentas que o Planeta atravessou, assolado por duas guerras mundiais.

O Mestre afirmava que era hindu, cristão e muçulmano, o que demonstra uma postura universalista e baseada no respeito ao Deus de cada um e a convivência harmônica entre as religiões. Um dos sonhos de Gandhi era ver hindus e muçulmanos convivendo em paz.

Gandhi costumava dizer que o amor sincero de um único homem poderia aniquilar com toda a maldade do mundo e talvez ele tenha sido o maior exemplo disso quando iniciou na Índia um movimento político de desobediência civil que ele chamou de Sathyagraha (Força de Verdade). Satyagraha é muito mais do que um movimento ideológico, mas um estilo de vida baseado em causas supremas, divinas, superiores. Esse movimento consistia em resistir à opressão de qualquer inimigo de forma pacífica e demonstrando grande amor por todos os seres, inclusive pelos opressores. Numa época em que a Índia sofria com o domínio britânico, Gandhi liderou marchas e protestos não violentos que mobilizavam grandes multidões, conquistando assim a independência da Índia em 15 de agosto de 1947.

Aos 37 anos de idade, Gandhi resolveu fazer o voto de Brahmacharya, mantendo-se casto, retendo a energia sexual e direcionando essa força às causas sociais e de libertação do povo indiano. Esse voto foi tomado em comum acordo com sua esposa.

O Mahatma esteve preso por diversas vezes, porém o povo indiano o nomeou como líder político e religioso, só aceitando negociações que passassem pelo seu crivo.

Um dos protestos mais conhecidos foi a marcha do sal. O governo britânico havia proibido os indianos de produzirem seu próprio sal, que ficaria sob monopólio inglês. Esse fato prejudicaria principalmente os pobres. Então, Gandhi, juntamente com algumas dezenas de pessoas, iniciou uma marcha de trezentos quilômetros em direção ao mar. Ao longo do caminho, milhares de pessoas foram aderindo à ideia e todos com suas panelas colheram sal do mar. A polícia tentou chegar para dispersar a população, mas eram tantas pessoas para prender que a força militar nada pôde fazer. Assim, o Mestre ia reunindo mais adeptos à cultura da não violência e do amor incondicional.

Gandhi jejuava em sinal de protesto, demonstrando todo o seu amor pela humanidade em forma de resistência pacífica e, mesmo recebendo milhões de dólares em doações vindas de todo o mundo, sempre utilizou a força material para ajudar a quem precisava, vivendo na mais absoluta pobreza.

O Mestre era amigo de Charles Chaplin, Paramahansa Yogananda e Albert Einstein, cultivando amizade com pessoas influentes e importantes que o admiravam muito. Foi indicado várias vezes ao Prêmio Nobel da Paz, sem nunca tê-lo recebido.

A essência de Mahatma Gandhi era a humildade, que podemos ver em suas palavras:

"Diante de qualquer conflito, respire antes de reagir e tente negociar. Mesmo discordando, procure compreender a posição das outras pessoas."

"Leve em conta o sofrimento alheio."

"Elimine os maus tratos, inclusive a autoagressão. Só quem se cuida e é generoso consigo cuida bem do outro."

"Se for uma vítima da violência ou injustiça, busque aliados para encontrar soluções. Não se isole."

"Tente identificar e combater em si mesmo os preconceitos de qualquer espécie."

"Ouça mais, fale menos."

"O que eu quero alcançar, o objetivo dos meus esforços e anseios nos últimos trinta anos, é a autorrealização, ver a Deus face a face, chegar à libertação."

"Satyagraha é suave, não machuca. Ela não deve ser resultado da raiva ou da maldade. Ela não é espalhafatosa, impaciente, ruidosa. Ela é exatamente o oposto da compulsão. Ela foi concebida como um substituto perfeito para a violência."

"Para ver o espírito da verdade universal e oniabrangente face a face, precisamos ser capazes de amar como a nós mesmos a menor das criaturas. O homem que tem essa aspiração não pode omitir-se de participar de todas as esferas da vida. É por isso que minha devoção à verdade me impeliu para o campo da política; e posso dizer, sem a menor hesitação, e todavia com toda a humildade, que os que dizem que religião não tem nada que ver com política desconhecem o significado da religião."

"Através de amarga experiência aprendi uma lição fundamental – refrear a minha raiva; como o calor contido transforma-se em energia, assim a nossa raiva, controlada, pode transformar-se numa força para mover o mundo."

"Você só pode dizer que ama realmente quando a felicidade da outra pessoa está acima da sua própria felicidade, quando a vida dela significa mais para você do que a sua própria vida. Tudo o mais é apenas negócio, um toma-lá-dá-cá."

"A força de matar não é essencial para a autodefesa; devemos ter a força de morrer. Quando alguém está plenamente disposto a morrer, nem sequer lhe vem o desejo de praticar a violência."

Quando questionado sobre sua religião, Gandhi respondeu: *"Você precisa observar minha vida, o modo como geralmente vivo, me alimento, sento, falo e me comporto. A soma total de tudo isso em mim é a minha religião."*

"Não tenho nada de novo a ensinar ao mundo. A verdade e a não violência são tão antigas quanto as colinas. Tudo o que fiz foi efetuar algumas experiências com ambas, numa escala tão ampla quanto possível. Ao fazer isso, às vezes errei e aprendi com meus erros. Assim, a vida e seus problemas tornaram-se para mim experiências na prática da verdade e da não violência."

Causando comoção a milhões de pessoas no mundo inteiro, o Mahatma se despediu do nosso plano em 30 de janeiro de 1948, assassinado de forma brutal por um fanático religioso.

Disse Albert Einstein sobre Gandhi no dia de sua morte: *"Um condutor de seu povo, não apoiado em qualquer autoridade externa; um político cuja vitória não se baseia em astúcias nem técnicas de política profissional,* mas unicamente na convicção dinâmica da sua personalidade; um homem de sabedoria e humildade dotado de invencível perseverança, que empenha todas as suas forças para garantir a seu povo uma sorte melhor; um homem que enfrenta a brutalidade da Inglaterra com a dignidade de um homem simples, e por isto se tornou um homem superior – futuras gerações dificilmente compreenderão que tenha vivido na Terra, em carne e osso, um homem como este".

O norte-americano Martin Luther King, outro grande defensor da liberdade e adepto da não violência, disse, antes de ser assassinado também por radicais: *"Gandhi foi infalível. Se a humanidade tem que progredir, o Mahatma é imprescindível. Ele viveu, pensou e agiu inspirado pela visão de uma humanidade que evoluía para um mundo de paz e harmonia. Se o ignoramos, o risco será só nosso"*.

Assim o Mahatma continua até os dias de hoje sendo um dos maiores exemplos de que podemos trazer à Terra os ideais divinos, transformando nosso lar em um cenário de convivência harmoniosa e desenvolvimento da consciência de paz.

HELENA PETROVNA BLAVATSKY

A mulher mais fantástica de nossa era nasceu no sul da Rússia, em 12 de agosto de 1831, sob o signo de Leão, na cidade de Ekaterinoslav, com o nome de Helena Petrovna von Hahn. Filha de um coronel e de uma renomada novelista, Helena fazia parte da nobreza russa por ser neta da princesa Helena Dolgorukov.

Já em sua cerimônia de batizado, com apenas vinte e quatro horas de vida, os incidentes que acompanhariam Madame Blavatsky para sempre tiveram início: como nasceu fraca, ao temer sua morte, seus pais organizaram a cerimônia de batismo. Sua irmã, poucos anos mais velha, estava representando um parente ausente e, ao segurar uma vela, deixou-a cair, incendiando as vestes do sacerdote e queimando seriamente vários convidados, inclusive o padre. Para a Igreja Ortodoxa Russa, esse incidente era sinal de um péssimo presságio.

Em sua infância, Helena mostrava-se rebelde às ordens dos professores e de todas as autoridades que contrariavam sua vontade. Passou grande parte do tempo na biblioteca do avô, uma das maiores da Rússia, lendo sobre tudo o que lhe interessava, principalmente assuntos espirituais. Gostava de ler sobre cultura e religião dos povos antigos e teorias sobre a criação do universo.

Apesar dos títulos de nobreza e da situação financeira favorável, a menina preferia brincar com as crianças mais pobres, contando-lhes histórias assustadoras sobre a criação do universo e teorias evolucionistas. Desde cedo demonstrava poderes paranormais, o que assustava aqueles da sua convivência. As histórias e os amigos imaginários eram tão diversos, que assustavam realmente os amigos sem clarividência, fato que a deixou um tanto isolada dos demais. Era tão convincente em seus contos que persuadia todos a entrarem no seu mundo secreto.

Em uma carta, sua irmã Vera relata que a mãe sentia-se muito triste com o comportamento anormal de Helena, sem saber o que fazer a respeito. Um dia, já doente, sua mãe mencionou:

"Talvez seja melhor que eu morra, porque assim serei poupada de ver o que acontecerá a Helena! De uma coisa estou certa, sua vida não será igual à das outras mulheres e por isso ela sofrerá muito."

Quando Helena tinha onze anos de idade, sua mãe faleceu, e a menina partiu definitivamente para a casa de seus avós. Helena se relacionava muito bem com os empregados da mansão de sua família, tanto que passava mais tempo com eles do que com seus familiares.

Sua tia Nadyezhda A. de Fadeyev relata em carta, no século XIX:

"Estragada na infância pela adulação dos empregados e pela devotada afeição dos parentes que perdoavam tudo à "pobre criança órfã", Helena reforçou seu temperamento autoritário, o que a fez rebelar-se abertamente contra as exigências da sociedade quando cresceu. Ela não se submetia nem fingia respeito pela opinião alheia. Cavalgou até os quinze anos num cavalo cossaco, com sela masculina! Não se curvava a ninguém nem retrocedia diante de algum preconceito ou convenção.

Desafiava tudo e todos. Na infância, toda a sua simpatia era voltada para as pessoas de classe inferior. Sempre preferiu brincar com os filhos dos empregados e tinha que ser constantemente vigiada para não escapar de casa e ir fazer amizades com as crianças de rua. Mais tarde na vida, continuou a simpatizar com os mais humildes e a demonstrar uma pronunciada indiferença à nobreza, à qual, por nascimento, ela pertencia."

Quando estava com dezessete anos, certo dia, a cozinheira, que lhe era muito íntima, de brincadeira, mencionou que com seu comportamento rebelde Helena jamais se casaria, nem mesmo com o velho Nikifor Blavatsky. E a moça lhe respondeu que, mesmo ele parecendo um "corvo sem penas", ela conseguiria provar à sua amiga criada que o velho a pediria em casamento. Quando Helena foi falar ao velho que se tratava apenas de uma brincadeira, o casamento estava arranjado e, pela lei do país, ela não poderia voltar atrás. As damas da nobreza e outras moças da corte, acreditando que ela pudesse encantar-se com a riqueza das bodas e com a pompa da festa, organizaram tudo rapidamente.

No dia da cerimônia, olhando tudo com desdém, no momento em que o sacerdote pronunciou que a esposa deveria obedecer ao marido, uma onda de fúria a invadiu e ela respondeu que jamais faria isso!

Então, logo após a cerimônia, Helena fugiu da Rússia para passar dez anos na Ásia Central, Índia, América do Sul, África e Leste Europeu buscando sua espiritualidade. Nesse período, Helena conviveu com sábios de muitos povos diferentes – iogues, iniciados de alto grau, rishis, sufis, monges budistas, índios e beduínos do deserto – e pôde ampliar em muito sua visão de mundo, vivenciando e experienciando muito do que havia lido na infância.

Aos vinte anos, Helena esteve em Londres e encontrou fisicamente o mestre com quem sempre sonhara: El Morya, que representava uma delegação do Nepal, em Londres. Ele lhe disse apenas que ela estaria sendo preparada para cumprir uma grande missão e que, na hora certa, ela chegaria ao Tibet para receber treinamento.

Depois de algumas tentativas frustradas de chegar ao Tibet, Helena foi morar, juntamente com seu pai e sua irmã, numa casa de campo na Rússia, quando foi acometida por uma grave doença, aos vinte e oito anos. Uma ferida abria-se na região do coração e as crises duravam de três a quatro dias, com febres e terríveis dores, desaparecendo e cicatrizando misteriosamente, de forma muito rápida. Certa vez, sua família chamou um médico, que tentou costurar a ferida. Uma enorme mão escura se materializou nesse momento, como se protegesse o coração de Madame Blavatsky. O ambiente foi tomado por toda a sorte de ruídos e sons estranhos. O médico, aterrorizado, implorou para não ser deixado sozinho com a paciente e fugiu. Passado algum tempo, todo o país comentava que a moça era uma poderosa feiticeira, com poderes paranormais. A doença foi apenas um processo de purificação para que ela recebesse uma iniciação de alto grau para cumprir sua grande missão de construir a Sociedade Teosófica.

Por volta dos trinta anos, seus poderes começaram a ancorar-se e as canalizações, psicografias e visualizações eram cada vez mais constantes.

Então, havia chegado a hora de ir ao Tibet. Mestre El Morya, cumprindo com sua palavra, levou Madame Blavatsky até a casa de Kuthumi, onde ela morou por dois anos. Helena foi autorizada a participar de cerimônias tibetanas nos monastérios, onde nenhum ocidental jamais havia entrado.

Durante dois meses, Mestre Kuthumi, que havia estudado em universidades europeias, auxiliou Helena a aprender inglês de forma física e também extrafísica. Nessa época, Helena conheceu Djwhal Khul, um garoto tibetano de quinze anos, que era o mais brilhante aluno de Mestre Kuthumi.

Durante o período de treinamento no Tibet, Helena conviveu com Saint-Germain, El Morya, Kuthumi, Djwhal Khul e Hilarion.

Quando seu treinamento esotérico estava completo, ela retornou à sua família, que estava muito feliz em revê-la e, sob orientação de seu Mestre El Morya, foi para os Estados Unidos encontrar-se com Henry S. Olcott, que seria seu parceiro para a Fundação da Sociedade Teosófica. Ao se encontrarem, a simpatia e afinidade aconteceram de forma natural.

Em 17 de novembro de 1875, foi fundada a Sociedade Teosófica. A palavra Teosofia significa "Sabedoria Divina". Olcott era o presidente, pois possuía maior competência administrativa e organizacional, enquanto Helena era a líder espiritual da instituição. Olcott tornou-se discípulo de Mestre El Morya, enquanto Helena começou a escrever o livro *Ísis sem Véu*, uma das obras mais incríveis que nos foram deixadas como herança.

Nessa época, Madame Blavatsky iniciou os fenômenos de materialização. Existem muitas cartas arquivadas na sede da Sociedade Teosófica que relatam os incríveis casos em que ela se utilizava de recursos mentais avançadíssimos para materializar qualquer coisa que quisesse.

Em 1871, na Grécia, ela tentou fundar uma Sociedade Espírita para estudar os ensinamentos de Allan Kardec. Disposta a enfrentar todos os preconceitos e problemas, com muita coragem, enfrentou o desafio. Um tempo depois escreveu aos seus amigos relatando que havia fracassado, pois os médiuns que com ela estavam trabalhando eram todos corruptos e fascinados.

Desapontada com o fracasso de sua Sociedade Espírita, voltou à Rússia para continuar seus trabalhos na Sociedade Teosófica. Na publicação de *Ísis sem Véu*, mil exemplares foram vendidos em nove dias. Considerando que isso aconteceu há mais de cem anos, é como se o primeiro livro de um autor vendesse um milhão de exemplares em nove dias na época atual! Um Fenômeno!

As materializações e experiências mediúnicas de Madame Blavatsky são inúmeras, desde a materialização de xícaras em piqueniques até desenhos de retratos em apenas alguns segundos, sendo suas manifestações divinas fascinantes. Ela atribuía seus poderes aos Mestres, hoje ascensionados El Morya, Kuthumi e Saint-Germain. Porém, eles mesmos diziam que Helena produzia os fenômenos de acordo com os poderes naturais, sem a ajuda deles, pois ela era uma iniciada de alto grau.

Sempre muito criticada por seus poderes mediúnicos, muitas vezes ela era agressiva e perdia a paciência com aqueles que duvidavam de seus feitos. Helena não tinha muita paciência com a ignorância dos "profanos", pessoas que desconheciam os poderes espirituais do universo onde sua mente orbitava.

Quando questionada sobre isso, ela dizia que esse temperamento a mantinha mais tempo na Terra, pois se fosse perfeita, não estaria mais aqui e sim entre os iniciados de quinto grau. Seu temperamento difícil retardava seu progresso espiritual. Porém, isso não impediu que Helena fosse o mais extraordinário canal da Grande Fraternidade Branca para transmitir todo o conhecimento dos Iniciados.

Certa vez, Vera de Fadeyev, irmã de Helena, desafiou-a, querendo que a irmã adivinhasse o que teria escrito em uma carta que acabara de receber. Ela pôs a carta em seu terceiro olho – chacra frontal – e não só repetiu como transcreveu e fez marcas em duas palavras da carta, que estavam exatamente no mesmo local.

Na época em que Madame Blavatsky escrevia *A Doutrina Secreta*, sua amiga, uma condessa sueca, foi morar junto com ela. Essa amiga era clarividente e conseguia visualizar muitos mestres ao redor dos corpos sutis de Helena enquanto escrevia. Uma noite, a condessa foi apagar uma lâmpada da cabeceira que havia ficado acesa. Cada vez que ela se afastava, a lâmpada começava a se acender novamente. Isso aconteceu três vezes até que a condessa entrou em sintonia mais profunda e viu uma mão morena a sua frente, acionando o interruptor.

Logo depois desse episódio, A Sociedade de Pesquisa Psíquica publicou uma matéria difamando Madame Blavatsky e chamando-a de impostora. Ela nunca havia cometido uma fraude em sua vida. Era uma pessoa verdadeira. Os mais céticos pesquisadores hoje se rendem à sabedoria dessa mulher que, ao abandonar completamente toda a sua riqueza, mudou o mundo e trouxe toda a sabedoria do antigo Oriente de presente para nós, ocidentais.

Por mais demonstrações que ela fizesse acerca de seus poderes psíquicos, elas nunca eram suficientes, pois sua sabedoria e habilidades representavam uma grande ameaça a tudo o que a ciência e a Igreja representavam no Ocidente. Por mais milagres que ela tivesse realizado, eles jamais teriam sido suficientes. A ignorância conseguia cegar aqueles que não queriam ver uma verdade que não era conveniente aos interesses pessoais.

Ela sempre estaria sob o fogo cruzado da crítica, pois isso fazia parte da sua missão para atingir um maior grau iniciático.

Alguns pesquisadores afirmam existir uma carta arquivada na Sociedade Teosófica, com a declaração do Mestre Kuthumi, que diz o seguinte:

"Dou-lhe minha palavra de honra, ela nunca enganou e nunca faltou à verdade intencionalmente, embora sua posição seja frequentemente insustentável e ela tenha de ocultar muitas coisas, conforme seus votos solenes lhe impõem. Dados seus poderes naturais, combinados com muitos longos anos de treinamento regular, ela pode produzir e produziu fenômenos que às vezes são

melhores, mais fantásticos e muito mais perfeitos que os de alguns iniciados mais avançados."

A afirmação de Mestre Kuthumi chancela perfeitamente a credibilidade de Madame Blavatsky.

Quando da publicação de *A Doutrina Secreta* (um dos livros onde mais aprendi sobre a vida), uma repórter de um jornal de Londres chamada Annie Besant foi visitar Helena para fazer uma resenha do novo livro. A afinidade entre as duas foi incrível e Madame Blavatsky sentia que estava para partir deste mundo. Annie ficou tão encantada com os ensinamentos da Teosofia, que decidiu fazer parte da Sociedade.

Helena reconheceu em Annie Besant o potencial que a Sociedade Teosófica precisava para sua continuidade.

Em 1891, Helena Blavatsky faleceu. Após a cremação, suas cinzas foram divididas em três partes e hoje se encontram nas lojas teosóficas da Europa, dos Estados Unidos e da Índia.

Essa magnífica mulher, que sempre se dedicou à missão de sua alma, revolucionou a espiritualidade mundial, implantando conceitos livres e universalistas, transformando completamente a consciência humana.

Helena conquistou fãs famosos e inspirou os ideais de muitas pessoas que transformaram o mundo. *A Doutrina Secreta* era o livro de cabeceira de Albert Einstein. Carl Gustav Jung a admirava, bem como Mahatma Gandhi, Aldous Huxley, Bernard Shaw, Nehru, Oppenheimer e Fernando Pessoa.

Por ser destemida, mostrou que podemos viver sem medo e guiando-nos espiritualmente através dos sinais do universo.

Trouxe-nos a presença dos Mestres Iluminados, do ocultismo e a dádiva de poder optar pelo Deus interior, que não pune nem castiga, apenas ama e liberta.

A CONTINUIDADE DA SOCIEDADE TEOSÓFICA

O coronel Henry S. Olcott deu continuidade na presidência da Sociedade Teosófica até 1907, quando Annie Besant a assumiu e, juntamente com seu amigo Charles Webster Leadbeater, tornaram a Sociedade Teosófica conhecida no mundo inteiro, com muitos adeptos até os dias de hoje.

A palavra teosofia tem origem grega: "theos", significa Divino, e "Sofia", Sabedoria, portanto "Sabedoria Divina".

Acredita-se que a primeira Sociedade Teosófica tenha surgido no Egito Antigo, por filósofos neoplatônicos que estudavam as correspondências da alma humana com o mundo externo e os fenômenos da natureza.

Atualmente, a Sociedade Teosófica moderna busca a sabedoria pela investigação direta da verdade que se manifesta na natureza e no homem. Segundo Helena Blavatsky, a verdadeira Teosofia é a renúncia completa do eu, ou seja, para vivermos a verdade de acordo com os princípios do universo, devemos abandonar completamente qualquer ideia separativa, pois todos os seres juntos formam um único ser: o Todo, o Atman, o Brahman, Deus, o Tao.

Não há distinção nem separação, tudo está interligado.

O verdadeiro teósofo dedica sua vida a serviço da humanidade, com direito e liberdade para expressão e ação, desde que isso não prejudique os demais.

Um teósofo pode fazer parte de uma religião e participar da sociedade teosófica ao mesmo tempo, sendo que a única condição para filiar-se à sociedade é aprovar e cumprir seus três princípios:

• Satyan Nasti paro Dharmah – "Não há religião superior à Verdade."

• Encorajamos o estudo da religião comparada, filosofia e ciência.

• Investigamos as leis não explicadas da natureza e os poderes latentes no homem.

Os ensinamentos de Helena:

"Está bem, ouvinte. Prepara-te, pois terás que viajar sozinho. O instrutor pode apenas indicar o caminho. A Senda é uma para todos; os meios para chegar à meta variam com os peregrinos."

"O universo é a combinação de milhares de elementos, e contudo é expressão de um simples espírito – um caos para os sentidos, um cosmos para a razão."

"A Doutrina Secreta ensina o progressivo aperfeiçoamento de todas as coisas, tanto dos mundos como dos átomos. E este estupendo aperfeiçoamento não tem um começo concebível nem um fim imaginável. Nosso "Universo" é apenas um de um infinito número de Universos, todos eles "Filhos da Necessidade", porque na grande cadeia cósmica de Universos cada elo acha-se numa relação

de efeito com referência ao antecessor, e de causa com referência ao sucessor."

"Se há um espírito imortal desenvolvido no homem, ele deve existir em tudo o mais, pelo menos em estado latente ou germinal; pode ser apenas uma questão de tempo para que cada um destes germes torne-se plenamente desenvolvido."

"O altruísmo é uma parte integral do autoaperfeiçoamento. Mas temos de discernir. Ninguém tem o direito de inanir-se até a morte para que outrem possa ter alimento, a não ser que a vida deste último obviamente seja mais útil do que a do primeiro. Mas é seu dever sacrificar o próprio conforto e trabalhar pelos outros se estes estão incapacitados para o trabalho."

"A humanidade – pelo menos em sua maioria – detesta refletir, mesmo em benefício próprio. Magoa-se, como se fora um insulto, ao mais humilde convite para sair por um momento das velhas e batidas veredas e, a seu critério, ingressar num novo caminho para seguir em alguma outra direção."

"A perfeição, para ser completada, deve nascer da imperfeição; o incorruptível deve brotar do corruptível, tendo a este por veículo, base e contraste."

"Não há nenhum bem ou mal em si, como não há nem "elixir da vida" nem "elixir da morte", nem veneno em si. Tudo está contido na única e mesma essência universal, dependendo os resultados do grau de sua diferenciação e de suas várias correlações. O seu lado de luz produz vida, saúde, bem-aventurança, paz divina, etc; o lado de trevas traz morte, doenças, tristezas e conflitos."

Kuthumi Lal Singh

O Mestre Ascensionado Kuthumi (também conhecido como Koot Hoomi e K.H.) esteve presente no plano Terra, no século XIX, dispensando à humanidade os ensinamentos da Grande Fraternidade Branca e dos Mestres Ascensionados. Dedicado única e exclusivamente aos propósitos espirituais, Khutumi levou uma vida extremamente reclusa, não deixando muitas pistas sobre seu comportamento e sua personalidade. Nascido no início do século XIX, acredita-se que Mahatma Kuthumi era um punjabi[33], cuja família estabelecera-se em Kashmir. Por seu grau iniciático avançado, Kuthumi possuía uma postura espiritual universalista, integrando os conceitos de diversas filosofias, tornando-se um Grande Mestre do Esoterismo e do Ocultismo.

O Mestre era um iniciado na filosofia Sikh – na língua punjabi sikh significa discípulo forte e tenaz –, uma tradição religiosa proveniente de um grupo islâmico que agrega os ensinamentos hindus, fazendo uma fusão das duas religiões.

O sikhismo foi instituído pelo Guru Nanak (1469-1539), que possuía um espírito devoto e poético, pondo-se a serviço dos desígnios espirituais. Quando alguém torna-se iniciado na ordem dos sikhs, o nome "Singh" (Leão) é adicionado como último nome aos homens e "Kaur" (Princesa) às mulheres.

Um dos ideais filosóficos do sikhismo é a transcendência do mundo físico, a libertação do ciclo de mortes e renascimentos (ascensão).

O sikhismo baseia-se na escritura sagrada chamada "Adi Granth" e seus pilares básicos são:

- Nam Japam: Manter Deus presente na mente em todos os momentos;

- Kirt Karni: Alcançar o sustento através da prática de trabalho honesto;

- Vand Chakna: Partilhar os frutos do trabalho com aqueles que necessitam;

Depois do ritual de iniciação, que é uma espécie de batismo, os adeptos devem respeitar, além dos três princípios acima, cinco regras pessoais que são: não cortar o cabelo e a barba, usar um pente de aço, usar calções, usar um bracelete de aço no pulso direito e usar uma adaga de aço. Normalmente, os seguidores autênticos utilizam um turbante.

---

[33] Punjabi: povo natural da região do Panjabe, na Índia, e de partes do Paquistão, que comunica-se através do alfabeto devanágari (sânscrito erudito).

Pelas fotografias de Mestre Kuthumi disponíveis na literatura e também na internet, podemos perceber que ele seguia fielmente as regras do sikhismo.

Antes de retornar à sua terra natal, Kuthumi frequentou a Universidade de Oxford, entre 1850 e 1854. Passou um tempo considerável em Dresden, Wurzberg, Nurnberg e na universidade de Leipzig, onde, em 1875, esteve com o Dr. Gustav Theodor Fechner, o fundador da psicologia moderna.

Passou o resto dos seus anos em um convento de lamas, em Shigatse, Tibet, onde seu contato com o mundo externo incluía escritos didáticos enviados pelo correio a alguns dos seus devotos estudantes, como Helena Petrovna Blavatsky e Alice Bailey. As cartas do mestre Kuthumi hoje se encontram nos arquivos do Museu Britânico e da Sociedade Teosófica. Kuthumi foi o hierofante do Mestre Djwhal Khul, que já havia sido seu discípulo em diversas vidas passadas.

Mestre Kuthumi foi um grande sábio que em sua última passagem pela Terra esteve mais recluso nos Himalaias, auxiliando na Construção da Sociedade Teosófica juntamente com Saint-Germain, El Morya e Hilarion, doando à humanidade a primeira dispensação dos mestres ascensionados através dos livros de Helena Petrovna Blavatsky, principalmente *A Doutrina Secreta*, que Mestre Kuthumi ajudou a escrever. O Mestre costumava dizer que *"A Teosofia não é uma nova candidata à atenção do mundo, mas é apenas uma declaração nova de princípios que têm sido reconhecidos desde a infância da humanidade"*.

Não há como descrever com palavras o que significou a presença de Mahatma Kuthumi no plano Terra. O mundo em que vivemos hoje, num patamar mais livre e democrático, foi cuidadosamente planejado por essa legião de seres de luz que compunham a Grande Fraternidade Branca. Em sua vida discreta e silenciosa, Kuthumi Lal Singh iluminou nossa era com seus ensinamentos de amor e luz, nos levando a um outro patamar de conhecimento e sabedoria.

Mikao Usui
O redescobridor do Reiki

Mikao Usui foi muito importante para a história moderna por ter trazido à tona uma dádiva para a humanidade: o Reiki, que hoje é muito difundido em todo o mundo. Dentro dos consultórios de terapias alternativas encontramos muitos reikianos e também dentro de outras profissões. Pelo fato de a terapia Reiki utilizar a Energia Vital Universal, uma fonte cósmica superior que nos traz equilíbrio, qualquer ser humano está apto a praticá-lo desde que iniciado por um Mestre de Reiki. Então hoje facilmente encontramos advogados, dentistas, *chefs*, manicures, donas de casa, marceneiros e muitos outros profissionais que utilizam esta energia para encontrar a paz interior e o equilíbrio em suas vidas.

O começo

Mestre Usui nasceu em Kyoto no Japão em 15 de Agosto de 1865 e existe muita discussão em torno de sua profissão e religiosidade. Como sua história tem sido passada de mestre a discípulo, algumas informações se perderam e então nos resta uma lenda sobre sua vida. Diz a lenda que Mikao Usui era sacerdote em um mosteiro japonês, onde se estudava diversas religiões. Numa época em que estudavam a Bíblia, um dos alunos de Mikao perguntou porque eles não curavam como Jesus Cristo, se o próprio Messias havia pronunciado que todos poderiam curar como Ele através da imposição das mãos. Mikao respondeu que não sabia como, que apenas tinha fé nas escrituras. Os alunos não se contentaram com as respostas e afirmaram que gostariam de ver como a cura acontecia. O professor não soube responder e no Japão, quando um Mestre não consegue equacionar a pergunta do seu discípulo, é normal que ele dedique sua vida inteira, se for necessário, para encontrar a resposta.

Diz a lenda que Mikao Usui viajou aos Estados Unidos e estudou o Cristianismo com muita dedicação e mesmo assim não encontrou as chaves de ativação da cura. Estudou línguas antigas como o sânscrito para interpretar as escrituras sagradas e passou anos pesquisando nas literaturas sagradas, porém não encontrou o mecanismo de cura.

Como Mikao sabia que Buda também havia curado leprosos e doentes, iniciou uma incansável busca pelas escrituras budistas que poderiam lhe ajudar a encontrar as respostas. Quando perguntava aos monges se sabiam de algo sobre as chaves da cura, eles sempre lhe respondiam que a cura mais importante era a do espírito e que a cura do corpo físico não importava tanto assim.

Mas as perguntas na mente de Mikao continuavam: qual o mecanismo que ativa a cura do corpo físico? Como se dá essa manifestação?

Continuando a procura, Mikao encontrou nos sutras budistas as chaves da cura através da canalização de uma energia de altíssima frequência denominada energia Rei, que quando acessada poderia reorganizar as moléculas trazendo a cura total através dos campos de energia chegando ao corpo físico. Os sutras traziam o conhecimento sobre essa energia, porém não despertaram no Mestre Usui o poder de curar.

A história oficial do Reiki diz que, após sete anos de pesquisas profundas, Mikao resolveu retirar-se para meditar, buscando informações no Plano Superior para sanar suas dúvidas sobre a energia suprema que proporciona a cura.

Então, em março de 1922, Mikao Usui foi até o Monte Kurama no Japão e decidiu jejuar por vinte e um dias como faziam seus antepassados quando desejavam obter uma visão da verdade suprema. Mikao levou um cantil com água e vinte e uma pedras que lhe serviram de orientação de tempo. A cada dia que passava, o Mestre Usui utilizava uma das pedras como marcador do tempo e, cantando mantras, lendo os sutras sagrados e contemplando o período de purificação, no vigésimo primeiro dia aconteceu a visão reveladora em forma de projeção astral.

Uma forte luz veio do céu e se chocou com seu chacra frontal, projetando-o para fora do corpo e iniciando-o diretamente da Fonte de Energia Cósmica, acessando todo o conhecimento sobre o Reiki, inclusive as técnicas de iniciação para ativar esse poder em outras pessoas.

Nesse momento, o Mestre Usui acessou todas as informações acerca do uso dos símbolos e demais ensinamentos sobre a técnica que acabava de ser redescoberta: o Reiki, que é a fusão de duas energias cósmicas. A energia *Rei* é a força suprema, a energia que alimenta todas as formas de vida e o *ki* é a força eletromagnética que habita nossos corpos. Rei é a energia do céu e ki a energia da Terra. A união dessas duas energias forma o Reiki, a maravilhosa técnica oriental capaz de curar as doenças mais difíceis, pois estimula a elevação da consciência e o discernimento, sutilizando a energia e elevando a força imunológica.

Quando o estado de transe acabou, o Mestre sentiu-se tão bem e cheio de energia que conseguiu caminhar normalmente até o mosteiro, não sentindo os efeitos colaterais do retiro e do jejum. Ele queria voltar rapidamente para dividir com os colegas as boas novidades, porém Mikao tropeçou, machucando muito um dedo do pé. Instintivamente, pôs as mãos no ferimento e em seguida a hemorragia foi estancada, curando completamente o machucado. Chegando no vilarejo, Mikao foi até uma pousada fazer uma refeição. O dono do estabelecimento insistiu para que o Mestre comesse uma broa especial para monges que jejuam, para que após vinte e um dias sem comida o corpo começasse a se acostumar novamente com o alimento. O Mestre Usui recusou e resolveu pedir um café completo, que não lhe causou nenhum problema, mesmo após tanto tempo de jejum.

Nessa pousada havia uma criança chorando com dores de dente havia três dias. Mikao, tocando no rosto da menina, fez com que a dor e o inchaço diminuíssem consideravelmente.

Voltando ao mosteiro, Mikao foi conversar com um monge ancião que sofria de artrite há um longo período de tempo. Ao tocar o amigo, suas dores desapareceram. Mestre Usui então lhe falou sobre o que havia descoberto, sobre o retiro, a iniciação e a técnica Reiki.

Depois de permanecer um tempo no mosteiro, onde o assunto foi amplamente estudado, Mestre Usui resolveu dedicar-se à cura dos doentes nos bairros mais pobres de Kyoto. Mikao Usui aproximou-se dos mendigos e das pessoas mais necessitadas, para que pudesse ajudá-las a encontrar o caminho da felicidade. Tratando os doentes, estimulou-os a buscarem emprego de forma digna sem mendigar e teve sucesso em muitos desses casos. Porém, um tempo depois começou a encontrar rostos conhecidos pelas ruas de Kyoto: eram as pessoas das quais havia tratado, nas mesmas condições miseráveis de antes. Quando Mikao perguntou porque haviam voltado à vida de pobreza, eles lhes responderam que era mais fácil assumir uma postura de pedinte do que lutar no dia a dia de um trabalho honesto.

Então Mikao lembrou dos monges lá do início de sua busca que diziam que a cura mais importante era a espiritual, percebendo que o caminho do meio de Buda estava em tudo. Precisava haver equilíbrio e a cura precisava se estabelecer em todos os níveis e dimensões do ser: no corpo espiritual, mental, emocional e físico.

Nesse momento, o Mestre decidiu passar adiante seus conhecimentos a quem quisesse aprender. Então criou os cinco princípios do Reiki, que são recomendações de como devemos viver para atingir a felicidade:

- Somente por hoje, agradeça por suas bênçãos;

- Somente por hoje, abandone as preocupações;

- Somente por hoje, elimine a raiva;

- Somente por hoje, faça seu trabalho honestamente;

- Somente por hoje, seja gentil com seu próximo e com todos os seres vivos.

Após palestrar por todo o Japão sobre o método Reiki, Mikao Usui recebeu uma condecoração do imperador pelo seu trabalho virtuoso e amoroso de cura.

Antes de falecer, em 9 de março de 1926, Mikao Usui iniciou mais de dez mestres de reiki, entre eles Chujiro Hayashi, que foi seu sucessor, levando adiante a semente do Reiki, que se tornou tão popular no Ocidente até os dias de hoje.

Mikao Usui nos apresentou a energia Reiki. Algo que está modificando o estilo de vida de muitas pessoas, refletindo diretamente na energia do Planeta Terra.

O método Reiki tem resgatado a cura natural, presente em todos nós, atuando como um instrumento poderoso para ajudar-nos na retomada da confiança na cura espiritual, sem vínculo religioso.

De forma simples, leve e amorosa, o Mestre Usui resgatou a parte mais divina do ser humano: a essência puramente espiritual que habita em todos nós.

Por isso, o Reiki tem conquistado tantos adeptos em todo o mundo, movendo multidões e conectando-nos à energia cósmica e à perfeição de Deus. Trazendo transformação, autoconhecimento, paz, humildade, criatividade, fé e comunhão com o universo.

Atualmente, o Reiki é uma das ferramentas mais poderosas para a transformação e a cura planetária, pois nos traz consciência de unicidade e paz. Fica aqui um agradecimento especial a todos os reikianos que diariamente semeiam o amor e em especial aos jovens Martina e Hannah Kny, Betina e Jenifer Weiler, Gabriel Schorn, Lucas Schilling Paraboni, Carolina Borgman e Emiliane Gauer.

Que continuem sempre disseminando a semente de Luz do Reiki.

SATHYA SAI BABA

Nunca em toda a história da humanidade o homem pôde experimentar tanta disponibilidade de meios para evoluir espiritualmente. Seja através da mídia que oferece uma incrível integração entre todos os povos ou seja através da era evolutiva em que nossa consciência se encontra.

Para que isso fosse possível, o Planeta, que atravessava uma fase dificílima na década de 1920, necessitava da presença de um ser realizado, encarnado fisicamente, para que a evolução da consciência humana continuasse caminhando.

Esse ser nasceu na Índia em 23 de novembro de 1926, sob o signo de sagitário, num pequeno vilarejo chamado de Puttaparthi, sul da Índia. Sua vinda foi anunciada no Mahabharata, quando Vishnu em profecia referiu que encarnaria numa época futura muito difícil para a humanidade. Vishnu anunciou que viria em tríplice encarnação (como Shirdi, Sathya e Prema Sai Baba), com vasta cabeleira, num corpo de estatura baixa e com a marca do avatar no pé. Usaria uma túnica rubra e seus pais seriam devotos de Krishna. A profecia diz também que seu nome traduziria a verdade (Sathya – que em sânscrito significa verdade). Todas essas informações descrevem o Mestre Baba.

Desde criança, Baghavan Sri Sathya Sai Baba já cumpria as regras comuns a todos os avatares: comunicar-se em qualquer idioma, demonstrar profundo amor e respeito a todos os seres, ser extremamente seletivo quanto à alimentação, conseguir se bilocar (fenômeno de estar presente em dois locais ao mesmo tempo) e realizar muitas materializações. Desde pequeno, Sai Baba materializava flores e objetos e também o vibhuti, as cinzas sagradas que fluem de suas mãos.

Em 1940, aos catorze anos, Baba comunicou a sua família que era a reencarnação de Mestre Shirdi, que havia vivido na Índia entre 1838 e 1918 e que teria vindo ao mundo para auxiliar os seres humanos na libertação do sofrimento e na construção de um caminho de amor até o Pai Criador.

Dentre os objetivos de Sua missão, o mestre nunca referiu a criação de nenhuma religião, mas a semeadura do bem, do amor e da fraternidade, através de qualquer caminho religioso desde que levasse à realização plena de Deus e à purificação das inferioridades e emoções negativas.

Muitos estudiosos afirmam que Baba é a encarnação dos três princípios divinos: Pai, Filho e Espírito Santo em um único corpo para trazer esperança à humanidade nessa época difícil em que vivemos, de tanta violência e emoções desequilibradas.

O ashram onde vivia Baba é chamado de "Prasanthi Nilayam", que significa a morada da paz divina. Foi inaugurado nos anos cinquenta e até hoje é um centro de peregrinação de milhões de pessoas de todo o Planeta que vão até lá simplesmente para sentir a energia do Mestre. Um dos seus devotos mais conhecidos é o professor Hermógenes, um dos maiores disseminadores da Yoga no Brasil, que inclusive traduziu alguns livros de Baba para o português, como por exemplo: *O Fluir da Canção do Senhor* e *Sadhana – O Caminho Interior*.

É difícil precisar o número de pessoas atendidas pelas obras sociais de Sai Baba. São escolas, universidades, hospitais, creches, asilos e orfanatos que beneficiam milhares de pessoas carentes na Índia. Toda essa obra foi viabilizada através de doações dos devotos que se sensibilizaram com sua mensagem. Por todos os exemplos de vida que Baba demonstrava, seus seguidores chamam-no de Encarnação do Amor.

Muitas pessoas que o visitaram na Índia, inclusive os mais céticos, falam quando se aproximavam do Mestre sentiam um amor tão forte, que frequentemente transformava-se em choro compulsivo ou em um incrível estado de paz. Alguns visitantes eram premiados com materializações de objetos e outros com curas milagrosas, principalmente através do vibhuti, a cinza sagrada que fluía de suas mãos. Muitos afirmam que um simples olhar do Mestre causava grandes modificações em todos os níveis e dimensões do nosso ser.

Visitantes com dom de vidência que estiveram junto do Mestre citam que ele possuía uma aura rósea, formando um grande tubo infinito para cima; inclusive alguns cientistas totalmente céticos foram até o ashram para desenvolver estudos sobre seu campo de energia e, de tão encantados com a mensagem do mestre, acabaram ficando por lá.

Sai Baba faleceu em 24/04/2011 e, segundo sua profecia, de um a oito anos após sua passagem virá à Terra um avatar chamado Prema Sai, sua próxima encarnação.

Para contatar Mestre Baba, basta pensar nele. Cada vez que pensamos no Mestre estamos invocando O Pai, o Filho e o Espírito Santo e sentimos uma paz profunda na mente e um amor incrível no coração.

Os ensinamentos de Sathya Sai Baba

As ideias centrais dos ensinamentos de Sai Baba são:

1) A universalidade das religiões quando ele diz que *"só existe uma religião, a religião do amor; uma única casta, a casta da humanidade; uma única linguagem, a linguagem do coração".*

2) O conhecimento de que atman, a centelha divina que habita em todos os seres humanos, é a base da fraternidade do homem e da paternidade de Deus;

3) Deus é amor, e o caminho mais direto até Ele é exercendo o amor, amando cada vez mais a todos os seres;

Algumas frases de Baba:

"Deixem as diferentes fés existirem, deixem-nas prosperarem e deixem que a glória de Deus seja cantada em todos os idiomas e em uma variedade de tons. Respeitem as diferenças entre as fés e reconheçam-nas como válidas na medida em que não apaguem a chama da unidade."

"O motivo por trás da formação e da propagação de todas as crenças é o mesmo. Todos os fundadores eram pessoas cheias de amor e sabedoria. O seu objetivo era um só. Nenhum deles tinha o plano de dividir, perturbar ou destruir. Eles procuravam instruir as paixões e emoções, educar os impulsos e direcionar a faculdade da razão para caminhos benéficos ao indivíduo e à sociedade."

Os pilares da virtude

Costuma-se dizer que os ensinamentos do Grande Mestre estão baseados em quatro pilares:

1) Sathya: é a verdade, principalmente no sentido de conhecer quem realmente somos e não aquilo que pensamos ser. Essa verdade reside em libertar-se do véu de ilusões e mergulhar profundamente dentro de nós mesmos.

2) Dharma: a prática do dharma consiste em conviver harmoniosamente com todos os seres e vibrar pela iluminação de todos, inclusive das pessoas com um comportamento com o qual não concordamos. Baba incentiva o vegetarianismo, recomendando que devemos tratar os animais com carinho e respeito, ajudando-os em seu caminho evolutivo e não os escravizando.

3) Shanti: trata-se da paz interior, que independe do cenário externo em que estamos inseridos. É a felicidade real e não aquela baseada nas ilusões das conquistas materiais. Baba recomenda o equilíbrio e não é contra a obtenção de riqueza, desde que seja usada com discernimento e de forma altruísta.

4) Prema: é o sentimento de amor como caminho para a realização absoluta de Deus. O Mestre diz: *"preencha o dia com amor, termine o dia com amor – este é o caminho mais rápido e direto para Deus. Os outros caminhos desenvolvem a vaidade, separam o homem do homem e o homem do animal. Eles contraem, não expandem, eles diminuem a sua consciência do divino"*.

Os Dez Princípios

Baba anunciou Dez Princípios que formam a base para a "Integração Mundial da Humanidade". Esses princípios são os seguintes:

1) Amem e sirvam à sua Pátria. Não firam nem odeiem a pátria dos outros.

2) Respeitem todas as religiões com igualdade.

3) Reconheçam a fraternidade entre os homens. Tratem a todos como seus irmãos. Amem a todos.

4) Mantenham seus lares e seus arredores limpos. Isto promove a saúde e a autoestima.

5) Pratiquem a caridade, mas não alimentem a mendicância dando dinheiro aos mendigos. Deem-lhes alimentos, roupa, proteção e ajudem-nos a ajudarem a si mesmos (não estimulem a preguiça).

6) Não tentem a outros, subornando-os, nem se rebaixem aceitando suborno (nunca deem lugar à corrupção).

7) Não estimulem o ciúme e a inveja. Tratem a todos da mesma maneira, sem levar em conta distinções sociais, de raça ou de religião.

8) Não dependam de outros para suas próprias necessidades pessoais; sejam seus próprios servidores, antes de servirem aos outros.

9) Observem as leis de seu país; paguem os impostos e sejam cidadãos exemplares.

10) Cultivem o amor por Deus; afastando-se do pecado.

Talvez o mundo ainda não reconheça o que é estar encarnado na mesma época em que um grande avatar como Sai Baba esteve sobre a Terra. Seria impossível falar de sua missão com palavras. Sua missão precisa ser sentida. Porém, se carregarmos a divina semente de Baba em nosso coração e iniciarmos uma transformação pessoal, propagaremos seu amor e iluminação a todos aqueles que cruzarem o nosso caminho.

Então o mundo se transformará, caminhando de acordo com os propósitos divinos do amor, da comunhão e da grande fraternidade universal.

Mensagem da autora

Amado leitor, parece um sonho, mas chegamos aqui, ao final.

Acredito que, juntos, transformamo-nos por isso.

No mínimo, este livro nos trouxe um anseio de mudança. Uma decisão essencial para que possamos sair da estagnação e atrair felicidade, prosperidade e uma vida muito bem aproveitada. Essa vida que está presente num lindo dia de sol, a vida que respiramos de braços abertos num dia feliz, preenchendo nossos pulmões até o limite, de tanta alegria.

Esse passeio pela vida dos Mestres nos leva até suas lições de amor, que não são novidade para ninguém.

E, apesar de muito antigos, talvez em algum ponto tenhamos nos perdido ou deixado para trás porque a rebeldia faz parte de nossas conquistas enquanto seres pensantes. Então, de vez em quando, rebelamo-nos contra tudo o que já existe, e pensamos "criar" algo novo... Que engano!

Nada fazemos, senão canalizar da fonte tudo o que já existe com uma cara nova, adaptada para a fase evolutiva em que nos encontramos...

Nova Era!? Na verdade, tudo o que existe de novo é muito antigo!

Espero, de coração, que você tenha resgatado aquilo que era comum a todos os Seres Grandiosos: uma sensação de unicidade com o Pai, de conexão direta com a Fonte Maior e um amor que vai brotando no coração e aniquilando tudo o que é mau e, com o passar dos dias, vai trazendo uma alta vibração a cada célula. Um amor divino que supera todos os desafios cotidianos, toda a ira, raiva ou depressão. Pois, para esses Seres Abençoados, o maior mal da humanidade, o nosso maior medo, foi transcendido: a morte.

Quando, nos primeiros graus iniciáticos, tem-se a constatação e a grande certeza de que a morte não é o fim, mas uma profunda transformação em nosso ser, o que poderíamos temer?

Dor, sofrimento, doença? Tudo é aniquilado com o exercício mental, com meditações profundas e projeções da consciência.

Medo de perder alguém? Como poderemos perder aquilo que nunca nos pertenceu? Até nosso corpo físico é "alugado" por um período. Como podemos acreditar que outras pessoas nos pertencem?

Medo de perder o que conquistamos materialmente? Como? Se tudo isso, em breve, dentro de uns cem anos, no máximo, desaparecerá...

Nosso passeio terreno existe para que sejamos felizes, para desenvolvermos nossas potencialidades e nossos sentidos superiores e não para nos preocuparmos com bobagens. O passeio deve ser simples. Leve. Amoroso.

Todo o conhecimento existente por trás dos ensinamentos dos Grandes Mestres extermina nossa ignorância e nos conduz a uma consciência diferenciada, transcendente e de profunda clareza.

Quando você sentir medo, pense como um bodisatva e abandone a terra natal.

Quando sentir dor, pergunte a si mesmo:

– O que Jesus faria neste momento doloroso?

Quando a raiva dominar você, pergunte como Kuan Yin agiria diante desse sentimento.

Quando a ira se apresentar, apenas sinta em sua mente a imagem de Mahatma Gandhi.

Quando sentir que sua autoestima não vai bem, pense no Cacique Pena Branca ou em Saint-Germain.

Quando se sentir pequeno, pense em Sanat Kumara.

Quando acreditar que você é incapaz, lembre-se do exemplo de Helena Blavatsky.

Quando estiver confuso, recolha-se em meditação como Mikao Usui. Não precisamos ir até o Monte Kurama. Podemos meditar na caverna sagrada de nosso coração. De lá, brotam as mais sábias respostas.

Cada vez que um sentimento ruim se abater, lembre-se Deles e pense no que cada um faria.

Você se surpreenderá com a força, coragem e respostas abençoadas que virão. Então, aos poucos, um sentimento de amor e liberdade vai transformando toda a nossa vida e eliminando tudo o que é inferior.

E um dia, da posição de lagarta adormecida e presa num casulo, nos libertaremos da existência cíclica e nos transformaremos em lindas borboletas iluminadas, voando pelos céus infinitos, experimentando a ascensão dos Grandes Seres que existem com um único objetivo: viver a beleza das criações divinas e sentir a felicidade real.

Desejo, profundamente, que a paz e a divindade habitem seu coração!

Com amor,
Patrícia Cândido

BIBLIOGRAFIA

_____.*Bíblia Sagrada com estudos adicionais.* Rio de Janeiro: Editora Brasileira Alafalit Brasil, 2002.

AMOROSO, Filomena e Simone Galib. *Os Códigos da Alma.* São Paulo, SP. Editora Ground, 2007.

ASHLEY-FARRAND, Thomas. *Mantras que Curam – o uso de sons para aumentar a força interior, desenvolver a criatividade e promover a cura.* São Paulo, SP: Editora Pensamento – Cultrix Ltda.

BESANT, Annie; LEADBEATER, Charles W. *Formas de pensamento.* São Paulo: Editora Pensamento, 2005.

_____. *O Cristianismo Esotérico.* São Paulo, SP: Edit. Pensamento Ltda.

BLAVATSY, Helena Petrovna. *Ísis sem Véu – Uma Chave-Mestra para os Mistérios da Ciência e da Teologia Antigas e Modernas.* Volumes I, II, III e IV. São Paulo, SP: Editora Pensamento.

BORGES, Wagner. *Viagem Espiritual I.* São Paulo, SP: Edição Independente, 1993.

_____. *Viagem Espiritual III.* Londrina, PR: Livraria e Editora Universalista Ltda, 1998.

_____. *Na Luz de Krishna – O Senhor dos Olhos de Lótus.* São Paulo: Edição Independente, 2007.

_____. *Flama Espiritual.* São Paulo, SP: Edição Independente, 2007.

CALDWELL, Daniel. *O Mundo Esotérico de Madame Blavatsky – Cenas da vida de uma Esfinge Moderna.* São Paulo, SP: Madras Editora Ltda.

CARVALHO, Francisco de. *Influências energéticas humanas.* Salvador: Bureau Gráfica e Editora Ltda., S/D.

CARVALHO, Sérgio de Souza. *Os Mestres da Terra – Os místicos e líderes religiosos da humanidade.* São Paulo, SP: Hemus Editora Limitada, 1992.

CASTRO, Vânia de. *Lendas Indianas – O Encanto de um Povo.* 2ªed., São Paulo: Madras Editora Ltda, 2001.

CHENDI, Patrícia. *O Príncipe Sidarta: o sorriso de Buda.* Tradução de Mario Fondelli. Rio de Janeiro, RJ: Editora Rocco Ltda, 2001.

COELHO, Paulo. *O Alquimista.* Rio de Janeiro, RJ: Editora Rocco Ltda, 2003.

CURY, Augusto. *Maria, a maior educadora da história – Dez princípios que Maria utilizou para educar o menino Jesus.* São Paulo, SP. Editora Planeta do Brasil, 2007.

DE' CARLY, Johnny. *Reiki Universal – Sistema Usui, Tibetano, Osho e Kahuna.* 9ªed. revisada. São Paulo, SP: Madras Editora Ltda, S/D.

_____. *Reiki Universal.* 11ªed., São Paulo, SP: Madras Editora Ltda, 2007.

_____. *Reiki – Sistema Tradicional Japonês.* São Paulo, SP: Madras Editora Ltda, 2003.

EDWARDS, Lonnie C. *Leis Espirituais – Que regem a humanidade e o universo.* Curitiba, PR: Ordem Rosacruz, AMORC/Grande Loja da Jurisdição de Língua Portuguesa, 2006. *Parábolas Eternas.* Organização: Legrand. Belo Horizonte, MG: Soler Editora, 2004.

FEU – *Curso de Universalismo.* Fundação Educacional e Editorial Universalista, 2008.

MAES, Hercílio. RAMATÍS. *A Vida no Planeta Marte e os Discos Voadores.* 16ªed., Limeira, SP: Conhecimento Editorial Ltda, 2005.

FÜLÖP-MILLER, René. *Os Santos que Abalaram o Mundo – Antão, Agostinho, Francisco, Inacio, Teresa.* São Paulo, SP, Livraria José Olympio Editora, 1948.

GERLACH, Vanderlei. *Santos: Um Caso de Amor a Deus – a vida mística dos Santos, Anjos e Apóstolos.* Teutônia, RS, Edição Independente, 2006.

GERYL, Patrick. *O Código de Orion – O fim do mundo será mesmo em 2012?* São Paulo, SP: Editora Pensamento – Cultrix Ltda, 2006.

GIMENES, Bruno José. *Fitoenergética – A Energia das Plantas no Equilíbrio da Alma.* 2ªed., Rio Grande do Sul, BR: Borboletras Editora, 2007.

_____. *Decisões – Encontrando a Missão da sua Alma.* 2ªed., Nova Petrópolis, RS: Luz da Serra Editora Ltda, 2008.

_____. *Sintonia de Luz – Buscando a Espiritualidade no Século XXI.* Nova Petrópolis, RS: Luz da Serra Editora Ltda, 2007.

GIANFARDONI, Cláudio. *Os sete Xamãs.* Tatuapé, SP: Portal Editora, 2003.

GOSWAMI, Amit. *O médico quântico: orientações de um físico para a saúde e a cura.* São Paulo: Cultrix, 2006.

HURTAK, James. *As chaves de Enoch: o livro do conhecimento.* Editora The Academy for Future Science, 1996.

JABOR, Anggela Marcondes. *Kuan Yin – A Deusa dos Milagres.* SãoPaulo, SP. Angel Mystic Editora, 2004.

JOBIM, Argeo e SERÓDIO, André. *Mahabharata – Poema Épico Indiano.* São Paulo: Madras Editora Ltda, 2001.

KARDEC, Allan. *O Evangelho segundo o Espiritismo.* Araras, SP: IDE, 309ªed. – 2005.

_____. *O Livro dos Espíritos.* Araras, SP: IDE, 156ªed., 2005.

KLOTZ, Neil Douglas. *Sabedoria do deserto.* Tradução de Ricardo Aníbal Rosenbusch. Rio de Janeiro, RJ: Record, 1996.

KRISHNA, *Bhagavad-Gita: a mensagem do Mestre.* Tradução de Francisco Vadomiro Lorenz. 22ª ed. São Paulo, SP: Editora Pensamento – Cultrix Ltda, 2006.

MAES, Hercílio. RAMATÍS. *Fisiologia da Alma.* 15ªed., Limeira: Conhecimento Editorial Ltda, 2006.

_____. RAMATÍS. *Magia de Redenção.* 7ªed., Limeira: Conhecimento Editorial Ltda, 1998.

_____. RAMATÍS. *Sob a Luz do Espiritismo*. 3ªed., Limeira: Conhecimento Editorial Ltda, 2003.

_____. RAMATÍS. *Uma Proposta de Luz*. Volume I. 3ªed., Limeira: Conhecimento Editorial Ltda, 2006

_____. RAMATÍS. *O Evangelho à Luz do Cosmo*. 5ªed., Rio de Janeiro, RJ: Livraria Freitas Bastos Editora S.A.

MAIOR, Marcel Souto. *As Vidas de Chico Xavier*. 2ªed., São Paulo, SP: Editora Planeta do Brasil Ltda.

MOTOYAMA, Hiroshi. *Teoria dos Chacras,* São Paulo, SP: Pensamento, 8ªed., 2006.

ORLOVAS, Maria Silvia Pacini. *Os Sete Mestres: suas origens e criações*. São Paulo, SP: Madras Editora Ltda, 2004.

PEIXOTO, Norberto. RAMATÍS. *Vozes de Aruanda*. 2ªed., Limeira, SP: Conhecimento Editorial Ltda, 2005.

_____. RAMATÍS. *Samadhi*. 2ª ed., Limeira, SP: Conhecimento Editorial Ltda, 2005.

_____. RAMATÍS. *Evolução no Planeta Azul*. 2ªed., Limeira: Conhecimento Editorial Ltda, 2005.

PINHEIRO, Robson. *Gestação da Terra*. Contagem, Minas Gerais. Casa dos Espíritos Editora, 2002.

PRABHUPADA, Swami. *Bhagavad-Gita, Como Ele É*. 4ªed., The Bhaktivedanta Book Trust, 2006.

PROPHET, Elizabeth Clare. *As Profecias de Saint-Germain para o Novo Milênio*. Rio de Janeiro, RJ: Nova Era, 2000.

PROPHET, Mark L. & PROPHET, Elizabeth Clare. *Fórmulas para sua autotransformação – A Alquimia de Saint-Germain*. 8ª Ed, Rio de Janeiro, RJ: Nova Era, 2000.

REDFIELD, James. *A Décima Profecia – Aprofundando a Visão, Novas Aventuras de A Profecia Celestina*. 32ªed., Rio de Janeiro, RJ: Objetiva, 2001.

RINPOCHE, Chagdud Tulku. *Portões da Prática Budista*. Três Coroas, RS: Rigdzin Editora, 2000.

_____. *Vida e morte no Budismo Tibetano*. Três Coroas, RS: Rigdzin Editora, 2000.

ROCHESTER, John Wilmot. *Os Templários: bilogia, os servidores do mal – livro 2*. Obra psicografada pela médium russa Vera Ivanovna Kryzhanovskaia. Tradução de Victor Selin. 2ª ed. rev. e adap. à língua portuguesa por Margareth Rose A. F. Carvalho. Limeira, SP: Editora do Conhecimento, 2005.

SARASWATI, Aghorananda. *Mitologia hindu*. São Paulo, SP: Editora Madras, 2006.

SHUCMAN, Helen. *A course in a miracle*. Foundation for Inner Peace, EUA, 1976.

SIGNIER, Jean François. *Sociedades Secretas*. São Paulo, SP. Editora Larousse, 2008.

SILVA, Waldeon. *Instruções dos Seres Estelares*. Caxias do Sul, RS: Edição Independente, 2005.

SOLER, Amalia Domingo. *Perdôo-te*. Rio de Janeiro, RJ: Zelio Valverde – Livreiro Editor, 1943.

SPONBERG, Alan. *"Maitreya"*, in Encyclopedia of Buddhism, dir. Robert E. Buswell, Jr.. MacMillan Reference USA, 2004.

SOUTO, Élcio. *Conselho Soberano do Mestre Hilarion – Diálogos com o Mestre*. São Paulo, SP: Madras Editora Ltda, 2004.

STONE, Joshua David. *Manual completo de Ascensão – A realização da ascensão nesta existência*. São Paulo, SP: Editora Pensamento – Cultrix Ltda, 2004.

_____. *O Livro de Ouro de Melquisedeque – Como se tornar Cristo e Buda nesta encarnação.* Vol. I. São Paulo, SP: Editora Pensamento, 2003.

_____. *O Livro de Ouro de Melquisedeque – Como se tornar Cristo e Buda nesta encarnação.* Volume II. São Paulo, SP: Editora Pensamento, 2001.

_____. *Como se livrar de pensamentos e sentimentos decorrentes do medo. Um estudo profundo de psicologia espiritual.* Vol 1. São Paulo, SP: Editora Pensamento – Cultrix Ltda, 2004.

_____. *Como se livrar de pensamentos e sentimentos decorrentes do medo. Um estudo profundo de psicologia espiritual.* Vol 2. São Paulo, SP: Editora Pensamento – Cultrix Ltda, 2004.

_____. *Sua missão ascensional. O seu papel no plano maior de Deus.* São Paulo, SP: Editora Pensamento – Cultrix Ltda, 2000.

_____. *Mistérios ocultos – et's, antigas escolas de mistério e ascensão.* São Paulo, SP: Editora Pensamento – Cultrix Ltda, 2002.

_____. *Manual para a liderança planetária.* São Paulo: Editora Pensamento – Cultrix Ltda, 2000.

_____. *Ascensão Cósmica – Roteiro para os reinos desconhecidos da Luz.* São Paulo, SP: Editora Pensamento – Cultrix Ltda, 1997.

_____. *Os Mestres Ascensionados Iluminam o Caminho – Sinalizadores de Ascensão.* São Paulo, SP: Editora Pensamento Ltda, 1995.

SUI, Choa Kok. *A antiga ciência e arte da cura prânica: manual prático de cura pelas mãos.* São Paulo, SP: Editora Ground, 1989.

TELLES, Gilda. *O livro das meditações.* São Paulo, SP: Publifolha, 2006.

TOKME, Gyalse. *As trintas e sete práticas do Bodisatva – A quintessência da Conduta do despertar para a Iluminação.* Três Coroas, RS: Makara, 2006.

TRISMEGISTOS, Hermes. *O Caibalion: estudo da filosofia hermética do antigo Egito e da Grécia.* São Paulo, SP: Editora Pensamento – Cultrix Ltda.

TSE, Lao. *O livro do caminho perfeito (Tao Te Ching).* Tradução e adaptação, prefácio e comentários: Murillo Nunes de Azevedo. São Paulo, SP: Editora Pensamento – Cultrix Ltda, 2006.

YOGANANDA, Paramahansa. *Autobiografia de um iogue.* Rio de Janeiro, RJ: Ed. Sextante, 2006.

_____. *A Essência de Bhagavad Gita.* São Paulo, SP: Editora Pensamento – Cultrix Ltda, 2006.

_____. *Máximas de Paramhansa Yogananda.* Self-Realization Fellowship, 2001.

Transformação pessoal, crescimento contínuo, aprendizado com equilíbrio e consciência elevada.

Essas palavras fazem sentido para você?

Se você busca a sua evolução espiritual, acesse os nossos sites e redes sociais:

www.iniciados.com.br
www.luzdaserra.com.br
loja.luzdaserraeditora.com.br

www.facebook.com/luzdaserraonline
www.facebook.com/editoraluzdaserra

www.instagram.com/luzdaserraeditora

www.youtube.com/Luzdaserra

Luz da Serra
EDITORA

Avenida 15 de Novembro, 785 – Centro
Nova Petrópolis / RS – CEP 95150-000
Fone: (54) 3281-4399 / (54) 99113-7657
E-mail: loja@luzdaserra.com.br